饑荒政治

三十·三十書系

饑荒政治
毛時代中國與蘇聯的比較研究

文浩〔Felix Wemheuer〕 著
項佳谷〔Jiagu Richter〕 譯

香港中文大學出版社

■ 三十 · 三十書系
《饑荒政治：毛時代中國與蘇聯的比較研究》
　　文浩（Felix Wemheuer）　著
　　項佳谷（Jiagu Richter）　譯

英文版© Yale University 2014
繁體中文版© 香港中文大學 2017

國際統一書號（ISBN）：978-988-237-018-0

2017年第一版
2024年第三次印刷

本書根據耶魯大學出版社 2014 年出版之 *Famine Politics in Maoist China and the Soviet Union* 翻譯而成，並獲授權出版。

出版：香港中文大學出版社
　　　香港 新界 沙田 · 香港中文大學
　　　傳真：+852 2603 7355
　　　電郵：cup@cuhk.edu.hk
　　　網址：cup.cuhk.edu.hk

■ 30/30 SERIES

Famine Politics in Maoist China and the Soviet Union (in Chinese)
By Felix Wemheuer
Translated by Jiagu Richter

English edition © Yale University 2014
Traditional Chinese edition © The Chinese University of Hong Kong 2017
All Rights Reserved.

ISBN: 978-988-237-018-0

First edition 2017
Third printing 2024

Famine Politics in Maoist China and the Soviet Union was originally published by Yale University Press. This translation is published by arrangement with Yale University Press.

Published by　The Chinese University of Hong Kong Press
　　　　　　　The Chinese University of Hong Kong
　　　　　　　Sha Tin, N.T., Hong Kong
　　　　　　　Fax: +852 2603 7355
　　　　　　　Email: cup@cuhk.edu.hk
　　　　　　　Website: cup.cuhk.edu.hk

Printed in Hong Kong

群峰並峙　峰峰相映
《三十・三十書系》編者按

　　在中國人的觀念裏，「三十年為一世，而道更也」。中華人民共和國建國迄今六十餘年，已歷兩世，人們開始談論前三十年與後三十年，或強調其間的斷裂性及變革意旨，或着眼其整體性和連續性。這一談論以至爭論當然不是清談，背後指向的乃是中國未來十年、二十年、三十年以至更長遠的道路選擇。

　　《三十・三十書系》，旨在利用香港中文大學出版社獨立開放的學術出版平台，使不同學術背景、不同立場、不同方法的有關共和國六十年的研究，皆可在各自的知識場域充分完整地展開。期待群峰並峙，自然形成充滿張力的對話和問辯，而峰峰相映，帶來更為遼闊和超越的認識景觀。

《三十・三十書系》自2013年起，首批已推出四種著作：

　　郭于華《受苦人的講述：驥村歷史與一種文明的邏輯》、高王凌《中國農民反行為研究（1950–1980）》、高默波《高家村：共和國農村生活素描》與郭益耀《中國農業的不穩定性（1931–1991）：氣候、技術、制度》。

　　這四本書探討的都是集體化時期的農村、農民和農業，卻呈現出截然不同的時代圖景。頗有意味的是，作者的背景、研究方法不盡相同，作品之間的立場和結論甚至相互衝突，但當它們在同一平台上呈現時，

恰恰拼合出一個豐富而多元的光譜；作品之間的衝突和砥礪，使這光譜更接近《三十・三十書系》所期待的學術景觀：群峰並峙，峰峰相映。

在此基礎上，《三十・三十書系》的第二批著作試圖將關注擴展至全球視野下的中國學，利用香港中文大學出版社獨特的雙語出版平台，聚焦世界範圍內的共和國研究。由此推出六部著作：

蘇陽《文革時期中國農村的集體殺戮》、安舟 (Joel Andreas)《紅色工程師的崛起：清華大學與中國技術官僚階級的起源》、丹尼爾・里斯 (Daniel Leese)《崇拜毛：文化大革命中的言辭崇拜與儀式崇拜》、白思鼎 (Thomas P. Bernstein) 與李華鈺編《中國學習蘇聯 (1949 年至今)》、文浩 (Felix Wemheuer)《饑荒政治：毛時代中國與蘇聯的比較研究》及彭麗君《複製的藝術：文革期間的文化生產及實踐》。

延續「群峰並峙」的基本理念，這批作品試圖突破傳統研究對象的局限、地域分隔造成的研究盲點和學科間的專業壁壘，呈現一個更開闊而富有生機的中國研究圖景。從書名就可看出，與第一批中國學者關於農村集體化的論述不同，第二批著作探討了共和國史中更豐富的細分領域與主題，如集體殺戮、技術官僚、領袖崇拜、中蘇關係、大饑荒、文革期間的文化生產模式等。此外，無論從作者的地域背景還是研究的學科分野來說，這六種作品都更加多元。三本書的作者來自美國，其中蘇陽和安舟是社會學學者，白思鼎和李華鈺則是政治學家；兩位德國學者里斯和文浩的研究方法更偏重歷史學；彭麗君則是來自香港的文化研究學者。每部著作都帶着各自學科內的優秀傳統和全新視角，為中國研究注入更多樣的可能。

儘管這六種著作頗不相同，但它們都代表了各自領域內具有前瞻性、成長性的研究方向，這正是《三十・三十書系》所看重與尋找的特質 —— 全球視野下關於共和國六十年的前沿研究。

蘇陽在《文革時期中國農村的集體殺戮》中收集了大量地方檔案、政府公開文件和一手訪談，首次提出極具解釋力的「社區模型」，深入了

西方主流種族屠殺研究使用的「國家政策模型」所無法觸及到的細緻層面。研究因其揭示史實與建構理論兩方面的傑出成就，獲得2012年美國社會學學會Barrington Moore最佳著作獎。

安舟的《紅色工程師的崛起》，首次關注到對中國當代歷史具有重要意義的技術官僚階級。該研究詳細展示了這個新興階級如何產生、發展並最終成為共產黨核心領導力量的過程。這一過程引發了中國權力格局的變化，也在融合了農民革命家與知識精英這兩個傳統階級之後，帶來了截然不同的領導思路和風格。

里斯的《崇拜毛》和白思鼎、李華鈺編的《中國學習蘇聯》都是首本將相關題材作為專題研究並進行了充分且多角度探討的作品。《崇拜毛》揭示了個人崇拜的力量如何被毛澤東、其他黨內領袖、軍隊等多方利用與引導，並從中共黨內與基層民眾兩方面追溯了那段政治動亂下的個人崇拜史。而《中國學習蘇聯》則幾乎覆蓋了該題材所有方面的討論，以最新資料和多元視角詳細分析了蘇聯模式對中國政治、經濟、軍事、文教、科技等方面長期的、潛移默化的影響。

文浩的《饑荒政治》體現了近年來歷史研究中的一種新興路徑：將中國史放在世界史中重新審視。大躍進導致大饑荒的現象並非中國特有，蘇聯在1931至1933年間也發生了同類的「大躍進饑荒」。作者將饑荒放在農業帝國進行社會主義革命這個大背景下分析，深化了對共產主義國家發展進程的理解。

彭麗君的《複製的藝術》則為研究文革中的文化生態提供了新的解釋工具——社會模仿。通過「模仿」這一概念，作者將文化、社會、政治串連起來，解釋了毛時期的文化複製行為如何助長人們對權力的服從，如何重構了獨特的時代文化。

在兩批十種著作之後，《三十‧三十書系》的第三批已在準備之中，兼收中、英文著作及譯著。本社一貫注重學術翻譯，對譯著的翻譯品質要求與對原著的學術要求共同構成學術評審的指標。因讀者對

象不同，中文出版品將以《三十‧三十書系》標識出版，英文專著則以
單行本面世。

　　「廣大出胸襟，悠久見生成」是香港中文大學的大學精神所在。以
此精神為感召，本書系將繼續向不同的學術立場開放，向多樣的研究理
路開放，向未來三十年開放，歡迎學界同仁賜稿、薦稿、批評、襄助。

　　有關《三十‧三十書系》，電郵請致：cup-edit@cuhk.edu.hk

　　　　　　　　　　　　　　　　　　　香港中文大學出版社編輯部
　　　　　　　　　　　　　　　　　　　2016年12月

子貢問政。子曰足食，足兵，民信之矣。子貢曰，必不得已而去，於斯三者何先。曰，去兵。子貢曰，必不得已而去，於斯二者何先。曰，去食，自古皆有死，民無信不立。

——《論語·顏淵》

目錄

終章與結論

中文版序

　　作為一個研究中國問題的外國學者，我常常在想，我怎樣才能對這一研究做出貢獻。我喜歡選擇一些很多中國學者不願或不敢選擇的題目。2000至2002年間，我在中國人民大學黨史系學習了兩年。在這段時間裏，我開始對大躍進和大饑荒問題產生了興趣。人民大學兩位講授人民公社時期農民問題課程的老師給了我很大的啟發。我開始採訪人民大學幾位1958年被派到河北省徐水人民公社支援大躍進的退休教師，這些教師曾去過這個著名的「共產主義轉型」模範試點，並對此記憶猶新。但是直到後來與村裏的老農攀談，我才意識到，對這些農民來說，那場饑荒是他們一生中最為痛苦和深刻的記憶。他們倖存了下來，但他們直至今日沒有一天不想着要有足夠的糧食。與農村的情況不同，在城市，對毛澤東時代的記憶則主要來自知識分子和退休老幹部，其更多的是關於1957年的反右和文化大革命，而不是饑荒。1959至1961年，餓死的大部分是持農村戶口的人，而重點城市的人則受到了保護。

　　2004年我開始以河南農村對饑荒的記憶為題寫博士論文，當時中國和西方都很少有學者對這個問題感興趣。我在饑荒時餓死近一百萬人的河南省信陽地區進行實地採訪，其中有一個村子所有的年輕人都逃難到青海，留下的婦女、兒童和老人很多都餓死了。採訪時，一些人說起那時的艱難和悲苦都忍不住落淚。那時我就想，口述史是記錄下這些聲音的最好辦法。與城市人和受過教育的人不同，農民的記憶和敘述較少受官方歷史觀的影響。他們從未提及「三年自然災害」以及「左傾錯誤」。他們直言不諱地談及偷糧、逃難和虛報產量。地方幹部也不否認他們可以比一般老百姓多弄到一點糧食。2006年我以題為《摻石頭的麵：河南省對大躍進饑荒的官方記錄和農民記憶》的博士論文獲得博士學位。這時我想，我再也不研究這個令人痛苦的題目了。

可是，當我閱讀了有關蘇聯1931至1933年斯大林時期饑荒的書籍和材料時，我又有了新的想法。很明顯，蘇聯和中國兩個國家的情況十分相似，都是農民與政府的關係處置不當、激進的農業集體化政策和過於野心勃勃的工業發展計劃導致了饑荒。為甚麼中國共產黨沒有從蘇聯的經驗中吸取教訓，而是同樣將國家帶向了饑荒呢？是蘇聯計劃經濟式的體制和社會主義農業導致了災難嗎？為了對這類問題有更多的了解，我開始在宏觀的層面進行比較研究。2009年，斯蒂芬·維特克羅夫特（Stephen Wheatcroft）教授也有同樣的研究興趣，並且在墨爾本大學組織西方國家、中國、俄羅斯和烏克蘭學者就這兩國的饑荒舉辦研討會。即使早在那時，烏克蘭和俄羅斯學者之間的緊張局面就已經很明顯。烏克蘭官方對1931至1933年饑荒的說法是，這是斯大林組織的針對烏克蘭民族的種族滅絕。俄羅斯官方的說法是，這是蘇聯所有各民族經歷的一場災難，烏克蘭的饑荒不是有意組織的。在2009年時，沒有人會預見到烏克蘭2014年以後會發生起義和戰爭。這本書裏談到烏克蘭民族主義者如何建立了一種饑荒是種族滅絕的說法，以服務於建立獨立民族國家的政治目的。這個例子說明人們如何書寫和記憶歷史是非常重要的問題。所以，歷史學家不僅要努力發掘「到底發生了甚麼」，還要理解大眾記憶是如何形成的。

在這本書的中文版裏，我們糾正了原英文版中的一些錯誤。近十年來，大躍進饑荒問題成為中外學者研究的一個熱門議題。出版了不少重要的書籍，如楊繼繩的《墓碑》。顯然這些書在中國大陸出版是不可能的。我希望此書對蘇聯和中國的比較可以為饑荒研究提供一個有用的視角，而饑荒問題與中國讀者也密切相關。對於中文版的出版，我首先要感謝本書譯者項佳谷為此付出的艱辛。我還要感謝中文大學出版社葉敏磊和楊彥妮編輯、中國人民大學辛逸、上海交通大學曹樹基、華東師範大學徐進、科隆大學景文玉、朱美婷和維也納大學崔金珂對文稿提出的建議。

文浩

2017年**3**月於科隆

致謝

《饑荒政治：毛時代中國與蘇聯的比較研究》這本書是進行六年研究、參加多次國際會議以及到中國做了許多實地調查的結果。此外，奧地利科學基金會為我提供了獎學金，使我能以訪問學者的身份在哈佛大學費正清中國研究中心進行了18個月（2008–2010）的研究。我特別要感謝維也納大學魏格林（Susanne Weigelin-Schwiedrzik）教授，她支持我暫時離開在維也納大學東亞研究系的工作去哈佛進行這項研究，並且多年來對我的研究和學術生涯一直予以支持和鼓勵，對此我深表感謝。還有很多其他人在這本書的撰寫過程中提供過幫助。我要感謝哥倫比亞大學的白思鼎（Thomas Bernstein）、西蒙弗雷澤大學的周傑榮（Jeremy Brown）、上海交通大學的曹樹基、惠明頓北卡羅來納大學的陳意新、聖地亞哥州立大學的艾志端（Kathryn Edgerton-Tarpley）、人民大學的高王凌、卡內基梅隆大學的溫迪·戈德曼（Wendy Z. Goldman）、倫敦大學亞非學院的安維雅（Andrea Janku）、維也納大學的安德烈亞斯·開普勒（Andreas Kappeler）、哈佛大學的何偉林（William Kirby）、布魯明頓印第安納大學的黑宮広昭（Hiroaki Kuromiya）、劍橋大學的露絲·里貝（Ruth Libbey）（碩士）、蒙特利爾康考迪亞大學的金伯利·馬寧（Kimberley Manning）、愛沙尼亞塔爾圖大學的格萊博·內奇沃羅多夫（Gleb Netchvolodov）、都柏林大學學院的科馬克·歐·格拉達（Cormac Ó Gráda）、耶魯大學的詹姆斯·C·斯科特（James C. Scott）、劍橋大學的史蒂夫·史密斯（Steve Smith）、布蘭戴斯大學的拉夫·塔克斯頓（Ralph Thaxton）、維也納大學

的漢娜·溫特斯維格 (Hannah Untersweg)、墨爾本大學的斯蒂芬·維特克羅夫特和中國人民大學的辛逸。最後我要衷心感謝我的妻子李小青多年來對我的支持和鼓勵。

　　所有的地圖和圖表都出自格萊博·內奇沃羅多夫之手。有些材料曾以其他形式出版過。第三章中的一部分曾在金伯利·馬寧和文浩 (即我本人) 編輯的 *Eating Bitterness: New Perspectives on China's Great Leap Forward and Famine* (《吃苦：看待中國大躍進和饑荒的新視角》，溫哥華：不列顛哥倫比亞大學出版社，2011) 一書中以文浩的文章〈糧食問題是思想問題：1957年社會主義教育運動中關於饑餓問題的討論〉(頁 107–129) 發表過。第七章的某些部分曾以〈記憶的體制更迭：社會主義國家和冷戰後烏克蘭和中國官方饑荒史的創建〉(頁 31–59) 發表過。

　　20世紀死於饑荒的人數多於歷史上任何一個世紀。[1]聽到「饑荒」這個詞，我們的腦海裏常常出現非洲嬰兒餓得奄奄一息的畫面。但是更符合歷史事實的是，如果聽到這個詞，我們也應該想到蘇聯和中國餓死的農民。因為，如斯蒂芬‧戴維洛斯 (Stephen Devereux) 所估計，20世紀死於饑荒的7,010萬到8,040萬人中80%是這兩個國家的公民。[2]這個數字還不包括以全球平均水平認定的食物匱乏和饑餓造成的死亡，而僅僅是根據與「正常」年份的人口發展平均數相比，由於饑荒而造成的過高的死亡率。這兩個國家在革命政權統治下，發生了多次恐怖的饑荒，比革命前的自然災害造成了更多人的死亡：俄國1919至1921年內戰期間和之後城市發生的饑荒，以及1921至1922年農村的饑荒；蘇聯1931至1933年集體化之後的饑荒；1941年德軍入侵之後的饑荒，當時納粹以饑餓作為種族滅絕政策的一部分；戰後1947年在蘇聯發生的饑荒；中國大躍進期間 (1958–1961) 發生的饑荒造成了千百萬人的死亡。很明顯，大躍進導致的饑荒不是中國特有的，應該將其放在農業帝國進行社會主義革命這個大的背景下來分析。在這本書裏，我重點對蘇聯1931至1933年的饑荒與中國大躍進期間的饑荒進行比較，因為它們具有相似性。

　　社會主義制度下的饑荒與當今非洲國家發生的地方性饑荒很不一樣。大規模餓死人的時間相對較短，同時具有高死亡率和出生率降低的特點。[3]在21世紀初的當今，在人們稱之為「第三世界」的國家，大多數

人不是死於嚴重的饑荒，沒有很高的死亡率，而是死於「常態」的生活條件，如地區性的饑荒或疾病。根據聯合國的統計，2007年全世界有9.23億人食物缺乏。[4]每年大約有3,600萬人直接或間接死於饑餓。[5]其中很多是亞非拉發展中國家的婦女和兒童。在過去20年中，死亡率很高的饑荒僅僅發生在非洲內戰國家，如索馬里和蘇丹。[6]

　　人們一般覺得，饑餓和饑荒常常與落後連在一起，大自然的變化無常影響了農業生產，水災、旱災和蟲害毀掉了莊稼。中國農民「靠天吃飯」的說法就是一個很好的寫照。實際上，古代也有過嚴重的饑荒，但17世紀到20世紀間饑荒造成的死亡人數迅速上升。[7]據威廉·丹多(William Dando)估計，17世紀至少有200萬人死於饑荒，18世紀為1,000萬，19世紀的數字是2,500萬。[8]這些可能是過於低估的數字。戴維洛斯的估計是20世紀7,010萬到8,040萬人死於饑荒，這個數字表明，嚴重的饑荒不僅僅是古代的災難，也會發生在現代。而且，戴維洛斯的數字還不包括二戰期間因納粹的種族滅絕政策而死亡的幾百萬蘇聯人。[9]他對中華民國期間(1911–1949)饑荒死亡人數的估計也比較低，僅1,350萬至1,650萬。

　　在現代，嚴重的饑荒發生於殖民統治時期、中國的國民政府時期、農業國家社會主義時期、德國的國家社會主義和非洲的後殖民時期。在非洲的後殖民時期，饑荒常常與戰爭或內戰交織在一起。英國的殖民主義採用放任式自由主義，並且以馬爾薩斯的人口理論為指導。[10]18世紀後期英國學者托馬斯·羅伯特·馬爾薩斯(Thomas Robert Malthus)提出，生產的增長趕不上人口的增長，用他的話說就是會產生「人口過剩」。同時還存在貧困人口的生存保障問題，這更加重了人口問題的嚴重性。在維多利亞女王統治下(1837–1901)，1846至1850年愛爾蘭饑荒期間110萬至150萬人餓死，[11]1879至1902年期間1,200萬至2,900萬印度人死於饑荒。[12]在二次大戰期間，納粹在東歐佔領區用饑餓作為武器，為了保證國內戰場和軍隊的糧食供應，納粹以饑餓對當地居民執行殘酷的種族滅絕政策。在第一次世界大戰中，英國的圍困和糧食短缺，造成了海軍士兵和工人反政府的起義和革命，對此，納粹記憶猶新。[13]

為了保證向德國的糧食供應，德國政府不惜餓死東歐被佔國家和俘虜營中幾百萬「無用的食客」。[14] 當盟軍 1945 年解放集中營時，被關押的人個個掙扎在死亡的邊緣，看上去像是一個個活骷髏。這是德國 20 世紀在歐洲大地上製造的恐怖景觀。喬治·阿甘本 (Giorgio Agamben) 曾說過，那種餓得快要斷氣的「皮包骨」，看上去像是生與死之間的幽靈，他們是集中營的一種主要產品。[15] 在德國的佔領下，1944 年荷蘭和希臘也發生了嚴重的饑荒。[16]

饑荒和饑餓的定義

在談蘇聯和中國的情況之前，我想先談談饑荒和饑餓的定義。關於饑荒的定義，學界已有長時間的討論，最大的挑戰是區別饑荒和也可以造成幾百萬人死亡的日常的食物匱乏。[17] 如果一個政府宣佈出現饑荒，一般要組織救災，而日常的食物匱乏則容易被忽略。亞瑪特亞·森 (Amartya Sen) 提出，印度 1947 年獨立後沒有出現過嚴重的饑荒，但是印度每年死亡人數比中國多 390 萬，我們可以看出，對這兩個國家使用了不同的死亡率來計算。[18]「這就是說，按每 8 年左右的時限來計算，印度正常的死亡人數就會多於中國 1958 至 1961 年嚴重饑荒年間的死亡數」，這是基於讓·德勒茲 (Jean Drèze) 和森 (Sen) 1989 年提出的大躍進饑荒造成 2,950 萬人死亡的數字所做的比較，「印度 8 年掩埋的屍骨多於中國那段恥辱的日子裏所創下的紀錄」。[19]

有些經濟學家認為，用糧食價格指數也可得出另一個饑荒的定義。在社會主義國家，影響生存的主要因素不是糧食的市場價格或者農村的信貸體系，而這兩者在孟加拉 1943 年饑荒時則是主要的因素。在計劃經濟中，糧食的分配和統購統銷發揮着關鍵的作用。由於國家對食物分配進行壟斷，偷竊成了許多農民生存所必須的手段。經濟／人口學家科馬克·歐·格拉達所定義的饑荒就包括對社會正常生活的破壞：「傳統意義上的饑荒指的是，它並非某一地區特有的現象，通常具有日常生活中所沒有的特徵，包括物價上漲、哄搶糧食、搶劫財物的犯罪增加、餓

死或行將餓死的人很多、人口流動增加，同時還常常還伴有人心惶惶和爆發饑荒引起的傳染病。」[20]下面我們來看看，在社會主義國家發生的饑荒中有沒有這樣的現象。亞歷山大・得瓦爾 (Alexander De Waal) 指出，經歷了饑荒的民眾對饑荒的定義常常與專家或政府機構的定義不同。在非洲各地，「饑荒」與「饑餓」兩個詞的含義通常是一樣的。[21]在俄文裏也是一樣的 (Golod)。只是過去的 20 年裏，在烏克蘭人關於烏克蘭 1931 至 1933 年饑荒的討論中才出現了饑荒這個新詞 (烏克蘭語為 Holodomor，俄語為 Golodomor)。但中文中「饑餓」和「饑荒」這兩個詞是不同的。自然災害為「天災」或「災難」，可能會造成「荒」或「災荒」，但「荒」或「災荒」不一定會導致饑荒或餓死人。[22]不過，在實際運用中有一個如何解釋這個詞的問題。得瓦爾認為，在非洲，農民常常對饑荒和一般的食物匱乏不加區別。

在社會主義國家，饑荒和一般的食物缺乏比較容易區別。幾個最嚴重的饑荒，如蘇聯 1919 至 1921、1931 至 1933 和 1947 年的饑荒，以及中國 1959 至 1961 年饑荒都在短時間內造成了大量的死亡，社會主義國家的饑荒具有大量餓死人的特徵。從人口統計方面，我們可以對饑荒的開始、高峰以及結束都有清楚的數據，即使對總死亡人數有爭議。而饑餓和食物缺乏的時限則比饑荒難定義得多，因為對「饑餓」的理解有文化和主觀的因素。如今，人們認為，甚麼是食物，一個人需要多少食物才能生存取決於不同的文化和社會環境，大多數歷史學家和人類學家都認為這是很自然的事。特奧多爾・亞多諾 (Theodor Adorno) 在關於需求的短文中提出，「食物」是一個帶政治和社會含義的概念。[23]不過，國際組織認為他們可以制定一個全世界都適用的標準。根據聯合國糧食計劃署的定義，一個人一天所需的最低能量為 2,100 卡路里。[24]「最低能量需求」意為，可以讓人從事輕微體力勞動，不會體重減輕或病倒。這個標準與英國醫學協會 1930 年代制定的標準相比是相當低的，後者為每人每天 3,400 卡路里加 50 克蛋白質，當時很多人在工廠從事重體力勞動。[25]20 世紀初的營養學家認為，人像機器需要燃料一樣，需要足夠的卡路里攝入。但是，多少食物是足夠的，取決於氣候條件、季節和工作性質。住

宿地十分寒冷或者冬季在室外，同時從事重體力勞動比坐在溫暖的辦公室裏的白領需要多得多的能量攝入。傳統和文化習慣也是一個重要的因素。沙俄政府給農民在常規條件下制定的標準為每人一年平均295公斤穀物（大約一天808克）。這個標準相當於一天2,500卡路里。19世紀後期，沙俄中央統計委員會為饑荒期間制定了220公斤穀物的標準（大約一天1,700卡路里，602克），作為避免人體狀況嚴重惡化的最低攝入量。但1891年的饑荒時，內政部將一年150公斤（一天大約410克）作為貧困農戶不被餓死的人均最低標準。[26]

營養歷史學專家在與蘇聯歷史專家就此問題進行的辯論中説，俄國1919年饑荒期間，俄國城市裏工人家庭每人每天卡路里攝入量在1,550至2,050之間，這並不比19世紀英國工人的攝入量低很多。[27]但是，如斯蒂芬‧維特克羅夫特所説，卡路里的絕對攝入量不應該被看作是判定饑餓的唯一標準，攝入量從通常的水平降低了多少也應予以考慮。對俄國農村地區來説，這場饑荒期間卡路里攝入量降低了55%。[28]

與二戰期間的德國和蘇聯的供給制不同，中國政府用「斤」（相當於500克），而不是卡路里作為供給分配的計算基礎。[29]問題是，如果城市每人可以分到700克細糧，但是不知道這些糧食能提供多少卡路里，因為質量好的新糧和陳糧會有很大的區別。一般認為，中國1950年代90至95%的熱量攝入主要靠糧食。[30]中國國家領導人如陳雲建議將500克細糧作為一個農民在「正常年間」的日消費量。[31]這個數量的糧食如果是小麥可以提供1,700卡路里，如果是大米可以提供1,830卡路里。[32]這個量與沙俄統計委員會為饑荒時期提出的最低標準相同。一些西方學者試圖根據中國官方的數據對中國民眾卡路里的攝入進行評估。喀納斯‧沃克爾（Kenneth Walker）發現，在1950年代的中國，在北部和西部省份的很多地區，農民的卡路里攝入量較低（1,800–1,900），如果按日平均則更低（1,800以下），只有東北的滿洲攝入量較高（2,500）。[33]即使在饑荒還沒開始之前，中國很多農民卡路里攝入量也比國際機構如今所確定的最低標準要低，比俄國工人在內戰期間的饑荒中吃得要少。大躍進的前一年，1957年，全國糧食的供給和需求量十分接近。瓦克拉夫‧斯密爾

(Vaclav Smil) 認為日平均卡路里為2,100至2,200，可是在農村，從事無機械化的中等及重體力勞動的人一天大概需要2,100卡路里。因此，只有「完全公平的分配才可以避免大規模的食品匱乏。」[34]在大躍進的幾年中，人均日卡路里可獲量逐年下降，1958年為2,071.9，1959年為1,736.81，1960年則降為1,462.32。[35]一個問題是，統計中沒有顯示年齡、性別、體重和體力活動要求。[36]

在進行熱量需求統計的比較時，我們應該考慮到社會和文化上的區別。東北重工業企業的工人對饑餓的定義，可能與北部省份窮鄉僻壤的農民有很大的不同。在不同的文化中，饑荒的定義也不相同。區別每天發生的、通常的食物匱乏和饑荒最重要的標識，是人口統計中是否有大量的死亡人口。

蘇聯和毛澤東時代中國的饑荒：概觀

不論在蘇聯還是在毛澤東時代的中國，人們都認為社會主義可以避免長期的貧窮和饑荒。人們認為工業化和現代化是一個艱難和痛苦的過程，但是最後可以克服舊社會的各種問題。共產黨一定會帶來變化。

在蘇聯布爾什維克與「反革命」白軍的國內戰爭中，城市發生了饑荒，1918至1920年之間城市死亡率上升，幾百萬人為了活命從城市逃到農村。[37]在戰爭的大部分時間內，主要糧食產地如烏克蘭、西伯利亞和北高加索地區均為反共的勢力所控制。各方都想對農民課以重稅來養活軍隊。布爾什維克試圖動員農村的窮人與富農作鬥爭，並強行進行國家對糧食的統購統銷，這些措施事與願違而且效率很低。[38]最後，在「戰時共產主義」後期城市發生了危機。1921年3月，一些原先忠誠的部隊在王冠城發動了反對布爾什維克的起義。這場起義之後，布爾什維克覺得有必要實行新經濟政策，將黑市合法化，用糧食稅取代糧食徵收。儘管採取了這些措施來扭轉農村的局面，1921至1922年旱災和欠收仍然造成了南部和烏克蘭地區的饑荒，導致了500萬至1,400萬人的死亡。[39]蘇聯政府公開承認饑荒的發生，並且允許外國援助機構進入蘇

聯，使1,200萬人獲救。[40]當時俄國社會處於第一次世界大戰爆發和內戰結束時的經濟崩潰之中，我們應該在這個歷史背景下來看待這場社會主義制度下的第一次饑荒。在1914至1921年間，俄國的農業產量下降了57%，工業產量下降了多達85%。1916至1922年間，牲畜死亡了33%，耕地面積使用量減少了35%。[41]1922年饑荒結束，在新經濟政策時期仍有人餓死，1924、1926和1928年還出現了局部地區的饑荒。黑宮広昭這樣評論新經濟政策：「1921至1922年間，雖然人們設想出各種改善經濟的措施，但由於嚴重饑荒的襲擊，蘇聯經受了重大的挫折，饑荒襲擊了全國一半的地區。1970年代，那些將市場社會主義看作不同於蘇維埃式社會主義從而寄予很大希望的人，大力兜售新經濟政策。實際上，新經濟政策的實施情況很複雜、充滿痛苦的記憶⋯⋯生活在1920年代的蘇聯人，對新經濟政策的記憶更多的是饑餓、痛苦和辛酸，而不是歡樂。」[42]比較難以回答的問題是，烏克蘭1928至1929年間是不是發生了饑荒。馬克・泰格談到烏克蘭那幾年的饑荒，但蘇聯官方把那個糧食危機稱為「糧食欠收」。[43]

1928年的新經濟政策造成了一場嚴重的收購危機。農民出售的糧食低於國家的徵購計劃，因為很多農民對零售價格過低而工業品價格過高十分不滿。糧食出售佔糧食產量的比例亦下降。到20年代中期，糧食出售量僅是戰前的一半多一點。[44]斯大林採納了周圍的一些重要領導人採取「非常措施」的建議，即使用武力強徵糧食。1929年農業集體化和「消滅富農階級」取代了新經濟政策。1929年的城市供應危機在第二年變成了農村的饑荒。這場饑荒造成了600萬至800萬人的死亡。[45]自80年代中期，學術界對這場饑荒的原因展開了激烈的討論。有人認為，斯大林有意安排了這場饑荒，意在對烏克蘭人實行種族滅絕，以摧毀農民的抵抗（詳見第一章和第七章）。[46]但大部分人認為，饑荒的主要原因是1929年激進的農業集體化政策、雄心勃勃的發展重工業計劃、高比例的糧食收購、糧食出口、旱災和1931至1932年的糧食欠收等多個方面。西方學者中只有泰格認為氣候是發生饑荒的主要原因。[47]他從1930年代全球性旱災的角度看待蘇聯的饑荒，他還認為莊稼遭病害和腐爛侵蝕也嚴重影響了收成。

　　1930年代中期，斯大林推行新政，包括自留份地和自由市場的合法化。學術界有時稱蘇聯的第二個五年計劃為「新版—新經濟政策」，與第一個五年計劃相比，第二個五年計劃更多關注消費品的生產。[48]加上1935年和1936年農業收成較好，蘇聯得以從集體化和饑荒所造成的災難中恢復過來。然而，1941年德國入侵之後，德國政府在蘇聯實行所謂的「饑餓計劃」，這個計劃最初由納粹政府的農業部設計。[49]如前所述，為了保證向德國軍隊和第三帝國長期的糧食供應，納粹計劃餓死3,000萬蘇聯人。[50]納粹計劃以切斷南部糧食產地與北部消費地區的通道來摧毀人口密集的主要城市，消滅工人階級集聚的中心。可是，「饑餓計劃」不太現實，因為德國軍隊沒有足夠的兵力來阻止俄國各地區之間的流動。不過德國佔領區仍然有成千上萬甚至上百萬的蘇聯老百姓因為德國的糧食徵用而餓死，[51]另有大約330萬蘇聯戰俘在俘虜營餓死、病死，或被槍殺。[52]大部分是餓死的，因為德軍領導層在戰爭初期對處理大量的戰俘沒有準備，他們同時覺得讓戰俘死掉，把糧食留給德軍是不錯的選擇。1941到1943年，德國佔領軍啟動了一個「餓死基輔」的政策，以消除他們稱為「吉普賽城」的城市。[53]根據學術界統計的最低數，由於德國1941至1943年包圍列寧格勒，該城至少有75萬人被餓死。[54]對於蘇聯其他非德軍佔領區饑荒的情況，我們知道得很少，有些學者一般性地描述為「極度缺乏糧食」，還有一些學者估計餓死或病死的人數為150萬。[55]

　　二戰結束剛剛兩年，蘇聯又經歷了一次饑荒。[56]這次饑荒中摩爾多瓦和烏克蘭受到的影響最大。農村的死亡率比城市高得多，但產業工人和其家屬也同樣遭難。加在一起，一共有100萬至200萬人死於饑餓。[57]1947年的饑荒在很長時間內沒有引起學術界的關注，直到最近才發表了一篇有關這個饑荒的英語的專著。[58]二戰結束兩年後，蘇聯的農業和運輸系統仍然處於癱瘓狀態，城市工人的住房和衛生條件也極度惡劣。1947年是歷史上最嚴重的全球性糧食危機之一，中國和印度糧食嚴重短缺。[59]戰後，很多歐洲國家出現了糧食短缺，如法國、意大利、荷蘭、希臘、芬蘭、南斯拉夫和德國。中歐國家1946年經歷了極為漫長和寒冷的冬天，在德國是著名的「饑餓的冬天」；第二年夏天又極為漫長和炎

熱,從4月一直延續到9月,這使得農業生產不能盡快恢復。[60] 1946年蘇聯還發生了旱災,當年的收成與戰前(1940)相比,糧食只有64%,土豆只有69%。[61] 尼古拉斯‧甘森(Nicholas Ganson)認為,旱災不是產量大規模下降的唯一原因,蘇聯政府對待農民的不良政策也與此有很大的關係。由於嚴厲的集體農莊政策和糧食的高收購率,農民對提高產量沒有積極性。[62] 很多人對這些政策非常失望,因為人們以為戰勝了納粹德國,二戰取得了巨大的勝利,政府的管制會放鬆一些了。由於糧食減產,蘇聯政府決定控制糧食消費,取消了幾百萬工人的分配卡,同時,食品開始漲價。政府同時還在出口糧食(詳見下章)。鑒於1947年饑荒的死亡數「僅僅」為100萬至200萬,如果蘇聯政府停止出口,很多人是可以免於餓死的。美國政府也曾將糧食援助用於政治目的,但是沒有像蘇聯那樣被戰爭弄得束手無策。

多納德‧費爾澤(Donald Filtzer)認為,蘇聯當時的糧食儲備足以避免那麼高的死亡率。[63] 他不同意蘇聯政府有意安排了這場饑荒的說法,但是他認為,饑荒帶來的民眾道德水平下降被斯大林主義的精英們所利用。[64] 而維特克羅夫特則認為人們高估了糧食儲備的數量。他認為,1947年的饑荒是由於嚴重的旱災和戰爭所致,與1931至1933年因「發展造成的饑荒」不同。戰爭期間沒有發生大規模的饑荒僅僅是僥幸。[65] 甘森則從另外一個角度來分析饑荒的原因,他認為多重原因造成了饑荒,如政府官員的無情和政府缺乏預見、旱情、人口變化以及戰爭的破壞。[66] 衛生部和紅十字會設在集體農莊的救助站對援救兒童有所幫助,特別是在饑荒剛開始時,但到1946年秋天都關閉了。[67] 政府認為,儘管發生了饑荒,但儲備還要續進。此外,如前所述,蘇聯仍然在出口糧食,以維持蘇聯與美國進行的競爭,支持波蘭、捷克和法國包括共產黨的聯合政府。蘇聯政府將1946年收購糧食的10%(120萬噸)用於出口。第二年,出口下降了一半(60萬噸)。[68] 在一定程度的復蘇之後,1947至1948年收成中240萬噸用於出口。[69] 斯大林沒有公開承認發生了饑荒,但是與1930年初不同,這次他願意通過聯合國戰爭賠款的方式接受外國援助。

1948年以後蘇聯沒有發生過饑荒。但是中國革命勝利十年後卻發生了人類歷史上最為駭人聽聞的大饑荒。與蘇聯1930年代初一樣，中國的饑荒在經歷了內戰和恢復期後爆發。1958年，中國政府發動了大躍進，意圖是在短短的幾年時間內將中國轉變為現代工業國家。大躍進提出鋼產量要超過英國，並在可見的將來實現共產主義。1958年秋群眾運動的高潮中，農民都組織進入人民公社，吃公共食堂。1959年初，好幾個省爆發了饑荒，第二年發展成了全國性的危機。1959至1961年三年期間餓死的人數有幾種不同的統計數據，總數在1,500萬到4,500萬人之間。[70]因饑荒而死亡的人數一直是一個有爭議的問題。

學者們認為饑荒有多重原因。如：1958年秋季過高虛報產量導致作出不現實的計劃；相對於糧食產量徵購率過高；人力大規模從農業轉向工業造成了無法應付的不平衡，再加上糧食出口和1958年公共大食堂的浪費；省級領導的激進做法加劇了毛澤東1959年夏拒絕改變政策的惡果。[71]這些原因的前後排列也是一個很有爭議的問題。不過，與蘇聯1931至1933年的饑荒相比，沒有人認為這場饑荒是有意安排的。大部分學者都認為，惡劣的氣候本身不至於導致這麼多人死亡，「三年自然災害」的說法純粹是一個託詞。[72]郭益耀 (Y. Y. Kueh) 對中國1941到1990年農業生產的不穩定性與氣候做過一個研究。他認為1960年減產70%是惡劣氣候所致，但是，如果毛澤東沒有決定減少播種面積、1959年沒有過多徵購糧食，餓死的農民大部分是可以活過1959至1961年的自然災害的。[73]根據官方統計的數據，受到自然災害影響的土地，1959年為6.2198億畝 (15畝等於一公頃)，1960年8.0374億畝，1961年8.0346億畝。[74]1960年和1961年的旱災是1949至1986年之間中國經歷的破壞最大的災害。不過儘管有旱災的影響，1961年死亡數已經開始下降。而1976至1978年也有幾乎相同程度的災害，卻沒有出現那麼高的死亡率。

20世紀最多的饑荒受害者在中國和蘇聯，而迄今對饑荒的研究沒有關注這兩個案例，這讓人感到奇怪。饑荒理論或饑荒史研究的泰斗，如亞瑪特亞・森、斯蒂芬・戴維洛斯、科馬克・歐・格拉達或亞歷山大・得瓦爾，他們中沒有一個人是蘇聯問題或中國歷史專家，他們的著

作都是關於印度、孟加拉、愛爾蘭和非洲的。他們談及社會主義制度下的饑荒，但是都沒有對這些國家進行過案例研究，也沒有引用俄文或中文的資料。在中國研究和蘇聯研究領域，1980年前沒有多少人關注饑荒問題，雖然因饑荒而死亡的人要多於斯大林和毛澤東恐怖政策和政治迫害的受害者。1991年蘇聯解體之後，以及1990年代在中國獲取官方檔案資料的便捷度改善之後，關於俄國1919至1921年、蘇聯1931至1933年的饑荒，以及中國1959至1961年大躍進期間發生的饑荒已陸續有一些書籍和文章出版。[75] 但對於這些題目的研究少於對1930年代中期斯大林的「大清洗」和中國的「文化大革命」(1966–1976)的研究。蘇聯和中國在饑荒理論中的作用如此之小，這向我們提出了一個問題，那就是社會主義國家饑荒研究對人們關於總的饑荒問題的理解究竟有甚麼貢獻。

本書與饑荒問題的關聯

如上所述，在這本書裏，我主要是要對蘇聯1931至1933年的饑荒與中國1958至1961年的饑荒進行比較。兩個饑荒都正好發生於和平建設開始後10年，實行激進的農業集體化／合作化一兩年之後。與蘇聯1920至1921年以及1947年的饑荒不同，這兩次饑荒都不是戰爭造成的。我稱之為「大躍進饑荒」(Great Leap famines)，因為斯大林和毛澤東的發展戰略非常相似。蘇聯領導人在1929年、中國領導人在1958年都相信，蘇聯和中國能以史無前例的速度實現工業化。全國都動員了起來，要來一個「躍進」，與此密切相連的是激進的集體化，以及不切實際的發展規劃。這一點與1920至1922和1947年的饑荒有着重大的不同，因為後者在農村沒有社會革命相隨。維特克羅夫特將蘇聯1931至1933年和中國的這場饑荒定義為「發展式的饑荒」，以區別於共產黨取得政權之前的「靜止式的饑荒」。[76] 前者不是長期的貧困所導致，而是旨在短期內擺脫貧困所採取的過於野心勃勃的激進政策所導致。

由於社會主義經濟體制的建立，饑荒引發全國範圍爆發疫情的情況總的來說得到了預防。在蘇聯1931至1933和1947年饑荒，以及中國大躍進的饑荒中，這一點做到了。[77] 1931至1933年的饑荒中傷寒病例少於

1921年饑荒時的三分之一。[78]科馬克・歐・格拉稱蘇聯1931至1933年的饑荒為世界歷史上第一個現代饑荒，因為這是第一次人們死於饑餓而不是傳染病。在以前的饑荒中，比如愛爾蘭1846至1850年的饑荒，是傳染病而不是饑餓最終奪去了人們的生命，饑餓使人們變得極為虛弱，以致腹瀉和流感都會產生嚴重的後果，正常衛生條件被破壞，屍體都沒有掩埋，這些導致了流行病的傳播。旱災時，沒有條件清洗，而水災時飲用水和糧食儲備都受到了污染。[79]俄國1891年饑荒時，傷寒也是死亡的主要原因。亞歷山大・得瓦爾認為，衛生條件的危機對第二次世界大戰後非洲大部分饑荒作出了最好的解釋。[80]

通常難民營裏的死亡率最高，因為無家可歸的人積聚在擁擠、不衛生的環境裏。[81]但這種解釋方式不適用於1921年之後社會主義制度下發生的饑荒。在這本書裏，我要談及社會主義國家的政府為甚麼以及怎樣學習預防饑荒。與蘇聯和中國不同，印度和一些非洲國家至今仍不能戰勝長期的貧困和日常的食物短缺。

本書分為三個部分：「斯大林和毛澤東時代大饑荒的比較」、「毛澤東時代中國饑餓問題的政治化（1949–1962）」和「邊遠地區的饑荒」。第一部分對斯大林和毛澤東時期大躍進饑荒進行比較。第一章〈糧食供應緊缺時期農民的「貢獻」〉主要分析饑荒發展過程中農民與政府的關係。我的論點是，蘇聯與中國工業高速發展的模式主要建立在剝削農民的基礎上。本章將展示，圍繞剩餘糧食的鬥爭嚴重激化。第二章〈保衛城市，為政權的生存而戰〉將展示，蘇聯和中國政府都在饑荒中犧牲農村保衛城市。本章將分析為甚麼斯大林和毛澤東將城市社會的穩定看作政權生存的關鍵。我還要說明戶籍管理制度的建立與饑荒密切相關，並且要解釋為甚麼大躍進中沒能預防農村人口的流動。

第二部分是根據《內部參考》（供高級幹部閱讀的內部新聞刊物）、中共中央決定、報刊文章和新近從中華人民共和國披露出的資料作出的案例分析。第三章〈饑餓問題上的等級劃分和農民與國家的關係（1949–1958）〉描述了農民和國家在糧食和救災援助問題上衝突的逐步發展，以及1949年以後饑餓問題的政治化。討論從農民抵抗問題開始，關於

農民抵抗的定義是有爭議的。在1953年第一次糧食供應危機時，政府開始認為，許多農民假裝饑餓以騙取國家的補助，政府很難區別是真餓還是假餓。在1957年社會主義教育運動中，饑餓成了一個禁忌的話題。中國政府把喊餓當做一個政治問題，看做對社會主義制度的攻擊。第四章〈為防止城市饑荒而讓農民挨餓（1959–1962）〉中將描述1959年反裝餓演變成了對被指控藏糧的農民所展開的殘酷鬥爭。我要論證，中央政府沒有忽略饑荒，而是得到了大量錯誤的情報。因此，中央領導層不是減緩大躍進，而是從農村調進更多的糧食以防止農村的饑荒變成城市的危機。此外，本章還要談及人民公社的改革，僅僅是1962年農業的小規模增產不足以結束饑荒。我要說明，進口糧食供給主要城市對減輕農民的負擔非常重要。除此之外，2,600萬人「下放」到農村，使國家減輕了為他們提供糧食的負擔，也不再需要為此向農村徵糧。

第三部分將集中討論饑荒對烏克蘭和西藏的影響。在這兩個地區，民族主義派都有這樣的說法，即「佔領者」有意要讓他們挨餓。第五章〈帝國的負擔：烏克蘭和西藏的「民族化」〉將以歷史為背景對蘇聯和中國的民族政策做個比較。論點是饑荒毀掉了邊疆地區少數民族和平融入社會主義多民族國家的希望。下面兩章討論歷史編撰和記憶中的糧食政策。第六章〈「為解放西藏抓地鼠充饑」：中國官方歷史記載中的饑荒〉講述饑餓的經歷如何用在中國官方對人民解放軍解放西藏的記載中。而且，本章還要提及，中國學者輕化饑荒造成的大量死亡的情況。第七章〈「種族滅絕」：西藏和烏克蘭民族主義者的反敘事〉比較愛爾蘭、烏克蘭和西藏的民族主義者怎樣用饑荒來形成他們自己的說法。移民社群在這種說法形成中的重要性也將涉及。這個比較將表明，不僅僅是糧食問題，饑餓的經歷對民族身份的形成也很重要。

終章〈經驗教訓：蘇聯和中國如何避免饑荒〉討論的是蘇聯1950年代中期之後、中國1962年之後如何及為甚麼可以避免饑荒，並將回答社會主義國家的政府是不是與老百姓就對付饑荒達成了某種默契，他們從過去的經驗中吸取了甚麼教訓。在結論中，我要總結蘇聯和中國的社會主義國家體制與饑荒的關係。兩個國家都是將糧食優先提供給重要的

大城市、軍隊和黨政幹部、重工業企業的工人以及知識分子。但是當農業的損失危及到工業的發展和城市的糧食供應時，兩個國家的政府都不得不對農民作出重大讓步。其結果是，農業的全面社會主義化和通向共產主義的道路被堵死了。中國共產黨二十多年裏，為了不增加農民的負擔努力防止城市化。蘇聯共產黨則在斯大林死後將福利制度擴大到農村。在中國，大躍進的失敗確認了國家和國民的距離，因為國家不得不接受農村的「自然邊界」。在這兩個國家，饑荒都長期影響着國家與國民的關係。

資料來源和研究方式

這本書是對大躍進進行十年研究的結果。作為一個學生在中國農村採訪農民時，我瞭解到，饑荒是他們一生中最恐怖的事情。即使在今天，他們對饑荒仍然記憶猶新。這場災難也對他們關於毛澤東時代的記憶有很大的影響。2000年到2002年，我在北京中國人民大學黨史系學習，為了寫碩士論文，我採訪了1958年大躍進時下放到農村的知識分子。[82]我的博士論文是關於農村對饑荒的記憶，為此我幾次到河南農村採訪年老的幹部和農民，並且查看了縣檔案館的資料。[83]儘管這本書沒有使用口述歷史，也沒有重點使用回憶材料，但是沒有這些經歷和我在中國農村得到的第一手資料，要形成有關研究的大綱是不可能的。

對中國和蘇聯的饑荒進行比較研究是一個巨大的挑戰，因為毫無例外，這個問題的比較研究只是在近些年才開始的。[84]2009年和2010年我參加了有關俄國和中國饑荒問題的兩個國際研討會，從這兩個會上我瞭解到，中國研究大躍進饑荒問題的學者是1960年代中蘇分裂後開始學術生涯的，沒有俄語和蘇聯史的背景。更複雜的是，俄國和烏克蘭學者常陷於對現代史解釋的衝突中，糾纏於如何重寫民族史，而不是研究蘇聯歷史。因此，與中國的對比，並將其與全球社會主義國家放在一起研究不是他們的優先課題。除了哥倫比亞大學退休教授白思鼎，沒有其他人可以完全掌握俄文和中文兩種語言，並在近期用這兩種語言進行研

究。本書比較研究部分是一個較大的國際性研究小組工作的一部分，作為從事中國研究的學者，我常常與蘇聯研究學者如斯蒂芬·維特克羅夫特、安德烈亞斯·開普勒以及黑宮広昭就我的研究進行討論。

本書沒有根據俄語資料向讀者提供新案例的研究，但是根據兩個研究領域的現有資料，以及最新的中國內部資料和報刊做了紮實的比較。近年來，中共中央文獻出版社出版了多卷重要政治家和經濟設計師，如毛澤東、周恩來、陳雲和李先念的傳記。[85]與以前出版的書籍相比，這些傳記使用了中央檔案館的機密資料，提供了非常詳細的關於大躍進和大饑荒的情況。好幾個中國學者在香港出版的書籍都使用了超出官方早先關於大饑荒說法的檔案資料。[86]帶着批評的眼光閱讀這些書籍有助於對那些事件有更新的理解。馮客（Frank Dikötter）和他的合夥人周遜進入中國很多省級檔案，看到了很多以前保密的文件。[87]但是，專有渠道提供的新資料並不能保證作者對已發事件有新的解釋，馮客的書《毛澤東的大饑荒》(Mao's Great Famine) 就是一個例子。《毛澤東的大饑荒》一書中有一個很長的單子，列舉了從省級檔案館收集到的暴行和恐怖的事件，但是這本書沒有解釋饑荒為甚麼發生，或者是甚麼導致各個地方有這麼不同的做法。這本書讓人有一種感覺，即全中國人都是毛澤東這個瘋子的受害者。[88]周遜的書中有121個從檔案資料中挑選的節選，翻譯成了英文。[89]大部分檔案文件描述了縣一級或更低一級饑荒情況的發展，對地方幹部的暴力行為和農民求生存的鬥爭有了新的曝光。但是，省級檔案似乎只有很少涉及中央政府。書中只有一個文件涉及毛澤東的決定。根據檔案資料系統地研究中央政府的決定，可能需要查閱黨中央檔案館的文件。但是這個檔案館不向外國學者開放，只有極少中國內部高層的歷史學家才能看到這些文件。

這本書表明，即使看不到黨中央檔案館的文件，也可以基於豐富的資料從一個新的角度看待中國的饑荒。本書的目標是分析全國的糧食政策，因此有必要囊括所有書面資料。比如，1980年代中國共產黨領導人為了重新調整經濟和社會政策，需要分析毛澤東時代的錯誤，為此而出版的內部刊物和統計仍然非常有用。[90]如《當代中國糧食工作史料》提供

了 1949 至 1980 年中期中央政府逐年關於糧食政策各項決定和有關討論
的情況。[91]這本書是對 1953 年國家建立糧食統購統銷一直到饑荒的發
生,以及 1961 年經濟調整作出系統研究的一個好的起點。如前所述,
我系統地查閱了新華社發行供高級幹部閱讀的《內部參考》。《內部參考》
對研究毛時代的中國具有多少價值,西方學者有爭議。但是,這個刊物
提供了非常有用的報道,有助於對 1957 年城鄉矛盾和饑餓問題政治化
的理解。此外,我使用了多方面的資料,包括中央委員會和毛澤東的決
定、黨中央的報刊《人民日報》、期刊《糧食》和《八一雜誌》、高級幹部
的回憶錄、有關糧食問題的報刊,以及中國學者的研究成果,如羅平漢
關於糧食政策的研究。[92]

在這本書中,我要用多種方法展示蘇聯和中國饑餓的社會史。饑餓
在不同的歷史階段確實有不同的特性。詹姆斯·維農 (James Vernon) 曾
說過,「饑餓那種到處可能出現以及給身體帶來的相同的感覺掩飾了一
個真相,即饑餓的含義及我們對饑荒的態度是隨着時間的推進而變化
的。」[93]正如維農所說,「定義和管理饑餓帶來的問題使其產生了它自己
的權力網絡、政治集團、對政府責任的理解和自己獨特的治理方式。」[94]
有些關於蘇聯和中國的研究基於精英的級別、政府政策、經濟歷史和鄉
村的材料。還有的學者試圖用省一級的政治情況來解釋各地死亡數字相
差巨大的原因。[95]

本書集中討論蘇聯和中國大躍進饑荒政治和社會方面的問題。「糧
食政策」一詞包括中央一級的政府政策(如飲食習慣、糧食徵購、分配
制度、糧食進出口、救助措施、如何從儲存中取出糧食),以及地方上
和農村如何應對這些政策(接受、抵制、造假等等)。老百姓怎麼吃、吃
甚麼不是一件小事,過去十多年裏關於食品的文化和政治研究表明:
「食品關乎一切。食品是每一個國家經濟的基礎。它既是一個國家政治
戰略的中心問題,也是一個家庭的首要關注點。食品劃分了社會階層的
不同和界限、相互的聯繫和矛盾。飲食在不斷地影響着兩性關係、家庭
關係和社區人們之間的關係。」[96]

政府和農民的關係對理解大躍進饑荒至關重要。我認為,饑荒首先
反映了政府和農村在糧食問題上的對抗發展到了極為嚴重的地步。在這

個問題上，我要感謝其他一些學者，如高王凌、拉夫·塔克斯頓、戴慕珍 (Jean Oi)、白思鼎、魏格林和斯蒂芬·維特克羅夫特。我的研究是以他們的研究結果為基礎的。不過，我需要從一個新的角度來看待大躍進。我的方式不同關於中國研究中比較通常的看法，如「農民反抗」、人民公社改革的成功、領導人的「失去理智」。塔克斯頓和高王凌將中國的大饑荒描繪成政府和農民之間的鬥爭 (詳見第三章)。他們兩人都強調農民對政府的抵抗或者叫「反行為」。[97] 這種説法太片面，因為它沒有考慮到供應體系中其他的群體。[98] 研究蘇聯的學者也認為農民的抵抗被誇大了。[99] 還有一點儘管很明顯，但還是值得一提，政府不是從農民那裏收取了糧食倒到海裏了，而是用來養活不斷增長的城市人口、軍隊以及沒有餘糧但卻受災的其他農村地區。俄國和中國常常遭遇自然災害，沒有政府的干預，災區的農民是無法生存下去的。結果是，如果政府不能組織有效的救災活動，農民就更受影響，如同在大躍進饑荒中所發生的那樣。中國的救援系統尚沒有成為研究的題目。我們只有對城市和農村的關係以及糧食供應的各個方面有了全面的瞭解，才能真正理解這個饑荒。[100] 因此，僅僅分析農村的村一級如何分配和消費也是不夠的。楊濤 (Dennis Tao Yang) 指出，只有1958年秋冬人民公社的高峰時期在新建的公共大食堂裏，在很短的時間裏有「過度消費」的情況，這個時間太短，不足以解釋1960年幾百萬人的死亡。[101] 中國關於大躍進的歷史編撰和西方學術界一般都認為這次饑荒是1958年激進的人民公社政策造成的，並將災難的終結歸之於這一機制的改革。[102] 1961年，政府開始允許農民擁有自留地，一些省份開始試驗包產到戶。我在本書中將要闡明，1961和1962年改革帶來的糧食增產並不能對饑荒的終結作出解釋，要作出這樣的解釋必須考慮城市與農村關係的調整。我還要論證亞瑪特亞·森關於「獲得糧食權利」的觀點，這種觀點認為，即使沒有糧食減產，有的人也會因沒有權利獲得糧食而餓死。[103] 我將挑戰亞瑪特亞·森關於中國的饑荒可以用缺乏民主和新聞自由來解釋的觀點。[104]

維特克羅夫特和沃克爾強調蘇聯和中國供應系統的「硬」的統計數據，與他們不同，我將引入饑餓和飲食問題的文化和社會因素。我要論證饑餓的定義，以及多少糧食可以維持生命仍然是老百姓和政府衝突的

原因。不同於尋找一個關於饑餓的「客觀的」科學定義，我將表明饑餓問題如何愈來愈政治化。這裏還要考慮到不同地區的飲食習慣和對待糧食的不同文化傳統。

迄今，只有很少的學者把大躍進饑荒放在頻繁的饑荒和長期的貧窮這種更廣的歷史框架內來看待。[105] 弗里德里克‧泰偉斯 (Frederick Teiwes) 和孫萬國 (Warren Sun) 希望用1955年以來共產黨強力統治來解釋這場大躍進造成的災難。[106] 如果我們考慮到落後帶來的歷史負擔和城市人口迅速膨脹的新挑戰，很明顯，我們就不能把饑荒僅僅歸咎為領導人的錯誤決策。斯大林和毛澤東對千百萬人的死亡負有責任，因為新的政策和救援措施採取得太晚。我將要論證的是，人的因素只能與結構問題結合起來予以考慮。

本書可以被稱為饑荒問題大辯論上的一個「修正性」努力，[107] 但我完全不是要忽略蘇聯和中國農民在大饑荒中所經歷的苦難。很多學者研究社會主義體制下的饑荒，他們也應該分析蘇聯1947年之後、中國1962年之後做到可以預防饑荒這個方面的情況。我希望這本書能有助於人們對20世紀饑荒的理解，使人們對嘗試建設社會主義社會的失敗有一個深入的瞭解。

註 釋

1. Stephen Devereux, "Famine in the Twentieth Century," IDS Working Paper 105 (2000), 7. http://www.dse.unifi.it/sviluppo/doc/WP105.pdf; accessed May 10, 2010.
2. 同上，頁9。
3. 關於中國死亡率的概況，見 Yang Dali, *Calamity and Reform in China: State, Rural Society, and Institutional Change since the Great Leap Famine* (Stanford, CA: Stanford University Press, 1996), 38. 關於蘇聯1931至1933年死亡率的情況，見 Stephen G. Wheatcroft, "Soviet Statistics of Nutrition and Mortality during Times of Famine, 1917–1922 and 1931–1933," *Cahiers du Monde Russe* 38, no. 4 (1997): 526–527. 對於蘇聯內戰期間的人口情況未找到可靠的統計。關於1947年饑荒見 Nicholas Ganson, *The Soviet Famine of 1946/47 in Global and Historical Perspective* (New York: Palgrave Macmillan, 2009), xv.

4. Food and Agriculture Organization (FAO), Economic and Social Development Department, "The State of Food Insecurity in the World, 2008: High Food Prices and Food Security—Threats and Opportunities" (Food and Agriculture Organization of the United Nations, 2008), 2. Ftp://ftp.fao.org/docrep/fao/011/ i0291e/ i0291e00.pdf; accessed January 10, 2011.

5. Jean Ziegler, "The Right to Food: Report by the Special Rapporteur on the Right to Food, Mr. Jean Ziegler, Submitted in Accordance with Commission on Human Rights Resolution 2000/10," United Nations, February 7, 2001, 5. http:// graduateinstitute.ch/faculty/clapham/hrdoc/docs/foodrep2001.pdf; accessed January 10, 2011.

6. Devereux, "Famine in the Twentieth Century," 6.

7. Cormac Ó Gráda, Famine: A Short History (Princeton, NJ: Princeton University Press, 2009), 25–32.

8. William A. Dando, The Geography of Famine (London: E. Arnold, 1980), xii.

9. Devereux, "Famine in the Twentieth Century," 6.

10. Mike Davis, Late Victorian Holocausts: El Niño Famines and the Making of the Third World (London: Verso, 2001), 32.

11. Kerby Miller, "'Revenge for Skibbereen': Irish Emigration and the Meaning of the Great Famine," in The Great Famine and the Irish Diaspora in America, ed. Arthur Gribben (Amherst: University of Massachusetts Press, 1999), 181.

12. Davis, Late Victorian Holocausts, 7.

13. Gesine Gerhard, "Food and Genocide: Nazi Agrarian Politics in the Occupied Territories of the Soviet Union," Contemporary European History 18, no. 1 (2009): 45.

14. 詳見 Christian Gerlach, Krieg, Ernährung, Völkermord: Deutsche Vernichtungspolitik im Zweiten Weltkrieg [War, Nutrition, Genocide: The German Policies of Annihilation during World War II] (Zurich: Pendo, 2001), 和 Christian Streit, Keine Kameraden: Die Wehrmacht und die sowjetischen Kriegsgefangenen 1941–45 [Not Companions: The Wehrmacht and Soviet POWs, 1941–1945] (Bonn: Dietz, 1997).

15. Giorgio Agamben, Was von Auschwitz bleibt: Das Archiv und der Zeuge, Homo sacer III [Remnants of Auschwitz: The Witness and the Archive] (Frankfurt [M]: Suhrkamp, 2003), 45.

16. Devereux, "Famine in the Twentieth Century," 6.

17. Stephen Devereux, *Theories of Famine* (New York: Harvester/Wheatsheaf, 1993), 10–14.

18. Jean Drèze and Amartya Sen, *Hunger and Public Action* (Oxford: Clarendon Press, 2002), 214.

19. 同上，頁215。

20. Ó Gráda, *Famine*, 6–7.

21. Alexander De Waal, *Famine Crimes: Politics and the Disaster Relief Industry in Africa* (Bloomington: Indiana University Press, 1997), 12.

22. Lillian Li, *Fighting Famine in North China: State, Market and Environmental Decline, 1690s–1990s* (Stanford, CA: Stanford University Press, 2007), 2.

23. Theodor W. Adorno, *Soziologische Schriften* [Sociological Writings] (Frankfurt [M]: Suhrkamp Verlag, 2003), 392.

24. UN World Food Program, "What Is Hunger?" http://www.wfp.org/hunger/what-is; accessed January 15, 2011.

25. James Vernon, *Hunger: A Modern History* (Cambridge, MA: Belknap Press, 2007), 125.

26. R. E. F. Smith and David Christian, *Bread and Salt: A Social and Economic History of Food and Drink in Russia* (Cambridge: Cambridge University Press, 1984), 330–331.

27. Wheatcroft, "Soviet Statistics of Nutrition and Mortality during Times of Famine," 530.

28. 同上，頁532。

29. 見〈市鎮糧食定量供應暫行辦法〉，中共中央文獻研究室編輯：《建國以來中央文獻選編》(北京：中央文獻出版社，1993)，卷7，頁116–118。

30. Kenneth Walker, Food Grain Procurement and Consumption in China (Cambridge: Cambridge University Press, 1984), 97.

31. 〈決定我國糧食問題的方針〉，《人民日報》1955年7月22日。

32. 我採用了Alan Piazza書中有關的轉化率，見 Alan Piazza, *Trends in Food and Nutrient Availability in China, 1951–1981* (Washington, D.C.: World Bank, 1983), 7. World Bank Staff Working Paper No. 607.

33. Walker, *Food Grain Procurement and Consumption in China*, 100–101.

34. Vaclav Smil, *China's Past, China's Future: Energy, Food, Environment* (New York: Routledge Curzon, 2004), 75.

35. Piazza, *Food and Nutrient Availability in China, 1951–1981*, 9.

36. Smil, *China's Past, China's Future*, 90.

37. 維特克羅夫特分析了聖彼得堡、莫斯科和薩拉托夫的死亡情況。他認為食物匱乏是這次大規模死亡的重要原因。見 Stephen Wheatcroft, "Famine and Factors Affecting Mortality in the USSR: The Demographic Crisis of 1914–1922 and 1930–1933," CREES Discussion Papers, Soviet Industrialization Project Series, No. 20, 1981, 10.

38. Orlando Figes, *Peasant Russia Civil War: The Volga Countryside in Revolution 1917–1921* (London: Phoenix Press, 1989), 253–260. 關於布爾什維克對糧食壟斷的發展見 Leo Kritzmann, *Die heroische Periode der großen russischen Revolution: Ein Versuch der Analyse des sogenannten "Kriegs-kommunismus"* [The Heroic Period of the Great Russian Revolution: An Attempt to Analyze So-Called "War Communism"] (Vienna: Verlag für Politik und Literatur, 1929).

39. *Great Soviet Encyclopedia* of 1927 中的官方數字是五百萬；引用於 Bertrand M. Patenaude, *The Big Show in Bololand: The American Relief Expedition to Soviet Russia in the Famine of 1921* (Stanford, CA: Stanford University Press, 2002), 197. 更高的估計見 R. W. Davies and Stephen G. Wheatcroft, *The Years of Hunger: Soviet Agriculture, 1931–1933* (New York: Palgrave Macmillan, 2004), 403.

40. Davies and Wheatcroft, *The Years of Hunger*, 405. 很多學者認為，布爾什維克的救災活動主要集中在城市，但 Retish 認為，由於政府採取的救災措施和社會主義新福利的動員，饑荒和經濟上遭到的破壞使農民更接近政府，Aaron B. Retish, *Russia's Peasants in Revolution and Civil War: Citizenship, Identity, and the Creation of the Soviet State, 1914–1922* (Cambridge: Cambridge University Press, 2008), 262.

41. Josef Nussbaumer and Guido Rüthemann, *Gewalt, Macht, Hunger, Teil 1: Schwere Hungerkatastrophen seit 1845* [Violence, Power, and Hunger, Part I: Catastrophes of Hunger since 1845] (Innsbruck: Studienverlag, 2003), 178.

42. Hiroaki Kuromiya, *Stalin* (New York: Pearson/Longman, 2005), 52.

43. Mark B. Tauger, "Grain Crisis or Famine? The Ukrainian State Commission for Aid to Crop-Failure Victims and the Ukrainian Famine of 1928–29," in *Provincial Landscapes: Local Dimensions of Soviet Power 1917–1953*, ed. Donald J. Raleigh (Pittsburgh: University of Pittsburgh Press, 2001), 146–147.

44. Peter Gatrell, "Economic and Demographic Change: Russia's Age of Economic Extremes," in *The Cambridge History of Russia*, vol. 3: *The Twentieth Century*, ed. Ronald Grigor Suny (Cambridge: Cambridge University Press, 2006), 394. 詳見

James Raymond Hughes, *Stalin, Siberia and the Crisis of the New Economic Policy* (Cambridge: Cambridge University Press, 1991).

45. 根據 Stephen Wheatcroft and Stanislav Kul'čyc'kyj 的估計，整個蘇聯餓死了六百萬至七百萬人。1985 年 Robert Conquest 作出了八百萬的估計，伏爾加地區和北高加索地區大約一百萬，1930 至 1933 年間哈薩克蘇維埃加盟共和國死亡的人數是二百萬。饑荒發生於強迫遊牧民定居的運動中。上述數據見 Rudolf Mark and Gerhard Simon, "Die Hungersnot in der Ukraine und anderen Regionen der Sowjetunion 1932 und 1933" [The Famine in Ukraine and Other Regions of the Soviet Union 1932 and 1933], *Osteuropa* 54, no. 12 (2004): 9. 儘管蘇聯很多地區都發生了饑荒，但烏克蘭損失的人口比其他所有地區加起來還多；see Andreas Kappeler, *Kleine Geschichte der Ukraine* [Short History of Ukraine] (Munich: C. H. Beck, 1994), 201.

46. *Europe-Asia Studies* 雜誌對這場辯論作了很好的總結：Michael Ellman, "The Role of Leadership Perceptions and of Intent in the Soviet Famine of 1931–1934," *Europe-Asia Studies* 57, no. 6 (2005): 823–841; R. W. Davies and Stephen Wheatcroft, "Stalin and the Soviet Famine of 1932–33: A Reply to Ellman," *Europe-Asia Studies* 58, no. 4 (2006): 625–633; Michael Ellman, "Stalin and the Soviet Famine of 1932–33 Revisited," *Europe-Asia Studies* 59, no. 4 (2007): 663–693; Hiroaki Kuromiya, "The Soviet Famine of 1932–1933 Reconsidered," *Europe-Asia Studies* 60, no. 4 (2008): 663–675.

47. 泰格認為，「自然災害使蘇聯 1932 年糧食產量大幅度下降，這是這場饑荒的主要原因之一」，Mark Tauger, "Natural Disaster and Human Action in the Soviet Famine of 1931–1933," *Carl Beck Papers in Russian and East European Studies*, no. 1506 (2001): 6. Tauger 將蘇聯政府的做法與英國政府在 1845 至 1848 年愛爾蘭饑荒時的做法做了個比較：「在兩個饑荒中，政府領導人都忽略了自然災害的因素，過於誇大了人為的因素（愛爾蘭是人口過度增長，蘇聯是農民的抵抗）(頁 46)。斯大林十分清楚饑荒的發生，他怎麼會忽略了這麼嚴重的旱災？這裏有意義的是，斯大林沒有以自然災害作為「經濟困難」的藉口，尤其是他本來可以利用這一點來減輕領導層對饑荒的責任。

48. Wadim S. Rogovin, *Vor dem großen Terror: Stalins Neo-NÖP* [Before the Great Terror: Stalin's Neo-NEP] (Essen: Arbeiterpresse, 2000), 22.

49. 關於「饑餓計劃」見 Alex J. Kay, "Germany's Staatssekretäre, Mass Starvation and the Meeting of 2 May 1941," *Journal of Contemporary History* 41, no. 4 (2006): 685–700.

50. Gerlach, *Krieg, Ernährung, Völkermord*, 17.

51. Dieter Pohl, *Die Herrschaft der Wehrmacht: Deutsche Militärbesatzung und einheimische Bevölkerung in der Sowjetunion 1941–1944* [The Rule of the Wehrmacht: German Military Occupation and the Local Population in the Soviet Union 1941–1944] (Munich: Oldenbourg, 2008), 199.

52. Streit, *Keine Kameraden*, 244.

53. Karel C. Berkhoff, *Harvest of Despair: Life and Death in Ukraine under Nazi Rule* (Cambridge, MA: Belknap Press, 2004), 164–165.

54. John Barber, *The Soviet Home Front, 1941–1945: A Social and Economic History of the USSR in World War II* (London: Longman, 1991), 1.

55. William Moskoff, *The Bread of Affliction: The Food Supply in the USSR during World War II* (Cambridge: Cambridge University Press, 1990), 226; 對於150萬的估計見 Michael Ellman, "The 1947 Soviet Famine and the Entitlement Approach to Famine," *Cambridge Journal of Economics* 24, no. 5 (2000): 626.

56. 見Ellman "The 1947 Soviet Famine and the Entitlement Approach to Famine," 及 Donald Filtzer, "Die Auswirkungen der sowjetischen Hungersnot im Jahr 1947 auf die Industriearbeiter" [The Impact of the 1947 Soviet Famine on Industrial Workers], in *Hunger, Ernährung und Rationierungssysteme unter dem Staatssozialismus*, ed. Matthias Middell and Felix Wemheuer, 59–86 (Frankfurt [M]: Peter Lang, 2011).

57. Elena Zubkova, *Russia after the War: Hopes, Illusions, and Disappointments 1945–1957* (London: M. E. Sharpe, 1998), 47.

58. Ganson, *The Soviet Famine of 1946/47 in Global and Historical Perspective*.

59. 墨爾本大學(澳洲)就此問題舉行過研討會 "Famine and Food Crisis of World War II and Its Aftermath," June 11, 2010.

60. Nussbaumer and Rüthemann, *Gewalt, Macht, Hunger, Teil 1*, 170–171.

61. Ganson, *The Soviet Famine of 1946/47 in Global and Historical Perspective*, 7.

62. 同上，頁24。

63. Filtzer, "Die Auswirkungen der sowjetischen Hungersnot im Jahr 1947 auf die Industriearbeiter," 60.

64. Donald Filtzer, *Soviet Workers and Late Stalinism: Labour and the Restoration of Stalinist Rule after World War II* (Cambridge: Cambridge University Press, 2002), 76.

65. Stephen Wheatcroft "Famines and Food Crisis of 1946/47," 在墨爾本大學2010年

6月11日 "Famine and Food Crisis of World War II and Its Aftermath," 研討會上的發言，未發表。

66. Ganson, *The Soviet Famine of 1946/47 in Global and Historical Perspective*, 45.

67. 同上，頁44。

68. 同上，頁104–105。

69. Ganson, *The Soviet Famine of 1946/47*, 105, 129.

70. 根據1980年代初期中國出版的人口統計數據，學者們做出了不同的幾種估計。彭希哲的估計是14個省共餓死2,300萬人，〈大躍進給中國各省人口帶來的後果〉，《人口與發展》總第13期，1987年第4期，頁649。安斯利·柯勒 (Ansley Coale) 的估算是1,650萬人，〈中國的人口發展趨勢、人口政策和人口研究〉，《人口與發展》總第7期，1981年第1期，頁85–97，巴希爾·阿什頓 (Basil Ashton) 和凱納斯·希爾 (Kenneth Hill) 認為餓死了3,000萬，另減少出生3,000萬，〈中國1958–1961年的饑荒〉，《人口與發展》總第10期，1984年第4期，頁614，傑斯帕·貝克 (Jasper Becker) 根據中國政府的內部調查估計為4,300萬到4,600萬，(*Hungry Ghosts: China's Secret Famine* [London: Murray, 1996], 272)。曹樹基根據公開出版的縣誌統計的數據是，1958到1962年全國非正常死亡人數為3,245.8萬，《大饑荒》(香港：時代國際出版有限公司，2005)，頁282。馮客 (Frank Dikötter) 認為至少4,500萬人非正常死亡。他用曹的數字作為基數，加上根據一些地方檔案所做的估計 (*Mao's Great Famine: The History of China's Most Devastating Catastrophe, 1958–1962* [London: Bloomsbury, 2010], 333)。

71. 對饑荒原因辯論的概述，見Felix Wemheuer, *Steinnudeln: Ländliche Erinnerungen und staatliche Vergangenheitsbewältigung der "Großen Sprung"-Hungersnot in der chinesischen Provinz Henan* [Stone Noodles: Rural and Official Memory of the Great Leap Famine in the Chinese Province of Henan] (Frankfurt [M]: Peter Lang, 2007), 6–8.

72. 當今中國大部分學者同意劉少奇主席1962年用一個農民的話所做的估計，即大躍進的失敗是三分天災，七分人禍；劉少奇：〈在擴大的中央工作會議上的講話〉，見中共中央文獻研究室編輯：《建國以來重要文獻選編》(北京：中央文獻出版社，1997)，卷15，頁88。中國學者金輝認為，從120個水電站的數據看，1959年到1961年中國遭遇了中華人民共和國成績以來最為嚴重的旱災的說法是不能成立的。他認為，1959和1960年糧食減產30%是由於大躍進的政策造成的，〈三年自然災害備忘錄〉，《社會》1993年第4期；http://www.usc.cuhk.edu.hk/wk.asp; accessed May 10, 2010。另見楊繼繩：

《墓碑：中國六十年代大饑荒紀實》（香港：天地圖書有限公司，2008），卷 2，頁 576–587。

73. Y. Y. Kueh, *Agricultural Instability in China, 1931–90: Weather, Technology, and Institutions* (Oxford: Clarendon Press, 1996), 260.

74. 中華人民共和國農業部計劃司編輯：《中國農村經濟統計大全（1949–1986）》（北京：農業出版社，1989），頁 354–356。

75. 關於中國大躍進的詳細論述，見 Kimberley Manning and Felix Wemheuer, "Introduction," in *Eating Bitterness: New Perspectives on China's Great Leap Forward and Famine*, ed. Kimberley Manning and Felix Wemheuer (Vancouver: University of British Columbia Press, 2011), 1–27.

76. Wheatcroft, "Famines and Food Crisis of 1946/47."

77. 亦見 Dikötter, *Mao's Great Famine*, 285 及 Chen Yixin 在費城 2010 年 3 月 28 日亞洲研究協會年會上的發言，"Famine, Disease, and Public Health during China's Great Leap Forward," 未發表。

78. Davies and Wheatcroft, *The Years of Hunger*, 413.

79. Cormac Ó Gráda, *Ireland's Great Famine: Interdisciplinary Perspectives* (Dublin: University College Dublin Press, 2006), 202.

80. Alexander De Waal, "A Re-Assessment of Entitlement Theory in the Light of the Recent Famines in Africa," *Development and Change*, no. 21 (1990): 481.

81. Devereux, "Famine in the Twentieth Century," 5.

82. Felix Wemheuer, *Chinas "Großer Sprung nach vorne" (1958–1961): Von der kommunistischen Offensive in die Hungersnot—Intellektuelle erinnern sich* [China's "Great Leap Forward" (1958–1961): From the Communist Offensive to Famine— Intellectuals Remember] (Münster: Lit-Verlag, 2004).

83. Wemheuer, *Steinnudeln*.

84. Thomas Bernstein, "Stalinism, Famine, and Chinese Peasants," *Theory and Society* 13, no. 3 (1984): 339–377; Dennis Tao Yang, "China's Agricultural Crisis and Famine of 1959–1961: A Survey and Comparison to Soviet Famines," *Comparative Economic Studies*, no. 50 (2008): 1–29; Felix Wemheuer, "Regime Changes of Memories: Creating Official History of the Ukrainian and Chinese Famines under State Socialism and after the Cold War," *Kritika: Explorations in Russian and Eurasian History* 10, no. 1 (2009): 31–59. 2008 年維也納大學舉辦了「關於社會主義制度下饑餓、糧食和供應問題」國際研討會，其成果之一是 Matthias Middell 和 Felix Wemheuer 編輯的 *Hunger, Ernährung und Rationierungssysteme unter dem*

Staatssozialismus [Hunger, Nutrition and Rationing under State Socialism] (Frankfurt [M]: Peter Lang, 2011)。萊比錫大學出版社出版了英文版的會議文件,題為 *Hunger and Scarcity under State-Socialism in 2012*。Stephen Wheatcroft 也分別於 2009 年 3 月和 2010 年 6 月在墨爾本大學就俄羅斯和中國的饑荒問題組織了兩個研討會。

85. 如金沖及編:《毛澤東傳 (1893–1949)》(北京:中央文獻出版社,2004),2 卷;金沖及編:《周恩來傳》(北京:中央文獻出版社,1998),4 卷。

86. 如余習廣:《大躍進,苦日子》(香港:時代潮流出版有限公司,2005);東夫:《麥苗青菜花黃》(香港:田園書屋,2008);喬培華:《信陽事件》(香港:開放出版社,2009);楊繼繩:《墓碑》。

87. 見 Zhou Xun, ed., *The Great Famine in China, 1958–1962: A Documentary History* (New Haven: Yale University Press, 2012).

88. 詳見 Cormac Ó Gráda, "Great Leap into Famine: A Review Essay," *Population and Development Review* 37, no. 1 (2011): 195–196, 及 Felix Wemheuer, "Sites of Horror: 'Mao's Great Famine,'" *China Journal*, no. 66 (2011): 155–162.

89. Zhou Xun, ed., *The Great Famine in China, 1958–1962*.

90. 關於地方饑荒情況最好的報告之一仍然是王耕今的《鄉村三十年:鳳陽農村社會經濟發展實錄 (1949–1983)》(北京:農村讀物出版社,1989),2 卷。介紹安徽省鳳陽縣的情況。

91. 商業部當代中國糧食工作編輯部編輯:《當代中國歷史工作史料》(保定:河北省供銷社保定印刷廠印刷,1989),2 卷。

92. 羅平漢:《統購統銷史》(福州:福建人民出版社,2008)和羅平漢:《大鍋飯:公共食堂始末》(南寧:廣西人民出版社,2001)。

93. Vernon, *Hunger*, 2.

94. 同上,頁 8。

95. 如:Yixin Chen, "Under the Same Maoist Sky: Accounting for Death Rate Discrepancies in Anhui and Jiangxi," in Manning and Wemheuer, *Eating Bitterness*, 197–225, 及 Yang Dali, *Calamity and Reform in China*.

96. Carole Counihan and Penny van Esterik, "Introduction," in *Food and Culture: A Reader*, ed. Carole Counihan and Penny van Esterik (New York: Routledge, 1997), 1.

97. Ralph Thaxton, *Catastrophe and Contention in Rural China: Mao's Great Leap Forward Famine and the Origins of Righteous Resistance in Da Fo Village* (Cambridge: Cambridge University Press, 2008), 226–230; 高王凌:《人民公社時期中國農民反行為調查》(北京:中共黨史出版社,2006)。

98. 馬克‧泰格 "Le Livre Noire du Communisme on the Soviet Famine of 1932–1933" (1998), 10–11;一文中在談及社會主義制度下的饑荒時闡述了這一觀點。http://www.as.wvu.edu/history/Faculty/Tauger/Tauger,%20Chapter%20for%20Roter%20Holocaust%20book%20b.pdf; accessed May 5, 2011.

99. 見 Lynne Viola, "Popular Resistance in the Stalinist 1930s: Soliloquy of a Devil's Advocate," *Kritika: Explorations in Russian and Eurasian History* 1, no. 1 (2000): 45–69, 及 Mark B. Tauger, "Soviet Peasants and Collectivization, 1930–39: Resistance and Adaptation," in *Rural Adaptation in Russia*, ed. Stephen K. Wegren (London: Routledge, 2005), 66–68.

100. 對中國糧食轉移系統最詳盡的研究仍然是沃爾克的《中國的糧食徵購和消費》。沃爾克主要對各省的官方糧食統計數據進行再評估。我的研究更多的是關注國家和社會在糧食問題上的互動和衝突。

101. Dennis Tao Yang, "China's Agricultural Crisis and Famine of 1959–1961," 17–19. 我曾在不同的議題上寫到過公共食堂。在蘇聯和中國,只是在很極端的時期中將公共食堂作為一種集體生活的新生活方式,作為取代核心家庭的一種機制。可是,1930年蘇聯共產黨就批評這種設計沒有家庭生活的空間。Elke Pistorius, ed., *Der Architektenstreit nach der Revolution: Zeitgenössische Texte, Russland 1920–1932* [The Architectural Dispute after the Revolution: Contemporary Texts, Russia 1920–1932] (Basel: Birkhäuser, 1992), 112. 在中國,1958至1959年冬季領導人就意識到不可能讓農民想吃多少就吃多少。政府恢復了按勞分配的原則,強調公社不能取代家庭。那種糧食極大豐富和不切實際的情況並沒有延續很長時間,正因為如此,本書中我沒有為公共食堂單設一章。詳見 Felix Wemheuer, "Eating in Utopia: An Intellectual History of Public Dining," in *Hunger and Scarcity under State-Socialism*, ed. Matthias Middell and Felix Wemheuer (Leipzig: Leipzig University Press, 2012), 277–302.

102. 楊大力在 *Calamity and Reform in China* (頁240–242)一書中將建立人民公社、饑荒和取消集體體制密切聯繫在一起。

103. Amartya Sen, *Poverty and Famines: An Essay on Entitlement and Deprivation* (Oxford: Clarendon Press, 1997), 7.

104. Drèze and Sen, *Hunger and Public Action*, 214.

105. Stephen Wheatcroft, "Die sowjetische und die chinesische Hungersnot in historischer Perspektive" [The Soviet and Chinese Famines in Historical Perspective], in Middell and Wemheuer, *Hunger, Ernährung und Rationierungssysteme unter dem Staatssozialismus*, 88.

106. Frederick Teiwes and Warren Sun, *China's Road to Disaster: Mao, Central Politicians, and Provincial Leaders in the Unfolding of the Great Leap Forward, 1955–1959* (London: M. E. Sharpe, 1999). 更多的例子見 David Bachman, *Bureaucracy, Economy, and Leadership in China: The Institutional Origins of the Great Leap Forward* (Cambridge: Cambridge University Press, 1991); Michael Schoenhals, *Saltationist Socialism: Mao Zedong and the Great Leap Forward* (Stockholm: University of Stockholm, Department of Oriental Languages, 1987); Jean-Luc Domenach, *The Origins of the Great Leap Forward: The Case of One Chinese Province* (Boulder, CO: Westview Press, 1995); Alfred Chan, *Mao's Crusade: Politics and Policy Implementation in China's Great Leap Forward* (Oxford: Oxford University Press, 2001).

107. 對中國饑荒時期人們如何受苦、如何餓死、如何相互殘食以及幹部的暴力等詳細描述可見楊繼繩《墓碑》；Dikötter, *Mao's Great Famine*; and Wemheuer, *Steinnudeln*.

第一部分

斯大林和毛澤東時代大饑荒的比較

但是，單靠一個自由，可惜還遠遠不
夠。如果糧食不夠，油類不夠，布匹
不夠，住宅不好，那麼單靠一個自由
是解決不了問題的。同志們，單靠一
個自由是很難生活的。

——約瑟夫·斯大林，1935年11月

第一章

糧食供應緊缺時期農民的「貢獻」

　　1970年代至21世紀初「中國式社會主義」的提法十分盛行，因此只有極少數的西方學者對蘇聯和中國進行認真的比較研究。[1] 人們可能會說，對這兩個國家進行比較很難，因為俄羅斯有很長的公社土地所有制 (mir) 傳統，十月革命以後的土地改革更強化了這種傳統。而中國在19世紀和20世紀早期，農民就擁有土地或至少擁有土地上的土壤。[2] 而且，俄羅斯的布爾什維克主要在城市，而中國共產黨的策略是發動農民進行「農村包圍城市」。然而，儘管有這些不同，在中國和蘇聯的革命後，兩個國家都發生了幾次饑荒。我將在本章裏對兩個國家，尤其是這些饑荒進行比較。

　　本章將重點討論國家與農民在饑荒中的關係。爭取餘糧是理解饑荒問題的核心議題。首先，本章要說明，兩個國家的共產黨都繼承了沉重的歷史負擔。他們都在「饑荒之國」取得了政權。俄羅斯和中國都是落後的農業帝國，產業工人很少。其次，本章要分析蘇聯的一些發展模式對中國的影響。其重工業發展模式建立在剝削農民的基礎上。兩國政府均要求農村和城鎮居民做出犧牲、減少糧食消費。第三，本章將對兩國共產黨在農村的權力基礎進行比較。我們會看到，贏得農民對社會主義的支持和攫取農村的資源用於工業發展是兩個相互矛盾的目標。在計劃經濟的「二元社會」中，農民是二等公民。第四，本章要討論農村的集體化和激進的社會變遷對饑荒的影響。第五，本章要論證，在集體化農業中，謊報數字、隱瞞產量對農民有利可圖。最後，本章要探討，為甚

麼這兩個國家在饑荒時仍然要繼續出口糧食。這裏要做出一個假設，如果不繼續出口糧食可以避免多少人餓死。此外，本章還要分析，斯大林和毛澤東是不是有意利用饑荒除掉幾百萬農民。

歷史的負擔：饑荒之國

許多俄羅斯和中國的自由派和左派知識分子在很長的時間內把革命前的中俄兩國看作「饑荒之國」。一些西方學者對此提出疑問，他們認為在俄羅斯帝國晚期和明清時期以及1911年後的中華民國時期，農業的發展比人們所認為的要好得多。然而我認為這兩個國家，至少在19世紀和20世紀應該被稱為「饑荒之國」。在俄羅斯和中國，農民是落後的文盲，他們佔據了人口的大部分。1897年時，俄羅斯只有13.2%的城市人口。在1917年即沙皇統治的最後一年裏，其1.75億臣民中只有350萬產業工人。在中國，1949年時城市人口比例為10.6%。[3]

俄羅斯和中國在社會主義革命前都經歷了極為嚴重的饑荒。中國清朝和民國時期都有幾百萬人餓死。洪水與旱災等自然災害常常與饑荒相隨。1949年時，中國即使不是最窮的國家，也是世界上最為貧窮的國家之一。[4]麥克・戴維斯 (Mike Davis) 認為，饑荒極少是自然單個因素所致，社會因素和自然因素總是相互作用的。一個社會如何應對自然災害和環境變化是一個重要的問題。大壩建設、供水系統、人口增長、自然資源的利用、荒漠化和其他諸如此類的因素都對自然環境有着很大的影響。[5]據戴維斯統計，1876至1879年和1896至1900年清朝末年，1,950萬到3,000萬人死於饑荒。[6]中國左派人物、後任《人民日報》主編的鄧拓1936年撰寫了著名的書籍《中國救荒史》，在書中，鄧拓估算1810至1888年間因自然災害死亡的人數超過6,278萬，1920至1936年民國時期的自然災害死亡人數是1,835萬。[7]這些都是非常粗略的估算。中國學者夏明方根據民國時期的報紙和1949年後新中國的研究估算了因水災和旱災而死亡的人數。他認為，從1911到1948年整個民國期間所有造成受傷超過1萬人的旱災，共死亡約15,699,186人，因水災而死亡的人數大約為2,507,007。[8]

在日本侵華和抗日戰爭期間，饑荒再次發生。1938年6月，國民黨政府為了阻止日軍進軍武漢炸毀了黃河大堤，由此引發的洪水和隨之而來的饑荒與傳染病造成了近400萬難民，90萬人因此喪生。但洪水僅僅為國民黨政府的西遷贏得了時間。武漢1938年10月陷落。[9]政府沒有承認造成洪水的責任，而是在媒體上指責日本人破壞了大壩，並利用洪水進行全民動員，將水災逃荒者招募入伍。在1943年河南的饑荒中，政府採用了同樣的方法。與1931年的情況不同，1943年河南饑荒發生後，中央政府和河南省政府都對災情進行保密，而饑荒是由於旱災和為抗日部隊大量徵收糧食而造成的。媒體受到新聞管制，對饑荒沒有做任何報道，直到美國媒體報道這件事，真相才披露出去。[10]

國民黨1928年取得政權後對農村地區只有有限的控制，糧食需要進口，主要進口國是美國。在國民黨統治初期，1929到1931年，中國每年大約進口210萬噸糧食。[11]一些學者認為中國農民的生活水平在1870年至1930年代期間有了改善。[12]馮客和其他一些學者認為，在受到1930年代世界經濟危機的影響之前，民國時期中國農村的經濟出現過繁榮。[13]但是，對農民來說，應該考慮的不僅是「平常年間」，他們能否在災年存活下來也是要考慮的問題。那些將民國時期美化為現代化和「開放」時期的學者沒有將饑荒時老百姓所遭受的超常苦難考慮進去。馮客可能出於道義上的義憤寫了《毛澤東的大饑荒》，[14]但在他所寫的有關民國時期中國的《開放的年代》（The Age of Openness）一書中，對於千百萬因饑荒喪生的災民隻字未提，連一個註腳都沒有。他認為，那時的中國走上了正確的軌道，是共產黨使中國偏離了軌道。他僅提到1917年至1930年間戰爭造成了40萬人員傷亡，沒有提到華北旱災（1928–1930）造成1,000萬人死亡。[15]他還質問，為甚麼人們從來沒有將這40萬傷亡與19世紀中葉起義、大躍進以及文化大革命所帶來的數百萬死亡人數進行比較。

19世紀和20世紀的中國確實是「饑荒之國」，但俄國的情況則比較難以評估。20世紀初期，很多俄國自由主義者和馬克思主義者將俄國農村描繪成一派饑餓和苦難的景象。過去的二十多年裏不少學者對此提出

了疑問。[16]毫無疑問，當時的俄國比中國富裕得多。1909到1913年間，俄國人均年糧食產量約為515公斤，[17]而中國到了1952年農村人均糧食年產量還只有326公斤。[18]由於中國將小麥、小米、粟米、高粱、玉米和大豆都看作主食，而俄國不是這樣，因此兩國的產量差距實際上還要大一些。[19]國民黨統治時期中國仍然需要進口糧食，而俄國在1901到1913年間已經能每年出口1,000萬噸左右的糧食了。[20]斯蒂芬·維特克羅夫特認為，沙皇統治的最後30年，俄國的人均生產量逐步增長。但是1889至1892年和1905至1908年間，俄國遭遇了農業危機，農民生活水平下降。[21]大衛·摩恩（David Moon）是最為「修正主義」的學者之一，他認為17世紀後期到19世紀後期之間，俄國中部大多數農民生活都不富裕，但是認為他們生活在極度貧困之中是錯誤的。[22]他的看法是，除了1891年的饑荒，在沙俄後期農民挨餓的現象比較罕見。[23]同時他認為，許多農民拒絕接受新的糧食制度，因為像其他國家的農民一樣，「他們的收成僅夠糊口」，他們希望減少風險，以免在收成不好的年頭挨餓。[24]史密斯（R. E. F. Smith）和大衛·克里斯蒂安（David Christian）則對農村生活水平提出了比摩恩更為消極的看法。他們認為，農村人口中營養攝入的水平因等級不同而有所區別，而且受到一年裏不同時節的影響。8月收穫後農民吃得最好，這時也會殺些牲口。冬季新鮮的食物如奶製品都沒有了，他們只能吃醃製的白菜、紅菜頭和鹹肉。最困難的時候是春天和夏天，麵包會不夠吃，特別是在貧困的家庭。[25]

儘管農業生產上有改進，但俄羅斯的農業仍然十分容易受自然災害的影響。根據阿卡迪奧斯·卡汗（Arcadius Kahan）的統計，1858至1914年間有17個災年，19年裏人口增長大大低於平均增長數。他列出了一個長長的單子，表明這些年裏自然災害影響了農業生產和糧食供應，並且突出了1822、1832至1833、1848、1855、1859和1891年全國性的自然災害和饑荒。[26]而在俄羅斯帝國時期，不能像中國那樣可以獲得大量因饑荒而死亡的具體數字。與中國相比，沙俄時期因饑荒而死亡的人數似乎要少得多，即使考慮到了人口總量很少的因素。1602至1604年在沙皇鮑里斯·戈東諾夫（Boris Godunov）統治時期發生過一場嚴重的饑

荒。營養不良導致了疾病的爆發，僅莫斯科就有127,000人因此喪生。[27]
沙俄時期最大的饑荒發生於1891年，37.5萬到50萬人死亡。[28]雖然
1891年饑荒造成的死亡數字這麼高，但只有一本英文專著研究1891年
饑荒。[29]

俄羅斯和中國對待自然災害和饑餓有不同的傳統。按照儒家觀念，
發生饑荒時，皇帝有責任拯救他的臣民。[30]在儒家看來，饑荒並不僅僅
是由自然災害造成的，而是自然、上天以及皇帝和臣民的過失相互作用
的總體結果。這些儒家思想並不是空洞的理論，因為在18世紀，清朝
有着當時世界上最為周詳的救災系統，在供應短缺時期用國家和地方的
糧食儲存來穩定糧食價格、為城鄉窮人提供救濟。[31]1840年鴉片戰爭以
及太平天國運動（1859–1864）後帝國主義國家對中國的滲透，削弱了這
個救濟系統，造成了清朝的危機。1912年中華民國的建立和隨後幾年的
軍閥混戰和內戰，使得國家的糧食儲存系統幾乎消失。[32]艾志端認為，
在晚清時期，洋務派還不如保守派和傳統的官僚對救災感興趣。在洋務
派看來，應該把錢用於創建強大的海軍，而不是用於山西的救災，他們
覺得從長遠來看，經濟發展和現代化可以消除貧困和饑荒。[33]國民黨政
府似乎將注意力集中於統一國家、戰勝敵人。儒家傳統的救災濟民思想
在那個時期不起主要作用。

而沙俄帝國從來沒有過清朝鼎盛時期的那種救災系統。但是沙皇也
為他的臣民承擔了一些家長式的責任。從19世紀早期開始，沙皇開始
建立地方糧食儲存系統和預防饑荒的新機制。理查德·羅賓斯（Richard
Robbins）認為，由於農村行政機制很弱，文化水平低下，這些努力收效
甚微。[34]整個系統嚴重依賴中央政府。不過，1891年災荒發生時，政府
動員了大量的救災物資。[35]那時，很多自由派和馬克思主義者攻擊政府
救災不力，把饑荒看做專制統治結束的預兆。當代的一些學者認為，沙
皇政府當時表現相對不錯，很多農民的死亡是傷寒傳染所致，而不是饑
餓。[36]在饑荒最嚴重的時候，有1,100萬人從官方供應系統獲取定量供
應。海因茨-迪特里希·勒夫（Heinz-Dietrich Löwe）覺得，將政府刻劃為
為恐慌和無能是虛構的。[37]此外，農村很快從饑荒中恢復過來。[38]具有

諷刺意味的是，儘管沙皇政府做出了救災的努力，饑荒仍給沙皇政府的合法性帶來了質疑。到19世紀末期，世界上只有落後的殖民地國家如中國和印度才遭遇饑荒，歐洲大國都不會出現這樣的問題。羅賓斯因此認為，饑荒是沙俄帝國終結的開始。[39]

應該說，中國在清朝時有着比俄羅斯更加完善的糧食儲存和救災系統，但是與許多歐洲國家不同，中國在兩次世界大戰中從來沒有建立起一個有效的國家分配系統和糧食配給制度。在德國、法國和俄羅斯，政府建立起配給制度，負責向老百姓和軍隊提供糧食，而在重慶的國民黨政府在抗日戰爭期間(1937–1945)僅給少數的國家工作人員和工人發放供應證。[40]與中國不同，沙俄政府1916年建立了一個龐大的國家官僚機構負責糧食供應。[41]這個戰時管理系統給俄國政府帶來了巨大的壓力。1916至1917年開始的軍隊和工廠的糧食短缺不能歸咎於市場和投機商。現代俄國歷史與中國的不同在於，共和俄國時期非常短，僅僅從1917年的二月革命到1917年的十月革命。供應短缺和饑餓在二月革命中發揮了很大的作用。艾瑞克·羅爾(Eric Lohr)認為，在戰爭的後期供應問題不是由於糧食緊缺所致。由於敵國的封鎖，大量的出口中斷了，軍隊和老百姓本可以有更多的糧食，但是，軍隊的指揮官常常禁止將「出口糧食」用於自己的部隊。農民反抗政府的價格管理系統。「愈來愈多的農民不願出售糧食來購買高價工業品，由於1916年末和1917年初通貨膨脹的加劇，他們更願意自己儲存糧食，來餵養牲畜或在黑市換酒，而不願拿到市場去銷售。」[42]1917年沙俄軍隊的崩潰與糧食供應問題也是相連的。1917年10月布爾什維克奪取了政權並向人民保證有「麵包和和平」。[43]在中華人民共和國成立之前，在北方解放區，共產黨政府在救災運動中的口號也是「不許餓死一個人」。[44]

對饑荒問題，我們需要從歷史的角度來看待。在中國1876至1970年代後期，在俄羅斯1891至1950年代斯大林時代的結束，很多人經歷過挨餓，或至少受到過嚴重饑荒的威脅。對於蘇聯1931至1933年和中國1959至1961年兩個「大饑荒」，應該在饑荒的世紀這個大背景下才能有更好的理解，而不是僅僅從戰爭和恐怖的程度去理解。雖然饑荒不總

出現在同一地區，但是許多人在一生中經歷了不止一次災難性的饑餓。
比如，一個1890年出生於俄羅斯南部並於1950年去世的農民，他可能
經歷了1891、1921至1922和1931至1933年、二次大戰期間和1946至
1947年的饑荒，其間復蘇的時間特別短。1923至1927年，沒有全國性的
饑荒。1930年代中期饑荒結束後是斯大林時期的「好年成」。1941年，德
國進攻蘇聯，戰爭剛結束，1946至1947年的饑荒又來了。

　　一些學者認為，俄羅斯帝國本可以同時解決本國的糧食供應問題和
出口糧食，他們認為，1921年、1941至1943年以及1947年的饑荒與戰
爭有關，而1931至1933年的饑荒則是一個例外，是和平年間人為的饑
荒，是斯大林殘酷無情的政策造成的，他們因此認為，俄羅斯不能被看
作是「饑荒之國」。然而，如果看到在一個農民的有生之年就會經歷那麼
多次的饑荒，每一次都有千百萬人因此喪生，俄羅斯和蘇聯確實應該被
稱作「饑荒之國」，至少1891至1947年間是這樣。斯蒂芬‧G‧維特克
羅夫特認為，即使不包括戰爭造成的饑荒，50年裏1891、1921、1931
和1946年發生四次嚴重的旱災，也足以讓我們稱俄羅斯為「饑荒之
國」。[45] 布爾什維克奪取政權並非在1913年，那時俄羅斯是世界上最大
的糧食出口國之一，並且已經連續20年糧食增產，布爾什維克奪取政
權是在1917年，當時，第一次世界大戰摧毀了這個國家，緊接着又是
內戰。許多其他國家也參與了第一次世界大戰，卻並沒有遇到饑荒問
題。對於1891至1947年的災民來說，即使俄國能在理論上糧食自給，
這種理論上的可能性也是沒有任何意義的。

　　人口統計學家李中清 (James Z. Lee) 和王豐 (Wang Feng) 運用了1700
年至2000年人口、婚姻和糧食消費的數據駁斥馬爾薩斯關於中國的人
口理論。馬爾薩斯認為，饑荒和疾病可以對人口無節制增長進行自然
「控制」，中國就是這樣一個例子。[46] 李和王用數據表明，在傳統的中國
社會，家庭和家族通過避孕和嬰兒的性別選擇 (溺女嬰) 來控制出生率
和人口增長。他們認為，是政府的政策而不是無控制的人口增長引起了
饑荒，特別是大躍進期間。[47] 李中清和王豐對馬爾薩斯理論的批評是有
說服力的，但是他們沒有解釋19世紀和20世紀中國饑荒如此頻繁的原

因。總覽300年的歷史，可以說饑荒總的來看比較少，對控制人口增長作用也很小。[48]

而從一個中國農民的角度來看，我們可以有另外一種看法。一個1900年出生於河南的農民可能經歷過1931、1943和1959至1961年的饑荒。在1937年中日戰爭爆發到1959年饑荒之間，一個普通農民僅僅在1950至1958年間生活中沒有死亡的威脅。在1891至1947年的俄國和清末至1961年間的中國，糧食富足、社會穩定的時期很短，並非農民生活常態。共產黨在取得政權初期說他們可以一勞永逸地消除饑荒，農民是不是相信了這種說法？許多農民一生中有過多次挨餓的經歷，對他們來說，一次饑荒會摧毀新政權的合法性嗎？

斯大林模式與中國

新的革命政權以推動工業化來消除饑餓和貧窮。這裏我要討論蘇聯採取的發展模式，以及這種模式對中國的影響。總的來說，蘇聯模式的特點是中央計劃經濟，工業是國有企業，農業是集體農莊，由馬克思列寧主義指導的一黨統治，並且黨的官僚機制控制專家和文化部門。一些學者認為，儘管中國有大躍進和文化大革命的激進做法，但50年代中期中國照搬蘇聯模式後20年沒有任何改變。[49]最近，韓博天(Sebastian Heilmann)和裴宜理(Elizabeth Perry)質疑研究中國問題時將注意力集中於佔主導地位的機制有沒有意義，他們認為，中國共產黨推行的是基於實驗和試錯的「游擊作風」政治，不同的地區有不同的模式，理解中國政治必須瞭解過程的重要性。[50]白思鼎則將蘇聯模式分為三種：第一種，列寧在「新經濟政策」期間提出的比較溫和的模式，既有計劃經濟也有市場經濟的因素；第二種，斯大林的革命化模式，體現於蘇聯1929至1934年的「大規模社會主義運動」(Socialist Offensive)中；第三種，「官僚中產階級斯大林主義」，出現於二戰後斯大林統治後期，強調穩定、正規和專業。[51]從1949年中華人民共和國成立至50年代中期，中國採納的是第三種模式，即斯大林後期的官僚主義模式，並仿照蘇聯改革了

經濟、教育和文化機構。中國的第一個五年計劃（1953–1957）受蘇聯影響很大，蘇聯專家在中國政治和經濟的許多方面發揮了關鍵的作用。但是，鎮壓反革命和土地改革依靠群眾動員，這是蘇聯的後斯大林主義所沒有的內容。[52]毛澤東本人對1930年代初期的斯大林革命化模式更為青睞。到了1950年代中期，他開始攻擊官僚主義模式。從大躍進開始，中國開始尋找自己的道路，在農村搞人民公社、農村勞動力軍事化、經濟體制大幅度權力下放。白思鼎認為，大躍進借鑒了斯大林的革命化模式，其動員群眾進行激進的社會變革借鑒了極端的「戰時共產主義」。一個不同點是，毛澤東對烏托邦的目標更為認真，而斯大林到了1931年開始反對平均主義。[53]我認為，如果僅以1928至1931年「斯大林的革命化模式」與中國進行比較的話，蘇聯的「社會主義運動」與大躍進有着更多的相似之處，謝拉·費茲帕特里克（Sheila Fitzpatrick）將這個階段稱為「蘇聯的文化革命」，那時也是黨的領導人動員群眾反官僚，反對「資產階級」專家和學術權威。共產黨強調工人階級的智慧，而不是脫離人民生活的專家和藝術家們的「書本知識」。[54]城市工人的人民公社實行平均工資制度，設計師規劃出公社的公寓房，有公共食堂，但沒有家庭生活的空間。[55]在斯大林的大躍進期間，年輕人和激進分子重演了十月革命和俄國內戰的情景，他們向官僚主義發起進攻，而在1958年中國大躍進的高峰時期，中國共產黨也頌揚延安時期的「游擊作風」。[56]兩國黨內的激進分子都期盼成為「共產主義新人」，這是斯大林對斯達漢諾夫運動中打破紀錄、具有競爭精神的工人的稱呼。與這種不太烏托邦的定義相比，中國激進派如陳伯達則提出「多面手」的概念，要求成為既是農民、工人、戰士，又是知識分子。[57]在俄國，直到1931年，斯大林才為知識分子和專家平反昭雪，明確要求停止烏托邦實驗。在後來的一些年裏，俄國在經濟、教育和軍事部門採用了官僚模式，為專家們提供特權，在家庭生活和消費方面提倡「中產階級」價值觀，這種程度在毛時代的中國則是見所未見的。[58]

　　在蘇聯的三種模式裏，革命化的斯大林主義比官僚斯大林主義更接近中國大躍進早期的方式。但是，分析蘇聯的模式，再來找出其與中國

情況的相似和不同有它的局限性。饑荒是這些模式下所產生的危機，這些危機在兩個國家都導致了經濟結構的重大轉變。災荒動搖了這些社會主義的領袖們所堅信的理念。「模式」對於全面理解這些重大的災荒實際上是一個過於靜止的概念。而且，模式是共產黨政府在比較好的年成所設計的計劃和前景，如果希望瞭解各種模式的成果，饑荒實際上是計劃的失誤。對比研究蘇聯和中國的模式，我傾向於從分析這兩個大的農業帝國在社會主義制度下饑荒的特點出發，並且據此來探討蘇聯和中國黨制國家的性質。我認為，將蘇聯1931至1933年的饑荒與中國1958至1961年的饑荒作比較最有意義。如所記載，蘇聯十月革命後1918至1947年的幾次饑荒在性質上有很大的不同。比如，即使布爾什維克採取了更好的政策也很難避免1921年或德軍入侵期間的饑荒。在十月革命後的最初幾年，傳統的公社土地所有制（村社）仍然佔主導地位，社會主義計劃經濟體制十分微弱，正處於早期發展階段。與戰爭期間的饑荒相比，蘇聯1931至1933年和中國1959至1961年的災難發生於和平年間，是在激進的社會改造背景下發生的。饑荒開始前兩年剛剛實行了計劃經濟、工業國有和農業集體化。蘇聯這場嚴重的饑荒發生於革命勝利後13年、和平建設開始後10年，中國則在共產黨奪取政權後10年發生了饑荒。用雅諾什·科爾奈（János Kornai）的說法，社會主義制度仍然處於革命性的轉變期間，經典的社會主義制度尚未完全建立起來。[59] 根據科爾奈的理論，在那種制度下，官僚機構按照行政管理的常規管理着國家，革命轉變時期人們的高度熱情已經湮滅。而在中蘇兩次躍進期間，行政管理常常出現混亂，在開始時，有些人以高度的熱情參與。與1930年代早期不同的是，蘇聯1947年的饑荒發生於傳統的制度已經完全建立的情況下。科爾奈對「革命轉型」和「經典社會主義制度」的劃分與白思鼎區分革命化斯大林主義和官僚化斯大林主義異曲同工。蘇聯的農業集體化和第一個五年計劃有着烏托邦的成分，如在農村消除私有財產（至少在1929年），過於雄心勃勃的計劃和產量目標。這些烏托邦成分與中國的大躍進十分相似。[60] 極端兩極化的政治局勢使斯大林不能公開承認饑荒，更為複雜的是，斯大林「大躍進」的成功還與權力鬥爭糾纏在一起，鬥爭的對手是溫和派尼古拉·布哈林（Nikolai Bukharin）。所

謂的右翼反對派奪權已經被鎮壓，但是斯大林需要證明他結束新經濟政策的激進做法是正確的。在中國，毛澤東作為共產黨的最高領導也在饑荒的發展中有着關鍵性的作用。1959 年夏季大躍進的極端化是由毛和國防部長彭德懷的權力之爭導致的，這又使毛極難承認饑荒的發生。此外，比較這兩個大躍進帶來的饑荒較為容易，因為對於蘇聯的這次饑荒，學者們已經有了大量的研究，而對於此前和此後的饑荒都沒有那麼多的研究。

共產黨在農村的根基

共產黨政權與農民的關係如何能幫助我們理解饑荒呢？在蘇聯研究中，人們常常認為布爾什維克對農民的看法消極。而毛在人們看來則對農民比較親近。[61] 如今，很多人對此提出疑問，有些學者甚至認為，蘇聯和中國農業集體化都是「針對農民的戰爭」。[62] 中國共產黨和蘇聯共產黨最大的區別是，中國共產黨深入農村，而蘇聯布爾什維克一直在城市，俄共只是在十月革命之後才碰到令人頭痛的農村政策問題。中國共產黨在奪取政權後的最初幾年裏，幾乎在每一個村子都建立了黨支部（除了少數民族地區），俄共 1917 年時在農村還很弱。在俄國，土地也不是共產黨分給農民的，土地改革自下而上，並且是因暴亂而被迫進行的。布爾什維克被迫實行社會民主派提出的土地改革方案，因為這在農村比列寧的布爾什維克更受歡迎。土地改革的法律讓自下而上的土地劃分合法化，恢復了村社對土地的集體使用。列寧承認，他曾經在很長時間內反對這個方案，但是革命必須滿足廣大農民的願望。[63] 在國內戰爭期間，布爾什維克的糧食徵用是對農民生存極限的一個試探。1920 至 1921 年間，在打敗了白俄軍隊之後，發生了很多「綠色」農民起義，布爾什維克領導人將此視作嚴重的威脅。最為著名的是安東諾夫（A. S. Antonov）領導的起義，他的游擊隊召集了四萬農民。[64] 很多布爾什維克領導人認為，採取新經濟政策是一個倒退。

1920 年代中期，蘇共黨的領導層擔心富農（kulaks）和傳統的精英又一次在農村掌握了權力，並將控制許多蘇維埃組織。雖然布爾什維克從

來沒有下過清楚的定義，但「富農」一般指富裕的農民。1929年時蘇聯共產黨有143萬黨員，其中30.2萬出生於農村。也就是說，黨員的19.7%來自農民家庭；12%從事農業生產。[65]共產黨不能僅僅依靠農村的黨員在農村實行集體化，而且還要動員城市裏的工人黨員。1929年11月那些稱作自願到農村去的「二萬五千名」工人在早期的集體化農莊的設立和經營中發揮了重要的作用。[66]1930至1931年，為了實行集體化，二百多萬富農被遣送至邊遠地區，三萬多人被槍決。[67]很多人在遣送或流放期間餓死。運動中，普通農民如果反對集體化也很容易被扣上「富農」的帽子。如前所述，有人認為集體化可以被看做是針對農民的新戰爭。一些學者對這一看法的解釋是，糧食徵收十分暴力，繼承了內戰中的作風。然而，我們不應該忘記，農村的一些窮人和積極分子支持斯大林的「躍進」。[68]在集體化的最初幾年裏，共產黨可以吸納新的成員：1930年1月到1932年7月間，農村的黨員數從20.2%增加到26.6%。[69]但增加的幅度不足使共產黨在農村建立強有力的控制。1932年只有20%的集體農場有黨支部。饑荒以及斯大林對很多地區農村幹部不能完成糧食徵購的不滿，使得農村黨組織的發展停了下來。經過蘇共的幾次清洗，農村黨員人數從1933年10月的85萬下降到1937年1月的29.6萬。

　　從這一方面來看，中國的情況與蘇聯有很大的不同。在土地改革中（1947–1951），共產黨不僅將43%的土地分給了農民，而且殲滅了傳統的精英、宗教團體和一直騷擾民眾的幾千個武裝「土匪」團伙。[70]中國共產黨建立的新中國稱為「新民主主義」國家，包括土地私有、私營企業和以市場為基礎的商品交換。史蒂夫·史密斯認為，中國的革命遠遠不是一個共產黨領導的農民運動，1949年共產黨奪取政權有着城市知識分子、農民、工人、「土匪」，甚至一些中產階級組成的廣泛的聯盟為基礎。[71]1953年，中國共產黨推行經濟方面的社會主義改造，同年開始的集體化運動相對蘇聯也進行得相對和平。[72]他們沒有實行全面的社會主義，而是採取幾步走的方式，先從農業生產互助組到半社會主義式的初級社，再到社會主義的高級社。過去我們對中國集體化的進程看法常常太浪漫了，現在我們知道，很多村子土改後直接建立了高級社，並沒有分幾步走。[73]不過，不管怎麼說，與蘇聯相比，中國共產黨在農村的根

基要紮實得多。1955年春，中共在22萬個村子裏有17萬個黨支部，共有四百萬黨員。[74]而1929年蘇共農民黨員只有17.16萬名。中國在1950年代初期人口大約是蘇聯1920年代中期人口的3.7倍，但農村黨員人數則是蘇聯的23倍。[75]

　　中國沒有進行大規模的農民遣散，而是使用施加政治壓力和大規模逮捕等手段推行集體化。1953到1956年期間，如果幾百萬農民對新的生產方式不滿，他們可以退社。但是1957年的社會主義教育運動制止了這種反抗，從那時開始，退社不再可能。[76]與俄共相比，中國共產黨和農民沒有過內戰式的對抗，但雙方都有些幼稚：1959年公共大食堂糧食緊缺開始時，很多農民不相信共產黨會不信守新中國不會餓死人的承諾。毛澤東也沒想到，大躍進的政策會在農村引起強烈的不滿和抵抗。毛對農民的態度很矛盾，在兩種態度之間擺動，一方面覺得能得到農民的支持，另一方面又對農民的保守感到失望。[77]1955到1958年間，他對農村群眾運動持熱情態度。

　　將蘇聯布爾什維克描繪成單純的反農，或者將中國共產黨描繪成簡單的親農或反農都過於簡單化了。1919年在動員貧農鬥爭富農失敗後，列寧一再強調工人需要和貧農及「中農」組成聯合陣線。[78]列寧在他全集的最後一集中指出，共產黨只有贏得了農民對合作化運動的支持，社會主義才能在蘇聯獲勝。[79]斯大林至少在言論上認為，部分農民，如貧農和中農的支持是重要的。[80]1933年在災荒之後，斯大林允許留用自留份地和開放地方市場，他希望這可以緩和與農民的關係。不管怎麼說，有一點是明確的，即蘇聯和中國的發展模式都建立在剝削農民實現工業化的基礎上。很多發展中國家都採用了這種發展模式，但在蘇聯和中國問題變得尤其突出，因為糧食供給的急劇下降危及農民的生存。

農民對工業化的「貢獻」

　　1920年代中期，蘇聯共產黨就如何選擇社會主義的最佳道路問題進行了比較公開的討論。葉夫根尼‧普列奧布拉任斯基(Yevgeni Preobrazhensky)當時曾短期擔任蘇聯共產黨政治局委員，並且是黨內重要的

經濟學家，他認為，英國進行的「資本主義原始積累」為工業發展奠定了基礎，蘇聯應該像英國一樣進行「社會主義原始積累」。根據卡爾‧馬克思的理論，打破農村土地的共同擁有會造成大量貧困的過剩人口，即農村的失業人口，工廠的無產階級可以吸收他們。而且，失去土地、破壞了農村手工業或者農業經濟使大批的農村人失去了生產資料。[81]普列奧布拉任斯基十分坦率地承認，蘇聯的工業化只能建立在剝削農民的基礎上，因為社會主義國家不能有殖民地。[82]像普列奧布拉任斯基這樣有知識的馬克思主義學者應該知道「原始積累」殘酷的含義。在馬克思的《資本論》裏，「原始積累」一章是全書中最為恐怖的一部分，馬克思認為資本主義是建立在無數人的屍骨之上的。其他黨的領導人如布哈林當時則不同意普列奧布拉任斯基的看法。然而，1928年7月9日，斯大林承認必須要農民「做出貢獻」。因為蘇聯不能剝削殖民地，也不能通過外國貸款來進行工業化，唯一的來源是盤剝工人和農民。斯大林說：

> 在這方面，我國農民的情況是這樣：農民不僅向國家繳納一般的稅，即直接稅和間接稅，而且他們在購買工業品時還要因為價格較高而多付一些錢，這是第一，而在出賣農產品時多少要少得一些錢，這是第二。這是為了發展為全國（包括農民在內）服務的工業而向農民徵收的一種額外稅。這是一種類似「貢稅」的東西，是一種類似超額稅的東西，為了保證並加快工業發展的現有速度，保證工業滿足全國的需要，繼續提高農村物質生活水平，然後完全取消這種額外稅，消除城鄉間的「剪刀差」，我們不得不暫時徵收這種稅。如果我們抹殺這個事實，如果我們閉眼不看當前的情況，即我們的工業和我們的國家，如果我們的工業和我們的國家可惜暫時不得不向農民徵收這種額外稅，那我們就不成其為布爾什維克了。[83]

斯大林還預見到，將來農民的負擔會輕一些，並斷言，國家的工業化符合農民自己的利益。[84]然而，緊接著的1929年的農業集體化與「新經濟政策」期間相比大幅度增加了農民的稅收負擔，斯大林公開承認，工農聯盟的目的不是保存現有各個階級，而是「以集體主義精神逐漸改

造農民，改造他們的心理，改造他們的生產，從而為消滅階級準備條件」。[85]斯大林相信，農業集體化之後，對農民的控制比幾百萬家庭式小農實體更容易。

據我所知，中國1950年代沒有黨的領導人像普列奧布拉任斯基那樣公開地這麼說。中國共產黨研究了蘇聯的農業政策，毛澤東在50年代中期說過，蘇聯斯大林時期的政策極大地損害了農業的發展。[86]但是毛還是繼承了斯大林「貢獻」一詞，即農民作出額外的奉獻。[87]實際上，兩個國家重工業快速的發展都是建立在剝削農民和低糧價的基礎上的，低糧價有助於城市的工人。收多少糧、留多少糧對農民和政府都成了生存問題，政府需要資源來進行工業化。國家的統購統銷和農業集體化是收取剩餘糧食的主要手段，有時非剩餘糧食也被收購。

1928在蘇聯政府遇到了嚴重的糧食收購危機，因為很多農民拒絕按規定的價格交售糧食。年初時，斯大林說糧食欠收1.28億磅（大約八百萬噸）。[88]這個危機使城市糧食供應緊張起來，1928至1929年冬季政府不得不在城市實行麵包定量供應。[89]斯大林幾次以城市受到饑荒的威脅為由使「特殊措施」合法化，包括動用武力、頒佈嚴厲的法律來攫取糧食。斯大林在1928年7月的一次講話中說，沒有這些「特殊措施」，「整個國家的經濟將會遭遇極其嚴重的危機，城市和軍隊都會有饑荒」。[90]中國在1953年出現了同樣的情況，城市實行定量供應以應對危機。兩國的共產黨都採取了取消自由市場、實行國家壟斷糧食貿易的措施。這種價格的壟斷，加上社會主義的農業政策，使政府和農民產生了嚴重的衝突，在蘇聯是1928至1930年，在中國則發生在1953到1957年。這種壟斷消除了國家與村鎮之間所有的中間人，國家可以直接確定糧食收購價格，價格遠遠低於市場價格。農民對這個價格政策十分不滿，但國家可以滿足城市工人的糧食需求，並且保持低工資。固定價格也保護了城市消費者免受價格動盪和投機活動的影響。在中國，學者用「二元社會」來描述兩種不同社會的存在，城市得到政府的補貼，農村則只能依靠自己的資源和生產。[91]這種二元社會在1950年代初期就已經建立，不過到了1955年，城市實行票證制度開始發放供應卡。為防止農

村人口進入城市尋找工作，國務院在1953、1955、1956和1957年分別頒佈了好幾個相關規定，1958年開始建立嚴格的戶口制度。[92] 從1955年開始，政府決定將公民分為兩類，城鎮居民和農村居民。農村人實際上成了二等公民。這種狀況一直持續至今。農村人在社會保險、醫療保險、食品供應、婚姻登記、遷徙自由，在計劃生育以及教育和服役等方面享有的權利也與城鎮居民不同。[93] 2004年，中共中央在一份重要的文件中使用了「二元社會」的提法，並且承認幾十年來中國的經濟發展一直以將農村資源轉移到城市為基礎。這份文件公開論及城市所享有的特權。[94]

與西歐各國的工業化不同，在蘇聯和中國，城市工人，至少是國營企業的正式工人比農民的日子好過。政府還以「無產階級專政」來解釋這種區別待遇的合理性。不過政府也不斷提醒城鎮居民不要浪費糧食、要減少消費。為了優先發展重工業，全民都要厲行節約。

在俄國內戰期間激進主義的高峰時期（1919–1920）和1929年集體化早期，布爾什維克領導人將糧食定量看作先進的社會主義甚至是共產主義經濟的一個組成部分。[95] 不過，這種極端思維沒有持續很久。糧食定量僅僅採用於內戰及戰後、1929至1935年糧食大欠收，以及二戰至1946年饑荒的極端困難時期。1935年和1947年，蘇聯新聞媒體將取消糧食定量作為經濟復蘇和國家走向正常化的標誌來慶賀。[96] 與蘇聯不同的是，中國對糧食和主要消費品的定量供應一直沒有取消，從1950年代中期一直延續到80年代初期。這是中國持續處於「戰時共產主義」的明確標誌，也就是説，在整個的毛時代中國經濟都處於緊缺之中。

必須指出的是，蘇聯1920年代農業比中國1950年的農業要發達得多。由於蘇聯危機時期統計數據不可靠，對30年代早期糧食產量的數字仍有很大爭議。R · W · 戴維斯（R.W. Davies）和斯蒂芬 · 維特克羅夫特估計1930年的收成是7,300萬至7,700萬噸，1931年5,700萬至6,500萬噸，1932年5,500萬至6,000萬噸，1933年7,000萬至7,700萬噸。[97] 馬克 · 泰格（Mark Tauger）認為1933年的收成可能遠遠低於5,000萬噸。[98] 不管怎麼説，糧食產量大減是肯定的。不過，糧食產量的減少低於一次

大戰到1921年內戰結束期間。根據中國改革開放期間公佈的數字，中國1958年產量為2億噸，1959年為1.7億噸，1960年為1.435億噸，1961年為1.475億噸。[99]這個數字表明從1958到1960年農業生產產量下降了30%以上。與蘇聯1931至1933年的饑荒不同的是，中國的糧食產量在兩年內急劇下降，直到1965年才完全恢復。老百姓經歷了三年的饑荒，在四川省則是四年。在饑荒期間，蘇聯僅有兩年收成很差，即1931年和1932年，而且恢復得比較快。

　　有些中國學者認為，農業集體化不僅出於共產主義觀念，而且也因為政府希望從農村徵購更多的糧食。[100]儘管產量大幅下降，但政府仍然比以前徵購了更多的糧食。在蘇聯，糧食收購量從1928年的1,080萬噸大幅增長到1929年（農業集體化的第一年）的2,210萬噸和1933年的2,260萬噸。即使在饑荒最嚴重的1932年，政府仍得以收購1,850萬噸。[101]在中國，農業合作化（1953–1956）中收購餘糧的情況比較複雜。1952年共收購3,320萬噸，1954年增長為5,180萬噸（見表1.1）。但是儘管有農業合作化和增產，1955到1956年收購的糧食卻有所下降。在大躍進和人民公社的前兩年，國家可以從農村徵收較多的糧食，1958年國家共收購了5,870噸糧食，而1957年總收購量為4,800萬噸。在饑荒最嚴重的1960年政府仍然收購了5,100萬噸糧食（淨糧）。[102]在1952到1979年中，饑荒年1959和1960年是糧食收購比例最高的年份。在蘇聯農業集體化開始的幾年裏（1928到1933年），政府收購的糧食增加了一倍。在中國，建立人民公社僅僅在短期內增加了糧食的收購，饑荒結束後，政府不得不對剝削農民有所收斂。我認為，糧食收購的比例可以用來衡量國家和農民權力的平衡。在饑荒的年成裏，糧食收購對農民來説是致命的，因為農民不能享有國家的定量供應。

表1.1　中國糧食收購量及佔產量比重（1952–1965）（單位：噸）

年份	產量	收購量	其中淨收購	收購佔產量 %	其中淨收購 %
1952	163,900,000	33,270,000	28,190,000	20.3	17.2
1953	166,850,000	47,460,000	35,885,000	28.4	21.5
1954	169,500,000	51,810,000	31,585,000	30.6	18.6
1955	183,950,000	50,745,000	36,175,000	27.6	19.7
1956	192,750,000	45,440,000	28,700,000	23.6	14.9
1957	195,050,000	48,040,000	33,870,000	24.6	17.4
1958	200,000,000	58,760,000	41,725,000	29.4	20.9
1959	170,000,000	67,405,000	47,565,000	39.7	28.0
1960	143,500,000	51,050,000	30,895,000	35.6	21.5
1961	147,500,000	40,470,000	25,805,000	27.4	17.5
1962	160,000,000	38,145,000	25,720,000	23.8	16.1
1963	170,000,000	43,965,000	28,920,000	25.9	17.0
1964	187,500,000	47,425,000	31,845,000	25.3	17.0
1965	194,550,000	48,685,000	33,595,000	25.0	17.3

資料來源：中華人民共和國農業部計劃司編：《中國農村經濟統計大全（1949–1986）》（北京：農業出版社，1989），頁410–411。

饑荒與所有制結構的轉變

　　蘇聯1931至1933年和中國1959至1961年的饑荒都與農業集體化的激進政策有關，但是如果將饑荒完全歸結於農業集體化則過於簡單化。因為即使農業實行了集體化，蘇聯1948年之後、中國1962年之後也沒有出現饑荒。比較發達的社會主義國家如東德和捷克斯洛伐克也沒有出現饑荒。而某些消費品的短缺則是所有社會主義國家都面臨的嚴重問題。對於蘇聯和中國來說，饑荒均與十分激進的社會主義農業政策和全面社會主義化政策相連。蘇聯1929年、中國1958年的極端做法加劇了糧食的減產和組織的混亂。[103]俄國無政府主義思想家彼得·阿列克謝耶維奇·克魯泡特金（Pyotr Alexeyvich Kropotkin，1842–1921）曾經指出，過去歷史上多次革命失敗恰恰是因為在大變革時期沒有能解決吃飯問題。克魯泡特金並以1793年法國大革命時雅各賓政權和1871年巴黎公

社為例進行論述。[104]在這兩個例子中，革命政權都很難從農村組織糧食供應。克魯泡特金主張，今後革命政權不僅要在郊區建立現代化的農場，以減少對農民過度的依賴，還應該沒收城市的糧食囤積，並將其立即分發給城裏的老百姓。克魯泡特金認為所有制結構的劇烈變化會導致糧食供應的危機，從歷史上社會主義制度下多次饑荒的情況來看，他的看法是很有道理的。

1930年蘇聯建立集體農莊和1958年中國成立人民公社後的第一年收成很好。[105]但是1930年底時蘇聯僅有24.2%的農戶加入了集體化，在烏克蘭加盟共和國這個比例是30.6%。[106]而在中國，1958年4月開始建立人民公社，到11月已有99.1%的農戶加入了人民公社。[107]政府將這一年的好收成歸結於集體化，並且由此訂立了不切實際的計劃和目標，其悲劇性的後果是，它加劇了後來幾年的災難。

農業集體化造就了一支相對單一的農民隊伍。政府仍然相當依賴農民的糧食生產。蘇聯領導人多次提到，集體農莊可能會發展為一種對抗國家的機制。[108]兩個國家的新聞媒體都常常曝光和批評懶惰、磨洋工和偷竊行為。在饑荒時，偷竊為生存所必須，後來成了社會主義制度的一種文化習慣。[109]政府對此加以鎮壓。1932年8月7日，斯大林親自起草了一個新的法律，規定偷竊國家財產，包括糧食，將被判處死刑。1932到1933年，20萬人被送到集中營勞改，11,000人根據新法律被判處死刑。[110]在中國，農民到田裏去「吃青」，即在國家收購之前，吃掉尚未成熟的穀物和玉米。[111]中國沒有制定嚴厲的法律懲罰偷糧行為，但是地方幹部常常以拷打和酷刑來恐嚇和阻止這些行為。[112]

蘇聯到了1932年、中國到了1959年下半年，從農村徵收糧食來養活城市人口和完成出口指標已經變得愈來愈難。為了避免饑荒轉變成政治危機的局面，兩國政府都決定實行新政策結束饑荒。蘇聯在1933至1934年，中國在1961年又恢復自留地和自由市場，並且減少向農民徵購。這實際上使黑市和非法的個體生產合法化。新政策的結果是，在社會主義制度中允許多種所有制的存在。

在蘇聯，黑市和個體生產在二戰期間迅速發展。[113]政府沒有控制這些活動，因為政府的定量供應往往不夠吃飽。城市工人的一日三餐也要

依靠農村的自由市場。所有制結構急劇的轉變，以及後來比較溫和的政策對蘇聯和中國大躍進饑荒的發展演變有着重要的作用。但是，不是社會主義制度下所有的饑荒中都有所有制結構的轉變，俄國1919至1921年內戰期間的饑荒便與集體化無關。第二次世界大戰後，蘇聯政府在新佔領的地區進行農業集體化，如烏克蘭西部和摩爾多瓦，但學者認為，饑荒的主要原因是旱災造成的減產、糧食徵收過多、取消城市定量供應和價格控制。然而應該提到的是，在兩個國家二戰後死於饑荒的人數都遠遠低於中蘇兩國的大躍進饑荒。

國家與農民結構性衝突和虛報統計數字

在農業集體化和糧食統購統銷的政策下，農民很快就知道，要想不餓死就得運用各種生存戰略進行「抵抗」（我將在第三章中對這個詞彙進行更多的分析）。在計劃經濟中，可靠的統計數據極為重要，因為國家不僅要決定生產，而且要決定消費的水平。儘管國家竭盡全力建立科學的統計系統，虛報統計數據現象從來沒能完全杜絕。國家和農民的衝突在這當中發揮着重要的作用，這給地方幹部的工作帶來了很大的政治壓力。

由於徵購數量很大、糧食價格很低，農民要隱瞞產量和土地以便為自己多留些糧食。國家則採用反戰略，常常提高下級報來的產量。比如，1932年意大利常駐哈爾科夫的副領事就曾報告，他十分不解，當地政府怎麼能根據一隻母雞每天都要下一個蛋來制定計劃。當地幹部的答覆是，他們的推論是，老百姓每登記一隻雞，實際上都還有兩隻雞沒有登記。[114]費茲帕特里克這樣描述1930年代的俄國：「政府確定購糧定額的時候，對糧食收成的估算就開始了。不過這僅僅是個開始。當購糧定額公佈後，從集體農莊的農民開始，到農村的基層蘇維埃政府再到專區和大區蘇維埃政府，以至加盟共和國政府，所有各級的對策都是進行討價還價。每一個集體農莊、專區和大區都可能找出一大堆客觀理由來證明無法完成定額……農民習慣性地誇大當地的困難、低報糧食產

量。」[115]費茲帕特里克將這種行為與傳統的稅收程序中收稅員通常講述的故事相比較:「莊稼得了枯萎病、牲口病倒了、農民出門打短工了、大火燒毀了穀倉和工具房等等。」[116]官方知道這只是一個常用的說法,但是他得判斷這種說法有多少真實性、他所管轄的地方農民實際上能交多少糧。1953年中國實行糧食統購統銷政策後,在很多省「瞞產私分」的做法很普遍。[117]因此,饑荒也可以被看作是政府不能和不願判斷農民對困難和饑餓的描述有多少真實成分所造成。得安·潘勒(D'Ann Penner)認為,蘇聯1932至1933年的饑荒更多成分上是農民與共產黨關係的一場政治危機,雖然帶有嚴重經濟問題,但本質上不是經濟危機。[118]她認為,農民進行了一種「意大利式的罷工」,這是斯大林描述以消極怠工來抵制國家政策的一個說法。結果是,國家又以嚴厲的措施來鎮壓抵制,使得問題變得更為嚴重。

雄心勃勃的社會主義國家政府動員進行大規模的工業化,使其背離了傳統的國家行為方式。在兩國大躍進期間,統計系統高度政治化,使其比正常情況下更為不可信。維特克羅夫特和戴維斯說,蘇聯1920年代後期,斯大林在國家計劃部門以大規模社會主義運動為名對專業統計人員進行清洗。[119]而新的管理機構非常混亂,常常職責不清。西方和中國的學術界都知道,1958年秋季的所謂「浮誇風」對饑荒的發展起了重大的作用。[120]農村各地競相創造大豐收紀錄,大部分都是虛報的,完全虛報統計數據。高報產量實際上對農民不利,因為這意味着徵收的比例要加大,農民自己的糧食要減少。但是,在大躍進高峰時期,基層幹部受到縣級和省級政府需要政績的巨大壓力,他們也擔心如果成績不佳會受到懲罰。1958年冬季和1959年春季之間,毛澤東意識到很多豐收的報告都是虛報的,要求如實報告。[121]然而,毛和國防部長彭德懷1959年夏季在黨中央盧山會議上的衝突使統計數字再次政治化,在饑荒中統計系統實際上全面癱瘓,批判彭德懷和反對右傾機會主義的運動使幹部們不敢報告不好的消息。中央政府的領導們不斷抱怨沒有得到真實的情況,但同時斯大林和毛澤東也沒有發出明確的訊號,表明對饑荒的情況講真話的幹部不會受到懲罰。

糧食出口的作用

在饑荒期間，蘇聯和中國都在出口糧食。這常常被看作社會主義制度殘酷性和人為饑荒的證明。如果兩國政府當時進口糧食，提供給饑餓的老百姓，很多人是根本不會餓死的。所以，出口糧食對饑荒是不是有着重大的影響是一個有爭議的問題。黨的領導層相信，出口糧食對工業發展至關重要，並且要用糧食出口來資助現代工業技術和機械的進口。當時對蘇聯而言，德國是重要的技術進口國，中國則從社會主義陣營的國家進口現代技術。早在1928年糧食危機時，蘇聯領導層已經討論過是否進口糧食的問題。布哈林認為，進口糧食可以減少國家與農民在糧食徵購問題上的衝突。與溫和派不同的是，斯大林認為，用外匯採購糧食會嚴重影響國家工業化建設。30年代初期，糧食價格的降低對蘇聯是不利的。這影響了蘇聯償付債務的能力，西方的銀行家們，特別是德國政府擔心蘇聯會完全失去償付能力。[122]

按照戴維斯和特克羅夫特的統計，1931至1932年蘇聯政府出口了480萬噸糧食。[123]這個數量大大高於1920年代中期的出口量，但是遠遠低於俄羅斯帝國第一次世界大戰前1,000萬噸的出口量。[124]緊接着的下一年1932至1933年，出口減少為180萬噸。[125]出口佔全部收成的比例很難估算，因為如前所述，收成的實際情況仍然有很大的爭議。戴維斯和特克羅夫特對1930至1933年的收成做了估計（前已提及）。[126]即使我們選擇較高的數字，出口仍然只佔一小部分。戴維斯和特克羅夫特估計1931年480萬噸的出口是以收成較好的1930年來估算的，這一年的糧食收成為7,300萬至7,700萬噸。蘇聯政府1931年時不願告訴其貿易夥伴，由於饑荒的發生，它無法履行合同，在國際上不丟面子是非常重要的。

在中國，政府在1950至1958年一直出口糧食，儘管有出口，他們還是避免了全國範圍的饑荒。從1950年代初，黨的領導人一直批評國民黨政府進口糧食限制了中國的工業化發展。[127]在共產黨領導層看來，進口糧食過於奢侈，中國承擔不起。為了加快工業化，必須增加糧食出口。中央政府通過了幾個決定，明確指出，完成出口份額比糧食消費更重要。比如，1959年3月16日，國務院下令，三個月內不得為當地農村

的私人消費屠宰生豬，城市居民也要減少豬肉消費以完成出口凍豬肉的數量。[128]中國人當時主要的食物是糧食。糧食的淨出口從1957年的188萬噸增加到1958年的325萬噸。1959年，饑荒的第一年，實際出口額為474萬噸，1960年饑荒高峰時期出口為100萬噸。[129]與蘇聯一樣，出口只佔收成很小的一部分：1959年佔2.47%，1960年佔1.88%。[130]即使沒有出口，中國也因農業生產的大幅下降和糧食供應的大幅減少而遇到極為嚴重的問題。當代中國的全民神話是中國老百姓挨餓是因為所有的糧食都出口到了蘇聯，這個神話只是道出了部分實情。農業生產的巨大減產是由於其他原因比如大躍進政策造成的。在中蘇衝突加劇的背景下，毛澤東和他的同志們為了保全面子，不願承認大躍進的失誤，也不願請求蘇聯允許中國推遲償還債務。一直到1960年後期，中國領導人才意識到改變政策不可避免。當時參與計劃的領導人之一陳雲認為，只有進口糧食供給城市才能減輕農民的負擔。他認為進口糧食對於恢復農業生產和調動農民增產的積極性是必要的。[131]

與毛澤東不同，斯大林僅僅在1932和1933年饑荒時減少了糧食出口，在和平時期他從來都不願進口糧食來改善老百姓的生活。兩個政府都把注意力放在發展重工業上，不太關心農村老百姓的生活。出口對他們來說很重要，還因為可以以此來向外國政府和支持者們證明，沒有發生饑荒。中國與蘇聯一個重大的不同是，在斯大林統治下剝削農民和用出口糧食來支持現代化在饑荒後沒有停止，而中國1962年之後不得不進口糧食，而且無法再繼續1950年代的發展戰略。從這個角度看，斯大林比毛澤東更成功，而且蘇聯打敗了納粹德國也可用來解釋1930年代所經歷的苦難。

停止出口的糧食可以避免多少人的死亡則難以估算，因為糧食常常被偷竊或者沒有儲存好。我們可以設想，如果兩個政府當時停止出口，並且根據救災需求的準確信息將糧食分發給最需要的老百姓會出現甚麼情況。對於這個設想，必須定義生存所需的糧食定量。雖然食用雞蛋、肉類、蔬菜和糖類也可以存活，但是如前所說，對俄國和中國的農民來說，糧食是卡路里的主要來源，所以有必要估計糧食的需要量，此外糧

食也是定量供應的主要產品。而且，其他食品的統計不全面也不可靠，特別是在中國。中國農民的卡路里攝取量大大低於俄國農民，蘇聯工人的定量也遠遠高於中國工人。比如，1929至1930年莫斯科和列寧格勒的工人每天可以有800克麵包，100至200克肉的定量，加上每月定量配給的其他穀物、肉類、黃油和鯡魚。[132]中國根據1955年的全國城市定量供應規定，在小麥產區，一個從事重體力工作的工人平均每天有720至900克細糧——這是兩個最高定量。[133]大學生和從事輕體力工作的工人每天定量大約570克。蘇聯1929至1930年的定量已經反映出城市所經歷的危機，而中國的定量仍然是為「平常時期」所制定的。當然，我們不僅要考慮饑荒時期的營養水平，還應該與平常年份作比較。我覺得，對於蘇聯我們應該有一個高於中國的定量來進行比較。對蘇聯，我用每天600克細糧作為生存的最低標準，這個定量如果是麵粉，等於每天提供大約2,100卡路里。而中國領導人提出的每人每天500克細糧（一年182.5公斤），大約每天1,750卡路里，這在富裕國家則已經是饑荒的標準了。不過，我們仍然可以把500克精糧作為中國定量的底線。對蘇聯來說，1932至1933年出口的180萬噸糧食，按每人每天600克的定量可以分配給820萬人。如果我們假設600萬至700萬人死於饑荒，出口的糧食救活這些人還有富餘。蘇聯政府曾計劃從1932年的收成中出口620萬噸，但因饑荒減少了出口。[134]

根據楊大力的估計，中國1960年出口的100萬噸糧食足以避免400萬人餓死。[135]楊沒有說明他的估計以每人每天多少定量為根據，不過看來他是以每人一年250公斤（或者一天680克）計算得出這個結論的。這高於政府建議的定量了。如果我們用500克定量來計算，一年的出口可以避免540萬人餓死。但是大多數餓死人無疑發生於1960年，所以不出口實際上可以避免餓死的人僅僅是很少的一部分。1958年的收成比較好，政府根據這個收成來計劃出口。我覺得1959年大量出口糧食是政府的一個嚴重的錯誤，而1960年出口糧食則是犯罪。然而，如果我們假設1959年也沒有出口，我們會得出以下結果：按每人每天500克的定量，474萬噸糧食足夠養活2,590萬人一年。如果4,000萬人死於饑荒，那麼1959和1960年出口的糧食可以用來避免3,150萬人餓死。

　　蘇聯每天600克和中國每人每天500克都是比較高的定量，因為這些是工作的成人的定量，但在饑荒中當然也有很多兒童和老人餓死了。如上所述，這僅僅是一個假設，因為在實際運轉中，沒有損失、浪費、偷竊和信息失誤的定量供應體制是不存在的。中國的中央政府只負責北京、天津和遼寧的糧食供應（詳見第四章），農民不在定量供應的範圍之內。可以想見，由於地方幹部的腐敗、運輸條件較差、糧食儲存和公共食堂管理不善，糧食在運往農村的過程中可能有損失。但是，如果將出口的糧食供應給部分城市居民，也會減少饑餓農民的負擔。

　　總的來說，蘇聯1932至1933年出口的糧食足夠可以使所有600萬至700萬人不被餓死。在中國，如果1959和1960年出口的糧食可以提供給饑餓的農民，可以拯救幾百萬人的生命，但是出口的數量遠遠不夠避免另外幾百萬人的死亡。

饑荒是不是故意的大規模謀殺？

　　在蘇聯和中國，國家和農民的衝突都是很明顯的，但是兩國政府是不是有意利用饑荒來懲罰農民、大規模消除農民，或者以此來強迫他們進行集體化？雖然這不是我研究的重點，但是我仍然想談談我怎麼看待蘇聯研究和中國研究學界對於這個問題的討論和我自己的研究。

　　斯大林和毛澤東在他們有生之年沒有公開承認饑荒，而是繼續糧食出口、拒絕外國援助。關於他們的情況已有很多研究。西方研究中國的學者對毛在大躍進早期發展中的作用進行過研究和辯論，但是對於毛在1960年饑荒的高峰時期做了些甚麼只發表過一篇英文的論文。[136] 白思鼎認為，1959年上半年，毛談到農民的生存問題，但是1959年夏天他和彭德懷在廬山會議上發生衝突之後，他開始推動更激進的大躍進政策。他應該知道這會導致很多人的死亡。「反右傾（右傾機會主義分子）」運動讓人們不敢提出批評意見，幹部們都向毛提供「好消息」。1960年春天開始，毛幾次對超常的死亡人數表示擔憂，但他沒有採取措施解決饑荒問題。在白思鼎看來，毛對饑荒的責任在於，他有意忽略了他1959

年初就已經瞭解的情況。[137]白思鼎主要關注毛對農村關於饑荒的報告。在第四章中，我會談到，毛1960年關心救災，以防止農村的饑荒發展到城市。城市供應制度的基礎也是解釋農村死亡情況的一個重要因素。對毛來說，城市可能的饑荒比農村已經發生的饑荒更讓他擔心。當不可能從農村收取糧食，因而城市的糧食供應沒有保障時，毛願意對政策做大幅度的改變。必須強調的是，與理想的以儒家思想進行統治的皇帝不同，毛採取措施阻止農村的大規模饑荒開始得太晚，而且他幫助農民度過1959年夏至1960年秋饑荒的努力是絕對不夠的。

迄今沒有一個嚴肅的學者提出饑荒是中國政府有意安排的。饑荒的出現與當權者1959年時所有的構想和計劃背道而馳。但是馮客將這個饑荒稱為人類歷史上最大規模的屠殺，它屠殺了至少4,500萬人。過去很少有人瞭解大躍進期間恐怖的程度及死亡規模，在這一點上他是對的。他的估計是250萬人被拷打致死，100萬到300萬人自殺。[138]科馬克‧歐‧格拉達（Cormac Ó Gráda）批評馮客的統計方法，認為4,500萬的數字沒有根據。[139]儘管馮客查閱了11個省的檔案，我認為，他沒有證據證明毛瞭解幾百萬農民因大躍進而餓死的情況，更不用說毛下令讓這些農民餓死了。馮客的主要論據是，毛在1959年3月25日的講話中（上海會議上）要求收購的糧食要增加到收成的三分之一。[140]這份文件是馮客的「冒煙的手槍」。馮客的長期合作夥伴周遜也以這種方式來論證。她在出版的有關饑荒史的文獻中收進了毛的講話，用這篇講話來證明毛知道農村餓死人的情況，仍然下令增加糧食的徵收。[141]毛說：「糧食收購不超三分之一，農民造不了反。」還說：「不夠吃會餓死人。最好餓死一半，讓另一半人能吃飽。」[142]但是，這份文件說的是，李先念報告說，好幾個地方完不成徵糧計劃，毛要求完成現有的指標。徵糧達到收成的三分之一是1950年代收成好的年份裏的徵購指標，毛在一些地方已經遭遇饑荒時仍然保持這個目標。根據官方的統計，1959年徵糧佔收成的比例增為28%。[143]這個比例高於1952至1979年的平均數（詳見表1.1和8.1）。很多學者認為，過高的徵糧比例是造成饑荒的一個重要原因。而且毛在上述講話中表揚「河南的徵糧方式」。當時，河南東部已經

發生了饑荒(豫東事件)，但是激進的省領導吳芝圃仍然批准開展反農民存糧運動。[144]我認為，這份文件清楚反映了毛的殘酷無情。

可是澳洲學者孫萬國和高安東(Anthony Garnaut)都指出馮客斷章取義地引用毛的話「餓死一半，讓另外一半人能吃飽」是篡改歷史。根據孫萬國和高安東的理解，毛的這段話說的是因為缺乏資金需要減少一半工業項目。所以我們不能把毛的這句話看作是以饑餓來進行謀殺的命令。[145]

毛此前也曾有過不負責任的言論。比如，1958年9月他曾說過，如果中國受到核武器的打擊，即使中國人死掉一半他也不害怕。[146]1959年3月時毛有沒有認真想過中國人口的一半即三億人餓死會是甚麼情況？如果要對毛在1958和1962年期間甚麼時候開始瞭解饑荒的情況、瞭解到甚麼程度做認真的分析，我們需要查看黨中央檔案館的文件，看能不能找到文字記載，證明毛澤東把幾百萬人的死亡當作進行大躍進所必須有的犧牲或者直接下令通過饑荒餓死農民。

研究蘇聯的學者則有比較多的資料，許多以前政治局會議的絕密文件都開放了，但是斯大林是否有意利用饑荒來除掉幾百萬農民仍然是個有爭議的問題。談到1931年的收成，斯大林在1932年6月曾經說過，由於烏克蘭共和國集體化工作組織得不好，「不少收成很好的地區一片混亂並出現饑荒」。[147]這次講話後，很快「饑荒」一詞就禁用了。1933年2月，斯大林甚至在集體農莊工人全國工會大會上公開表示：「無論如何，同工人在十年至十五年前所遇到的那些困難比較起來，莊員同志們，你們目前的困難是微不足道的。」[148]在幾百萬人仍然在挨餓的情況下，作這樣的表態是非常殘酷的。

這個表態除了不負責任以外，是否可以證明斯大林有意用饑荒來謀殺幾百萬人？關於斯大林是否組織饑荒進行針對烏克蘭人的種族滅絕問題將在第七章詳細討論。甚至一些不同意種族滅絕說法的學者也認為，蘇聯政府利用饑荒對農民抵制集體化和糧食收購進行懲罰。我認為，在這個問題上，最有意思的學術討論是在麥克·艾爾曼(Michael Ellman)和戴維斯/維特克羅夫特及黑宮広昭之間進行的。艾爾曼認為，斯大林

沒有組織饑荒,饑荒是因1931和1932兩年收成不好導致的。但是,艾爾曼相信,蘇聯政府利用饑餓來除掉一些「反革命」和「懶惰」的農民。[149]他的說法是,在蘇聯政府作出流放大量農民的決定後,他們改用了餓死農民這個更省錢的做法。此外,兩年收成不好不一定就會導致近600萬人的死亡。艾爾曼認為,斯大林及其領導層在1930至1935年間對「反人類罪」負有責任,因為與1891、1921至1922、1941至1945以及1946至1947年的饑荒不同,在這次饑荒中,蘇聯領導層拒絕接受外國援助。政府出口糧食,同時不允許烏克蘭和北高加索地區的農民逃離災區,這個政策導致了了很多人死亡。[150]艾爾曼承認,他尚未找到任何文件證明斯大林明確下令餓死人,但是,如果對斯大林關於農民的看法和政府在饑荒期間的做法加以分析,是不難得出這個結論的。[151]戴維斯和維特克羅夫特堅決反對種族滅絕說或故意餓死人的提法,他們認為饑荒是以下原因造成的,即錯誤政策、旨在急速將一個農業國工業化的「自上而下」的革命、加上地理環境和不好的氣候條件。危機突如其來地爆發,也有悖於政府的願望。[152]在與艾爾曼的辯論中,戴維斯和維特克羅夫特承認斯大林對農民的政策確實殘酷無情,但他們認為,艾爾曼關於斯大林執行在饑荒餓死農民政策的看法沒有甚麼根據。[153]毫無疑問,1932年夏天糧食供應十分緊缺,城鎮死亡人數急劇上升。當領導層瞭解到饑荒的規模時,政府在1932年和1933年初幾次縮小了糧食收購計劃,特別是從烏克蘭和北高加索地區。此外,在1933年2月到7月間,政治局作出至少35個絕密的決定,向農村,主要是上述兩個地區提供小批量的糧食。[154]這些決定是反駁有組織大規模謀殺論非常有力的論據。可是,令人驚奇的是,這些決定一直沒有公開。蘇聯政府可能擔憂,如果農民將政府答應救援的消息傳開了,更多的農民會提出同樣的要求。

　　戴維斯、維特克羅夫特和泰格認為,1933年7月時,蘇聯政府掌握的糧食儲備只有114萬噸,而不是羅伯特‧康奎斯特(Robert Conquest)所設想的450萬噸。[155]這樣的糧食儲備用來解決饑荒是不夠的。蘇聯政府在饑荒期間減少了糧食出口,但仍然繼續出口。戴維斯和維特克羅夫特分析到幾次外匯兌換的危機,以及斯大林不願承認繼續出口是他政策

的失誤：「他對工業化比對農民的生命更關心。但是我們找不到證據來證明斯大林有意要餓死農民，不論是直接的還是間接的證據。斯大林批准的政治局最機密的決定沒有任何跡象表明有一個有意餓死人的政策。」[156]根據戴維斯和維特克羅夫特的資料，流放計劃因為地方政府不願接受如此大量的人數而放棄。黑宮広昭的觀點處於艾爾曼和戴維斯與維特克羅夫特之間。他認為，如果斯大林有意要除掉幾百萬農民，他的意圖很可能會以某種形式的命令從克里姆林宮下達到基層時留下痕跡，只是迄今尚未發現任何這類痕跡。[157]根據迄今所得到的情況，我們不能作出這樣的結論，即斯大林想通過饑荒殺死幾百萬人。然而，他「在有限的範圍內」利用饑荒來「實行政治恐怖」是可能的。[158]

斯大林和毛澤東將恐怖和大規模處決當作革命轉變的必要工具。但這個一般性的評論不能作為他們用饑荒作武器來除掉幾百萬農民的證據。激進的農業集體化產生了這些領導人沒有預見到的結果。兩個國家糧食急劇的減產也應該考慮進去。至少在中國，很多地區的農民在饑荒發生前已經缺糧。政府認為糧食出口對於在惡劣的國際環境下進行工業化是必要的。工業化和城市化的速度使糧食供應制度難以為繼。蘇聯和中國政府的糧食出口繼續了太長時間，重新平衡工業和農業、城市和農村的關係開始得太晚了。如果談到這些失誤，斯大林和毛澤東確實對幾百萬農民的死亡負有責任。然而，對他們有意造成這麼多人的死亡的說法則需要證實。

俄羅斯帝國和中國明清時期常常經歷糧食短缺和饑荒。1912年中華民國建立後也有幾百萬人餓死。我們要在這些歷史背景下來分析革命政權建立後發生的饑荒。這兩個國家的農民在有生之年經歷過好幾次饑荒。共產黨許諾不讓他們再挨餓，因此很多老百姓支持革命，推翻了舊制度。可是社會主義政府造成的饑荒所導致的死亡人數比革命前更多。

將斯大林時期1932至1933年與中國1959至1961年的饑荒作比較是有意義的，因為它們都與大躍進有關，都含有烏托邦式快速工業化和激進的農村社會主義改造的內容。中國大躍進期間的發展模式最接近蘇聯1928至1931年間「革命化的斯大林主義」。1949年新中國成立後，中國

共產黨在農村的根基比蘇聯共產黨30年代早期要強得多。蘇聯大量的集體農莊甚至沒有黨支部。但是，兩個國家的政府都依靠榨取農村資源來進行工業化，都存在「二元社會」，即城市居民享受國家提供的福利和糧食供應，而農村人則要依靠自己的生產。正因如此，饑荒時農民比城鎮居民更容易受害。蘇聯1929年建立集體農莊和中國1958年建立人民公社使國家徵收的糧食比過去任何時候都多。儘管農業產量和糧食收成急劇下降，徵購量仍然非常高。出口糧食換取進口工業設備對工業化十分關鍵。蘇聯和中國政府在饑荒期間減少了糧食出口，但並沒有停止。根據我的計算，按每個成人每天600克糧食的供應標準，蘇聯1932至1933年的糧食出口量可以養活800萬人一年。對於中國，1960年的糧食出口則可以救活540萬人，但仍然不能夠避免其他人被餓死。儘管這些計算沒有納入分配制度的不完善這一因素，但他們已能清楚地表明，糧食出口是加重饑荒的一個重要因素，理解饑荒必須對此加以考慮。

　　對於兩次大饑荒的分析，都需要考慮國家與農民衝突和爭取餘糧鬥爭極度加劇這兩個背景。由於糧食價格定得很低，農民要盡可能多地把糧食留下，並且瞞產，國家不相信農村缺糧和饑餓的抱怨。為了對付下級假報數據，政府使用高於實際產量進行估產的統計方式，加上由於前一年豐收造成的過高估計產量以及農民和國家的衝突，使統計數據和信息不準確。克魯泡特金關於對所有制進行激進的改造會造成饑荒的說法得到了證實。組織上混亂的加劇，集體農莊和人民公社這種激進的農業集體化，使農民的生存得不到保證。與西歐18、19世紀的工業化不同，農村人口比城市的新無產階級受到更大的影響，更為貧窮和絕望。毛和斯大林對千百萬農民的死亡負有責任，因為他們強制推行改革政策，而且救援措施開始得太晚，但是沒有證據證明這兩個領導人下令餓死上百萬人。國家不僅因對農民的偏見徵收太多的糧食，而且城市人口的快速增長也給糧食供應系統帶來了極大的壓力，對此下一章將予以細論。

註　釋

1. 關於蘇聯對中國影響的最新研究見 Li Huayu, *Mao and the Economic Stalinization of China, 1948–1953* (Lanham, MD: Rowman and Littlefield, 2006), 及 Thomas Bernstein and Li Huayu, eds., *China Learns from the Soviet Union, 1949– Present* (Lanham, MD: Lexington Books, 2010).

2. Dorothy Atkinson, *The End of the Russian Land Commune, 1905–1930* (Stanford, CA: Stanford University Press, 1983), 375. 對蘇聯公社土地所有制研究見 Roger Bartlett, ed., *Land Commune and Peasant Community in Russia: Communal Forms in Imperial and Early Soviet Society* (Basingstoke: Macmillan, in association with the School of Slavonic and East European Studies, University of London, 1990). 亦 見 Philip C. Huang, *Code, Custom and Legal Practice in China: The Qing and the Republic Compared* (Stanford, CA: Stanford University Press, 2001), 99–118.

3. Ralph Melville, "Bevölkerungsentwicklung und demographischer Strukturwandel bis zum Ersten Weltkrieg" [Population Development and Demographic Changes until World War I], in *Handbuch der Geschichte Russlands*, vol. 3: *1856– 1945: Von den autokratischen Reformen zum Sowjetstaat*, part 2, ed. Gottfried Schramm (Stuttgart: Anton Hiersemann, 1992), 1065, 1013, 1146; 路遇編輯:《新中國人口五十年》 (北京:中國人口出版社,2004),卷 1,頁 633。

4. 根據 The Penn World Tables 的統計,中國在 1952 至 1957 年間每年人均國民 生產總值都是全世界最低的;Cormac Ó Gráda, "Great Leap into Famine: A Review Essay," *Population and Development Review* 37, no. 1 (2011): 192.

5. Mike Davis, *Late Victorian Holocausts: El Niño Famines and the Making of the Third World* (London: Verso, 2001), 361–375.

6. 同上,頁 7。

7. 鄧拓:《全集》(廣東:花城出版社,2002),卷 1,頁 108–109。

8. 夏明方:《民國時期自然災害與鄉村社會》(北京:中華書局,2000),頁 395–399。《中國關於民國時期饑荒的研究概覽》見該書頁 7–27。

9. Kathryn Edgerton-Tarpley, "The Loss of Heaven: Changing Responses to Famine in Late Imperial and Modern China, 1876–1961," unpublished paper, 2010.

10. 詳見 Odoric Wou, "Food Shortage and Japanese Grain Extraction in Henan," in *China at War: Regions of China 1937–1945*, ed. Stephen R. MacKinnon, Dianna Lary, and Ezra Vogel (Stanford, CA: Stanford University Press, 2007), 175–206.

11. Dwight H. Perkins, *Agricultural Development in China, 1368–1968* (Chicago: Aldine, 1969), 155.

12. Frank Dikötter, *The Age of Openness: China before Mao* (Berkeley: University of California Press, 2008), 87.

13. 同上，頁88。

14. Frank Dikötter, *Mao's Great Famine: The History of China's Most Devastating Catastrophe, 1958–1962* (London: Bloomsbury, 2010).

15. Dikötter, *The Age of Openness*, 12.

16. 亦見 Heinz-Dietrich Löwe, "Von der Industrialisierung zur ersten Revolution, 1890–1904" [From Industrialization to the First Revolution, 1890–1904], in *Handbuch der Geschichte Russlands*, part 1, vol. 3: *1856–1945* (Stuttgart: Anton Hiersemann, 1983), 203–336.

17. Stephen G. Wheatcroft, "Crises and the Condition of the Peasantry in Late Imperial Russia," in *Peasant Economy, Culture, and Politics of European Russia, 1800–1921*, ed. Esther Kingston-Mann and Timothy Mixter (Princeton, NJ: Princeton University Press, 1991), 135.

18. 高王凌：《政府作用和角色問題的歷史考察》(北京：海洋出版社，2002)，頁234。

19. Stephen Wheatcroft, "Die sowjetische und die chinesische Hungersnot in historischer Perspektive" [The Soviet and Chinese Famines in Historical Perspective], in *Hunger, Ernährung und Rationierungssysteme unter dem Staatssozialismus* [*Hunger, Nutrition and Rationing under State Socialism*], ed. Matthias Middell and Felix Wemheuer (Frankfurt [M]: Peter Lang, 2011), 89.

20. Wheatcroft, "Crises and the Condition of the Peasantry in Late Imperial Russia," 135.

21. 同上，頁133–134。

22. David Moon, "Peasants and Agriculture," in *The Cambridge History of Russia*, vol. 2: 1689–1917, ed. Dominic Lieven (New York: Cambridge University Press, 2006), 386.

23. David Moon, "Russia's Rural Economy, 1800–1930," *Kritika: Explorations in Russian and Eurasian History* 1, no. 4 (2000): 687.

24. 同上，頁687。

25. R. E. F. Smith and David Christian, *Bread and Salt: A Social and Economic History of Food and Drink in Russia* (Cambridge: Cambridge University Press, 1984), 336–337.

26. Arcadius Kahan, *Russian Economic History: The Nineteenth Century* (Chicago: University of Chicago Press, 1989), 137–141.

27. Nicholas Ganson, *The Soviet Famine of 1946/47 in Global and Historical Perspective* (New York: Palgrave Macmillan, 2009), 119.

28. Stephen Wheatcroft, "The 1891–92 Famine in Russia," in *Economy and Society in Russia and the Soviet Union, 1860–1930: Essays for Olga Crisp*, ed. Linda Edmondson and Peter Waldron (New York: St. Martin's Press, 1992), 58.

29. Richard G. Robbins, *Famine in Russia 1891–1892: The Imperial Government Responds to a Crisis* (New York: Columbia University Press, 1975).

30. Jennifer Eileen Downs, "Famine Policy and Discourses on Famine in Ming China 1368–1644"; PhD dissertation, University of Minnesota, 1995, 42.

31. 詳見 Pierre-Etienne Will, R. Bin Wong, and James Lee, *Nourishing the People: The State Civilian Granary System in China, 1650–1850* (Ann Arbor: Center for Chinese Studies, 1991).

32. Walter Hampton Mallory, *China: Land of Famine* (New York: American Geographical Society, 1926), 67–68.

33. Kathryn Edgerton-Tarpley, *Tears from Iron: Cultural Responses to Famine in Nineteenth-Century China* (Berkeley: University of California Press, 2008), 94.

34. Robbins, *Famine in Russia 1891–1892*, 19.

35. 同上，頁168。關於農民對饑荒的看法見Leonid Heretz, *Russia on the Eve of Modernity: Popular Religion and Traditional Culture under the Last Tsars* (Cambridge: Cambridge University Press, 2008), 130–144.

36. Wheatcroft, "The 1891–92 Famine in Russia," 58. 亦見 Robbins, *Famine in Russia 1891–1892*, 170.

37. Löwe, "Von der Industrialisierung zur ersten Revolution, 1890–1904," 233–234.

38. Robbins, *Famine in Russia 1891–1892*, 167.

39. 同上，頁176。

40. Hans J. Van de Ven, *War and Nationalism in China: 1925–1945* (London: Routledge, 2003), 281–282.

41. 詳見 Lars T. Lih, *Bread and Authority in Russia, 1914–1921* (Berkeley: University of California Press, 1990).

42. Eric Lohr, "War and Revolution, 1914–1917," in *The Cambridge History of Russia*, Vol. 2: *1689–1917*, ed. Dominic Lieven (New York: Cambridge University Press, 2006), 661.

43. W. I. Lenin, *Ausgewählte Werke* [Collected Works] (Berlin [East]: Dietz Verlag, 1984), 2:581.

44. 見〈陝甘寧急救蔣造災荒〉,《人民日報》1948年1月31日。

45. 與Stephen Wheatcroft,2011年9月的個人通訊。

46. James Z. Lee and Wang Feng, *One Quarter of Humanity: Malthusian Mythology and Chinese Realities, 1700–2000* (Cambridge, MA: Harvard University Press, 1999), 7.

47. 同上,頁36。

48. 同上,頁6。

49. Gilbert Rozman, "Concluding Assessment: The Soviet Impact on Chinese Society," in Bernstein and Li, *China Learns from the Soviet Union*, 518.

50. 詳見Sebastian Heilmann and Elizabeth J. Perry, "Embracing Uncertainty: Guerrilla Policy Style and Adaptive Governance in China," in *Mao's Invisible Hand: The Political Foundations of Adaptive Governance in China*, ed. Sebastian Heilmann and Elizabeth J. Perry (Cambridge, MA: Harvard University Press, 2011), 11–14.

51. Thomas Bernstein, "Introduction: The Complexities of Learning from the Soviet Union," in Bernstein and Li, *China Learns from the Soviet Union*, 7.

52. 同上,頁9。

53. 同上,頁16。

54. Sheila Fitzpatrick, "Cultural Revolution as Class War," in *Cultural Revolution in Russia 1928–31*, ed. Sheila Fitzpatrick (Bloomington: Indiana University Press, 1978), 17–21.

55. 詳見Richard Stites, *Revolutionary Dreams: Utopian Vision and Experimental Life in the Russian Revolution* (Oxford: Oxford University Press, 1989), 201.

56. Fitzpatrick, "Cultural Revolution as Class War," 25; 李銳:《大躍進親歷記》(海口:南方出版社,1999),卷2,頁537–338。

57. Felix Wemheuer, "Die Konstruktion des neuen Menschen: Diskurse des chinesischen Kommunismus während des 'Großen Sprungs nach vorne' 1958" [The Construction of New Men: Discourses of Chinese Communism during the Great Leap Forward 1958], in *Menschenbilder in China*, ed. Lena Henningsen and Heiner Roetz (Wiesbaden: Harrassowitz, 2009), 95–114.

58. 詳見David Hoffman, *Stalinist Values: The Cultural Norms of Soviet Modernity, 1917–1941* (Ithaca, NY: Cornell University Press, 2003). Jukka Gronow在 *Caviar with Champagne: Common Luxury and the Ideals of the Good Life in Stalin's Russia* (Oxford: Berg, 2003)一書中對蘇聯1930年中期「新經濟政策」期間香檳、魚子醬、冰激凌和巧克力消費的增長作了一個有趣的分析。

59. János Kornai, *The Socialist System: The Political Economy of Communism* (Princeton, NJ: Princeton University Press, 1992), 19.

60. 戴維‧巴赫曼認為，中國政府將1956（「小躍進」）、1958–1960、1969、1977至1978年的大躍進作為一種戰略。他認為，對重工業的大量投資造成了經濟發展的失衡。農業和輕工業被忽視，消費品的生產不能與流通中的貨幣同步。大規模的群眾動員加之權力分散至底層幹部。因此在這些躍進之後總是要在不同的經濟部門進行調整。David Bachman, *Bureaucracy, Economy, and Leadership in China: The Institutional Origins of the Great Leap Forward* (Cambridge: Cambridge University Press, 1991), 222. 巴赫曼解釋了官僚機構內不同利益集團之間的權力鬥爭，我則主要集中探討農民和政府之間的關係。在中國，只有1958至1960年的大躍進帶有激進的社會改革的方案和直接走向共產主義的烏托邦理念。其他的躍進造成了經濟的失衡，但是沒有引起饑荒。與中國的躍進不同，蘇聯1929年的躍進使計劃經濟和政治上的權利更加集中，而不是更分散。

61. Thomas Bernstein, "Stalinism, Famine, and Chinese Peasants," *Theory and Society* 13, no. 3 (1984): 339–377, and Vivienne Shue, *Peasant China in Transition: The Dynamics of Development toward Socialism 1949–1956* (Berkeley: University of California Press, 1980).

62. 見 Lynne Viola, V. P. Danilov, N. A. Ivnitskii, and Denis Kozlov, eds., *The War against the Peasantry, 1927–1930: The Tragedy of the Soviet Countryside* (New Haven: Yale University Press, 2005); 關於中國的情況見 Wang Yanni, "An Introduction to the ABC's of Communization: A Case Study of Macheng County," in *Eating Bitterness: New Perspectives on China's Great Leap Forward and Famine*, ed. Kimberley Manning and Felix Wemheuer (Vancouver: University of British Columbia Press, 2011), 167.

63. Lenin, *Ausgewählte Werke*, 2: 538.

64. Dietrich Beyrau, *Petrograd, 25. Oktober 1917: Die russische Revolution und der Aufstieg des Kommunismus* [Petrograd, October 25, 1917: The Russian Revolution and the Rise of Communism] (Munich: dtv, 2004), 52.

65. Stephan Merl, *Die Anfänge der Kollektivierung in der Sowjetunion: Der Übergang zur staatlichen Reglementierung der Produktions und Marktbeziehungen im Dorf, 1928–1930* [The Origins of Collectivization in the Soviet Union: The Transition to the Regimentation of Production and Market Relations by the State in the Villages, 1928–1930] (Wiesbaden: Otto Harrassowitz, 1985), 101.

66. Lynne Viola, *The Best Sons of the Fatherland: Workers in the Vanguard of Soviet Collectivization* (Oxford: Oxford University Press, 1987), 211.

67. Michael Ellman, "The Role of Leadership Perceptions and of Intent in the Soviet Famine of 1931–1934," *Europe-Asia Studies* 57, no. 6 (2005): 827–828.

68. James Hughes, *Stalinism in a Russian Province: A Study of Collectivization and Dekulakization in Siberia* (London: Macmillan, 1996), 209.

69. Daniel Thorniley, *The Rise and Fall of the Soviet Rural Communist Party, 1927–38* (Hampshire: Macmillan Press, in association with the Centre for Russian and East European Studies, University of Birmingham, 1988), 190–192.

70. Jürgen Osterhammel, *Shanghai 30. Mai 1925: Die chinesische Revolution* [Shanghai May 30, 1925: The Chinese Revolution] (Munich: dtv 1997), 232.

71. Steve A. Smith, *Revolution and the People in Russia and China: A Comparative History* (Cambridge: Cambridge University Press, 2008), 193.

72. Yu Liu, "Why Did It Go So High? Political Mobilization and Agricultural Collectivization in China," *China Quarterly*, no. 187 (2006): 732.

73. Joachim Durau, *Arbeitskooperation in der chinesischen Landwirtschaft: Die Veränderung bäuerlicher Produktionsbeziehungen zwischen Agrarrevolution und Kollektivierung, 1927–1957* [Cooperatives in Chinese Agriculture: Changes in the Rural Relations of Production between the Agrarian Revolution and Collectivization, 1927–1957] (Bochum: Brockmeyer, 1983), 338.

74. Yu Liu, "Why Did It Go So High?," 738–739.

75. 根據官方統計，蘇聯1926年人口為1.48億，1937年為1.61億，中國1953年人口為6.01億。

76. Felix Wemheuer, "'The Grain Problem Is an Ideological Problem': Discourses of Hunger in the 1957 Socialist Education Campaign," in Manning and Wemheuer, *Eating Bitterness*, 123.

77. Felix Wemheuer, *Mao Zedong* (Reinbek bei Hamburg: Rowohlt Verlag, 2010), 83–84.

78. Lenin, *Ausgewählte Werke*, 3: 225 and 654.

79. 同上，頁680。

80. Josef Stalin, *Werke* [Works] (Dortmund: Roter Morgen Verlag, Nachdruck, 1976), 12:178.

81. Karl Marx, *Das Kapital: Kritik der Politischen Ökonomie* [Capital: Critique of Political Economy] (Berlin [East]: Dietz Verlag, 1951), 1:801–802. See also Jim Glassman, "Primitive Accumulation, Accumulation by Dispossession, Accumulation by 'Extra-Economic Means,'" *Progress in Human Geography*, 30, no. 5 (2006): 608–625.

82. Evgenij Preobraschenskij, "Noch einmal über die sozialistische Akkumulation: Eine Antwort an den Genossen Bucharin" [On Socialist Accumulation Again: An Answer to Comrade Bucharin], in *Die Linke Opposition in der Sowjetunion*, vol. 3: *1925–1926*, ed. Ulf Wolter (Berlin: Olle and Wolter, 1976), 194–197.

83. Josef Stalin, "Industrialization and the Grain Problem," in *J. V. Stalin Collected Works* (Moscow: Foreign Language Publishing House, 1954), 11: 167; 加重號為原有。

84. 同上，頁168–169。

85. 同上，頁170。

86. 如人民出版社編輯：《蘇聯糧食問題的理論和政策文獻》（北京：人民出版社，1955），這個文獻主要收集了列寧和斯大林的講話和發言。另有一本對蘇聯的農業集體化持批評態度的書由美國學者烏爾夫・拉德欽斯基所寫，中譯本出版於1950年，並於1963年和1964年再版供內部閱讀：《蘇聯農業的社會化：集體農莊和國營農場的真相》（北京：商務印書館，1964）。中國共產黨領導人對蘇聯饑荒究竟瞭解多少仍然不清楚，見毛澤東：〈論十大關係〉（1956年4月25日），《毛澤東文集》（北京：人民出版社，1999年），卷7，頁24–25。

87. Bernstein, "Stalinism, Famine, and Chinese Peasants," 362.

88. Stalin, "Industrialization and the Grain Problem," 181.

89. Elena Osokina, *Our Daily Bread: Socialist Distribution and the Art of Survival in Stalin's Russia, 1927–1941* (Armonk, NY: M. E. Sharpe, 2001), 33.

90. Quoted in Viola, Danilov, Ivnitskii, and Kozlov, *The War against the Peasantry, 1927–1930*, 99.

91. 詳細描述見 Tiejun Cheng, Mark Selden, and Timothy Cheek, "The Construction of Spatial Hierarchies: China's Hukou and Danwei System," in *New Perspectives on*

State Socialism in China, ed. Timothy Cheek and Tony van Saich (London: M. E. Sharpe, 1999), 30. 亦請見郭書田：《失衡的中國：農村城市化的過去、現在與未來》(石家莊：河北人民出版社，1990)。

92. 蕭冬連：〈中國二元社會結構的歷史考察〉，《黨史研究》2005年第一期，頁8–11。

93. 何家棟：〈城鄉二元社會是怎樣形成的？〉，《書屋》第5期 (2003)；http://www.360doc.com/content/07/0512/10/16746_495649.shtml; accessed April 1, 2010.

94. 詳見 Susanne Weigelin-Schwiedrzik, "The Distance between State and Rural Society in the PRC: Reading Document No. 1," *Journal of Environmental Management*, no. 87 (2008): 217.

95. Oleg Khlevnyuk and R. W. Davies, "The End of Rationing in the Soviet Union, 1934–1935," *Europe-Asia Studies*, 51, no. 4 (1999): 559–560.

96. 同上，頁573。

97. R. W. Davies and Stephen G. Wheatcroft, *The Years of Hunger: Soviet Agriculture, 1931–1933* (New York: Palgrave Macmillan, 2004), 446.

98. Mark B. Tauger, "The 1932 Harvest and the Famine of 1933," *Slavic Review* 50, no. 1 (1991): 84.

99. 羅平漢：《票證年代：統購統銷史》(福州：福建人民出版社，2008)，頁280。

100. 溫鐵軍：《中國農村基本經濟制度研究》(北京：中國經濟出版社，2000)，頁175–177。

101. Dennis Tao Yang, "China's Agricultural Crisis and Famine of 1959–1961: A Survey and Comparison to Soviet Famines," *Comparative Economic Studies*, no. 50 (2008): 24–25.

102. 中華人民共和國農業部計劃司編輯：《中國農村經濟統計大全 (1949–1986)》(北京：農業出版社，1989)，頁410–411。

103. Davies and Wheatcroft, *The Years of Hunger*, 435; 羅平漢：《公社！公社！農村人民公社》(福州：福建人民出版社，2003)，頁92–93。

104. Peter Kropotkin, *Die Eroberung des Brotes und andere Schriften* [The Conquest of Bread and Other Writings] (Munich: Carl Hanser Verlag, 1973), 122–126.

105. Wheatcroft, "Die sowjetische und chinesische Hungersnot in historischer Perspektive," 115, 119.

106. R. W. Davies, *The Socialist Offensive: The Collectivization of Soviet Agriculture, 1929–1930* (The Industrialization of Soviet Russia 1) (London: Macmillan, 1980), 443.

107. 羅平漢：《公社！公社！農村人民公社》，頁51。

108. 例見Davies and Wheatcroft, *The Years of Hunger*, 190.

109. Ralph Thaxton, *Catastrophe and Contention in Rural China: Mao's Great Leap Forward Famine and the Origins of Righteous Resistance in Da Fo Village* (Cambridge: Cambridge University Press, 2008), 177–181, and Gao Wangling, "A Study of Chinese Peasant 'Counter-Action,'" in Manning and Wemheuer, *Eating Bitterness*, 274–278.

110. Michael Ellman, "Stalin and the Soviet Famine of 1932–33 Revisited," *Europe-Asia Studies* 59, no. 4 (2007): 668.

111. Thaxton, *Catastrophe and Contention in Rural China*, 200–206.

112. Felix Wemheuer, *Steinnudeln: Ländliche Erinnerungen und staatliche Vergangenheitsbewältigung der "Gro en Sprung"-Hungersnot in der chinesischen Provinz Henan* [Stone Noodles: Rural and Official Memory of the Great Leap Famine in the Chinese Province of Henan] (Frankfurt [M]: Peter Lang, 2007), 198–199.

113. William Moskoff, *The Bread of Affliction: The Food Supply in the USSR during World War II* (Cambridge: Cambridge University Press, 1990), 179.

114. D'Ann R. Penner, "Stalin and the Ital'ianka of 1932–1933 in the Don Region," *Cahiers du Monde Russe* 39, nos. 1–2 (1998): 37.

115. Sheila Fitzpatrick, *Stalin's Peasants: Resistance and Survival in the Russian Village after Collectivization* (Oxford: Oxford University Press, 1994), 70.

116. Otkhod 意為村外的臨時工。Izbas 意為農民的家。

117. Gao Wangling, "A Study of Chinese Peasant 'Counter-Action,'"283–284.

118. Penner, "Stalin and the Ital'ianka of 1932–1933 in the Don Region," 28.

119. Stephen Wheatcroft and R. W. Davies, "The Crooked Mirror of Soviet Economic Statistics," in *The Economic Transformation of the Soviet Union, 1913–1945*, ed. R. W. Davies, Mark Harrison, and Stephen Wheatcroft (Cambridge: Cambridge University Press, 1994), 28.

120. 詳見 Bernstein, "Stalinism, Famine, and Chinese Peasants," 350–351, 李銳：《大躍進親歷記》，卷1，頁140–55。

121. 見中共中央文獻研究室編輯：《建國以來毛澤東文稿》（北京：中央文獻出社，1992），卷8，頁110–122。

122. Tauger, "The 1932 Harvest and the Famine of 1933," 8.

123. Davies and Wheatcroft, "Stalin and the Soviet Famine of 1932–33," 627. Merl 統計的數據是1931年出口506萬噸糧食，1932年出口173萬噸糧食，1933年出口168噸糧食。根據他的統計，在1932和1940年簽訂蘇德條約之間出口糧食很少。見 Stephan Merl, *Bauern unter Stalin: Die Formierung des sowjetischen Kolchossystems, 1930–1941* [Peasants under Stalin: The Formation of the Soviet Kolkhoz System] (Berlin: Dunker and Humblot, 1990), 56.

124. 蘇聯1931年的領土小於俄羅斯帝國1913年時的領土。

125. Davies and Wheatcroft, "Stalin and the Soviet Famine of 1932–33," 627.

126. Davies and Wheatcroft, *The Years of Hunger*, 446.

127. 羅平漢：《票證年代：統購統銷史》，頁37。

128. 中國社會科學院和中央黨校編輯：《1958–1965：中華人民共和國經濟檔案資料選編，對外貿易卷》（北京：中華財政經濟出版社，2011），頁206。

129. Yang Dali, *Calamity and Reform in China: State, Rural Society, and Institutional Change since the Great Leap Famine* (Stanford, CA: Stanford University Press, 1996), 66; Dikötter cites 4.2 million tons of exported grain in *Mao's Great Famine*, 83.

130. Dennis Tao Yang, "China's Agricultural Crisis and Famine of 1959–1961," 20.

131. 羅平漢：《票證年代：統購統銷史》，頁310。

132. Osokina, *Our Daily Bread*, 206. 這些定量是給「第一組」人，即合作社的工人，「第二組」是那些不屬於合作社的人。

133. 定量一般按月確定，我在此使用日定量的概念是為了便於比較。

134. Davies and Wheatcroft, "Stalin and the Soviet Famine of 1932–33," 627.

135. Yang Dali, *Calamity and Reform in China*, 66.

136. Thomas Bernstein, "Mao Zedong and the Famine of 1959–1960: A Study in Willfulness," *China Quarterly*, no. 186 (June 2006): 421–445.

137. 同時，頁412。

138. Dikötter, *Mao's Great Famine*, 304.

139. Ó Gráda, "Great Leap into Famine," 195–196.

140. Frank Dikötter, "Response," *China Journal*, no. 66 (2011): 162.

141. Zhou Xun, ed., *The Great Famine in China: A Documentary History* (New Haven: Yale University Press, 2012), xiii.

142. 同上，頁 23–25。

143. 中華人民共和國農業部計劃司編輯：《中國農村經濟統計大全 (1949–1986)》頁410–411。

144. 喬培華、高全玉：〈60年代初劉少奇對河南工作的指導〉，孫保定、胡文瀾編輯：《劉少奇經濟思想研究》(鄭州：九州圖書出版社，1998)，頁143。

145. 孫萬國(Warren Sun)：〈毛澤東的手槍冒煙了嗎？──質疑《大饑荒》作者馮客(Frank Dikötter)的學術造假〉，未發表的論文，2013；Anthony Garnaut, "Hard Facts and Half-Truths: The New Archival History of China's Great Leap Famine," *China Information* 27, no. 2 (2013): 235–238.

146. 毛澤東：〈在第五次最高國務會議上的講話〉，中共中央文獻研究室編輯：《建國以來毛澤東文稿》(北京：中央文獻出版社，1992)，卷7，頁390。

147. Davies and Wheatcroft, *The Years of Hunger*, xv.

148. Josef Stalin, "Speech Delivered at the First All-Union Congress of the Collective-Farm Shock Brigades," in *Problems of Leninism* (Beijing: Foreign Language Press, 1976), 657. http://www.marx2mao.com/Stalin/CFSB33.html; accessed November 15, 2007.

149. Ellman, "Stalin and the Soviet Famine of 1932–33 Revisited," 676.

150. 同上，頁690。

151. Ellman, "The Role of Leadership Perceptions and of Intent in the Soviet Famine of 1931–1934," 824.

152. Davies and Wheatcroft, *The Years of Hunger*, 441.

153. Davies and Wheatcroft, "Stalin and the Soviet Famine of 1932–33," 633.

154. 同上，頁626。

155. R. W. Davies, M. B. Tauger, and Stephen G. Wheatcroft, "Stalin, Grain Stocks and the Famine of 1932–1933," *Slavic Review* 54, no. 3 (1995), 656; Robert Conquest, *The Harvest of Sorrow: Soviet Collectivization and the Terror-Famine* (Oxford: Oxford University Press, 1986), 329.

156. Davies and Wheatcroft, "Stalin and the Soviet Famine of 1932–33," 628.

157. Hiroaki Kuromiya, "The Soviet Famine of 1932–1933 Reconsidered," *Europe-Asia Studies* 60, no. 4 (2008): 666.

158. 同上，頁667。

第二章

保衞城市，為政權的生存而戰

農民和國家的關係並不是理解饑荒如何發生的唯一重要的因素。蘇聯和中國的供應系統從一開始就嚴重偏向城市。但是並不是所有城市和城市的所有市民都享有特權，在這個問題上存在一個等級制度。本章將首先分析中國和蘇聯政府怎樣以及為甚麼要在饑荒中保護重工業城市和大城市。同時還要分析為甚麼有的城市由中央政府提供糧食，有的城市需要自己從農村收糧。其次，兩個國家都建立了戶籍控制以阻止農村人口進入城市，不過，我要表明，饑荒時期這個政策的執行並不成功。城市人口仍然不成比例地增長，這給糧食供應帶來了更大的壓力。最高領導人把饑荒看作對其政權生存的挑戰。內戰的經歷，加上來自外部的戰爭威脅，使他們作出了保衞城市免遭大規模饑荒的決定。

饑餓的地理等級分佈

饑荒時期困難的程度很不平衡，各個社會群體和地區的困難程度是不同的。雖然中國共產黨在農村的根基比蘇聯共產黨要深得多，但是兩個國家在饑荒期間保衞主要城市的做法是相似的，大規模的饑荒都主要發生在農村。並且他們都犧牲農村和不太重要的城鎮來保證重要城市的糧食供應。在中國，北京、上海、天津和遼寧的糧食供應是由中央政府來保障的（第四章將詳細論及這樣一個特惠的做法如何得以執行）。在蘇聯，1928年底的糧食危機中，政府開始在城市執行麵包配給制度。1930

年，政府將需要由中央糧食分配制度提供糧食的城市列出了一個名單，包括莫斯科、列寧格勒、哈爾科夫、第聶伯羅彼得羅夫斯克和頓巴斯地區的城市。另外80個城市從中央獲取糧食分配，但是其糧食供應仍需要地方徵糧的補充。其他城鎮則完全依賴地方糧食資源。[1]這些名單給饑餓的定義設置了一個地理上的等級制度。在蘇聯，有權獲取糧食配給的城市居民1931年從3,040萬增加到3,670萬，1932年初增加到3,800萬。[2]城市居民人數的快速增長給國家從農村徵收糧食增加了極大的壓力。僅僅談斯大林及其幕僚的殘酷不足以解釋他們從饑餓的農民那裏徵收糧食的嚴厲政策。面臨饑荒，政府將保衛城市人口免受饑餓作為優先目標。

糧食分配亦按等級劃分進行。兩國政府優先保證供應的群體是相同的，即重工業行業的工人，以及軍人、高級知識分子和黨的幹部。蘇聯的分配制度尤其歧視從農村來的臨時工、家庭婦女、小孩、退休人員和殘疾軍人，他們的配額極少。[3]在蘇聯的重要城市，最重要工業行業的工人可以分得麵包、麵粉、其他主食、魚、黃油、糖、茶葉和雞蛋，而小城市和非重工業城市的居民只能分到麵包、糖、穀物和茶葉。[4]從事體力勞動的工人能比腦力勞動者買更多的肉。由於知識界的改造，學術界和科研機構的精英學者可以和最高級別企業的工人獲得同樣的配額。軍人則是在1931年全國的分配制度開始之前就實行糧食供給了，他們的配額比產業工人還要高。[5]在農村，國營機械和拖拉機站關鍵部門的工人得到的配額最高。在農業部門，1932年時大約有2,400萬人可以得到糧食配給，主要是種植工業用植物和木材的農民。[6]待遇最差的是勞改營的勞改犯，國家對他們生活條件的關注比平時更少。[7]

普通農民則完全得不到國家分配的糧食。根據艾琳娜·奧索基那(Elena Osokina)的估計，「農村人口比城市多三倍，而他們所獲得的消費品還不到城市的三分之一」。[8]在饑荒期間，即使城市裏最受優惠的人也吃不飽，但是他們起碼不會餓死。1932年3月，蘇聯政治局決定減少2,000萬人的糧食供應，他們的供應不需要優先保障。對那些原則上有權獲得國家糧食分配的人，國家也不能提供全額供應了。其結果是，城

鎮和小城市1932年死亡率很高，並且因饑餓發生了暴動。[9]

　　中國共產黨也同樣保護城市居民。可供的糧食很少，但重大城市的居民很少會餓死。這種糧食供應制度無意中鼓勵了農民從農村逃到城市找吃的。顯然，如果農民逃到城市以避免在農村為別人提供糧食，或者找到了更好的工作，國家就要增加徵糧，因為需要國家糧食供應的人增加了。而城市化造成的農村生產力的流失使留在農村的農民負擔更重了。吃商品糧的人在增加，而同時生產者卻極大地減少了。蘇聯和中國都在極短的時期內經歷了前所未有的快速城市化。蘇聯1927到1932年城市人口從2,600萬增加到4,000萬。而同時農民卻從1929年的2,600萬減少到1937年的1,900萬。[10]中國1957到1960年城市人口增加了1,950萬，職工增加了2,580萬。[11]工廠需要更多的工人來完成大躍進的計劃，但同時政府把大量饑民湧入城市看作對城市穩定的威脅。

戶籍控制和限制農民進入城市

　　減少城市糧食供應負擔的一個辦法是減少城市人口。這兩個國家的政府都採取了戶籍控制措施來減少農村人口流入城市。蘇聯1932年頒佈了一個新的法律，給所有城鎮居民和國營機械和拖拉機站的工人頒發戶籍證。這個措施表面上是為了消除城市不需要的和無生產能力的人，如罪犯、無人照看的孩子、富農和所謂的流氓，但是政府同時也認為通過這個措施可以減少城市吃商品糧的人。首先實施這個政策的是莫斯科、列寧格勒和哈克夫。1933年初，這個政策的實施擴展到基輔、明斯克、羅斯托夫和海參崴等13個城市和其他地區。[12]這個政策明確地體現了政府所設立的地理上的優先順序。農民去集體農莊之外工作需要得到批准，雖然正式的戶口本到1970年代才頒發。由於新法的執行，成千上萬的人被遣散出城市中心，1934年莫斯科的人口稍有減少。[13]但是，戶籍控制僅僅在短期內限制了農村人口的湧入，1934到1935年進入城市的人比遣散出去的人還是多了200萬至300萬。

　　中國在饑荒開始之前於1958年1月就開始實行戶口和戶籍登記制

度。[14]這比蘇聯的制度要複雜得多,因為它將全國人口分為農業人口和非農業人口,公安部給每一個公民發放了戶口本。可是,儘管實施了這個制度,中國1958到1960年城市人口還是出現了前所未有的增加。其中有些農民進城是國家計劃或者工業和製造業企業的擴展造成的,農民抓住機會逃離農村的饑荒。程鐵軍、馬克‧賽爾頓(Mark Selden)和齊慕實(Timothy Cheek)認為,大躍進期間經濟體制的大規模分權使戶籍控制無法實施。[15]不管怎麼說,饑荒是農民離開農村的重要原因。魏格林認為,總的來說,農村人口湧入城市也可以看做是農民對政府政策不滿的一種表達方式:「農民以離開農村向政府表明,國家的穩定嚴重地依賴於農村的穩定。」[16]

饑荒期間,兩個國家的政府都高估了農村提供城市糧食供應的能力。他們沒能看到農村人口湧入城市意味着農村饑荒的開始,而是繼續他們原有的政策。他們關注的是不讓饑民破壞國家的穩定,因此他們頒佈了各種政令控制通向城市的道路,限制饑民所能使用的運輸工具。地方幹部還常常使用暴力和鎮壓手段把饑民驅趕出他們所在的地區。國境線上外來饑民湧入的威脅同樣也存在。1931年饑荒時,哈薩克很多牧民試圖越過國境進入中國。[17]這兩種饑民的湧入都讓政府有充足的理由感到擔心,這會使饑荒的消息和流言傳遍全國。1932年6月,斯大林給他當時的親信、政治局成員拉扎爾‧卡岡諾維奇(Lazar Kaganovich)寫信說:「好幾萬烏克蘭集體農莊的農民仍然在蘇聯歐洲部分的加盟共和國流竄,到處抱怨和訴苦,損害集體農莊的形象。」[18]

那些饑餓的農民常常不知道饑餓是一個全國性的問題,因為媒體上完全禁止討論饑荒問題,政府的原則是,只要饑餓的農民不瞭解其他地方饑荒的情況,就不會反對中央政府。這個預防性措施可能找錯了重點,因為實際情況是,饑餓的老百姓在饑荒的高峰時期極少反抗。他們餓得奄奄一息,生活的中心問題是想法找到吃的、活下去,很難發展成甚麼政治運動。[19]在蘇聯,特別是在烏克蘭,1930年3月農村因反抗集體化和消滅富農階級發生了幾千起動亂。但在1932至1933年的饑荒高峰時期,只有零星的動亂發生。[20]蘇聯政府以保證城市人口的存活,限

制農村人口向城市的流動，維持了一定程度的穩定，儘管幾百萬人瀕臨餓死的邊緣。在這種情況下，政府不是承擔起向所有公民提供糧食的責任，而是以劃分供糧區和非供糧區來解決糧食短缺問題。為了解釋蘇聯中央政府為甚麼採取這個戰略，有必要介紹一下布爾什維克曾經經歷的極為嚴重的農村和城鎮的饑荒。1918至1920年，蘇聯先是發生了城市饑荒，接着1921至1922年又發生了農村饑荒。因為有這個經歷，斯大林周圍的領導層對1928至1929年的城市糧食嚴重短缺十分緊張，決定盡可能多地從農村徵收糧食，以防止在行政管理中心和工人中發生饑荒，他們認為工人是建設社會主義的基本力量。戶籍管理制度給城市移民受到控制地區的農民生活增加了困難。可是，必須看到的是，儘管如此，在饑荒期間，城市人口持續增長，戶籍管理制度沒有完全得到有效的執行。

政權的生存和外國的威脅

　　為了更好地理解斯大林和毛澤東在饑荒時期的做法，我們需要瞭解他們革命的經歷和他們對國際環境的評估。在這兩位黨的領導人看來，不僅是農民，革命政權也需要為生存而戰。斯大林在內戰時期曾擔任南部戰線主管糧食供應的政委，對糧食收購有親身的體驗。[21]黨的領導當時認為，必須盡可能多地從農村徵購糧食養活軍隊才能挺過戰爭。糧食徵購與國家的命運緊密相連。1929年8月斯大林給第二年成為蘇聯政府首腦的莫洛托夫寫信時表示：「糧食徵購進展順利……如果我們可以打贏糧食徵購這一仗，我們就能在所有領域取勝，不論是國內還是國際上。」[22]

　　在這些領導人看來，反革命反攻或資本主義復辟的可能性並不是完全不存在。當1918年白軍將布爾什維克控制的地盤縮小到俄羅斯中心地區，以及1941年德軍逼近莫斯科時，蘇共領導人如斯大林就認為，蘇維埃政權可能會被完全消滅。內戰期間的饑荒導致了逆城市化，1918至1920年期間，莫斯科的人口從220萬減少為110萬，聖彼得堡 (列寧

格勒) 從230萬減至90萬。[23] 看到工業的崩潰,列寧十分失望,他諷刺地說,工廠的工人仍然是無產階級,但工廠是毫無動靜的。[24] 斯大林希望避免工業的再次崩潰。在1927年國民黨上海大屠殺和1934年江西蘇區的慘敗之後,中國共產黨接近於被全部消滅。在1933年國民黨軍隊的圍剿中,蘇區發生饑荒時毛澤東負責糧食徵購。[25] 中華人民共和國成立之後,朝鮮戰爭爆發,國民黨在台灣重組軍隊以反攻大陸。美國威脅,如果中共進攻台灣,美國將使用核武器。共產黨的領導人包括斯大林和毛澤東都知道,革命政權的生存並不是毫無問題的事。面臨戰爭的實際威脅和對內外敵對勢力的擔憂,這兩個最高領導人都十分看重「打好糧食仗」,以推動工業化的進程。西方國家的工業化需要幾個世紀,與此不同的是,蘇聯領導人認為必須在十年內完成,否則這個年輕的國家要被帝國主義摧毀。全球共產主義運動都有一個共同的看法,即只要帝國主義存在,戰爭就隨時可能發生。

斯大林和毛澤東對外來威脅的看法對分析他們在饑荒時期的做法絕對是十分關鍵的。在1928年的糧食危機中,斯大林警告說,缺乏糧食和儲備不足在外國軍事入侵時會帶來嚴重的問題。他對同僚們說:

> 你們是否認為沒有任何糧食後備來供應軍隊也可以保衛國家呢?有些同志的發言完全正確,他們說,現在的農民已經不是六年前的農民了,那時他們怕土地落入地主手裏。現在的農民已經把地主忘了。他們要求有新的更好的生活條件。我們能不能在敵人進攻的時候,一面在前線同外來的敵人作戰,一面為了很快地獲得糧食來供應軍隊而又在後方同農夫作戰呢?不,不能而且不應當。要保衛國家,我們就必須有一定的存糧來供應軍隊,即使只有夠最初六個月的存糧也好。[26]

斯大林清楚地表示,糧食問題必須在可能爆發的戰爭開始之前解決,為此,集體化加速了國家對糧食的控制。[27]

黑宮広昭指出,在關於蘇聯饑荒原因的討論中,人們常常沒有考慮到對外關係因素,而饑荒恰恰是在外來威脅的背景下發生的,特別是來

自日本和波蘭的威脅。[28] 1931年9月日本軍隊佔領了中國滿洲，這使蘇聯與亞洲最具侵略性的帝國主義勢力擁有很長的共同邊境。1932年蘇聯的國防預算比前一年增加了250%，那時蘇聯領導人認為日本是主要的戰爭威脅。[29] 饑荒時期，蘇聯政府宣佈進口糧食並儲存在東部邊境，但根據維特克羅夫特的研究，東部邊境的糧食儲存進展甚微，並且糧食都用在了救災上。[30] 1931年春季和1932年，中國新疆省發生了起義，同時發生了針對蘇聯支持的蒙古政府的起義，在這兩次起義中，斯大林都懷疑起義者受到了日本的影響。他甚至向蒙古政府提供武器和飛機鎮壓起義。[31] 接下來的幾年裏，蘇聯在對外關係方面取得了一些進展，包括在1932年與波蘭簽訂了條約，1933年與美國建立了外交關係。1933年1月阿道夫·希特勒在德國取得政權。多年裏，德國共產黨一直認為，希特勒在德國掌權意味着德國要與蘇聯為敵。德國與波蘭1934年簽訂了條約，蘇聯領導人十分緊張。斯大林擔心德國、日本和波蘭的情報部門要支持烏克蘭的民族獨立運動。[32] 面對西邊來自德國的威脅和東邊來自日本的威脅，斯大林擔心兩條戰線同時開戰。有人將蘇聯自稱為「陷於圍城」的説法是蘇聯領導人的臆想，[33] 這種説法過於簡單化了。

中國在饑荒時期國際環境也很不安全。1958年10月大躍進高峰時期，中國在台灣海峽發動了一個小型戰役。毛澤東沒有想到解放軍進攻金門和馬祖會導致一場國際性戰爭，他以為美國不會捲入。[34] 實際情況是，美國總統德懷特·大衛·艾森豪威爾（Dwight D. Eisenhower）威脅中國，如果中國不停止進攻金門，美國將對中國使用核武器。由於美國和蘇聯施加的壓力，中國停止了進攻。與蘇聯1930年代的情況不同，中國在1950年代不是「陷於圍城」，而是得到了社會主義陣營的支持。1959年中蘇關係惡化，但雙方都不想兵戎相見。僅在1969年發生了一次邊界戰役。

我認為，斯大林和毛澤東都十分清楚，沒有農民一定程度的支持，在這兩個農業帝國建立社會主義是不可能的。農民問題還與國防密切相連，因為中國的人民解放軍士兵大多數都是從農村來的。蘇聯1930年代中期實行義務兵役制以後也是這樣。而且在內戰期間和在紅色根據

地，中蘇兩國的共產黨都意識到，「殺雞取卵」會事與願違。蘇聯的戰時共產主義導致了新經濟政策，中國共產黨則在1930年代中期，江西蘇區根據地激烈的階級鬥爭遭受失敗後採取了較為溫和的政策。可是當發生嚴重危機時，當城市面臨饑荒的威脅時，農村人的生計在兩個國家都不是領導人的優先考慮。我們甚至可以這樣說，斯大林和毛澤東為了城市的穩定都寧願犧牲「工農聯盟」，因為他們認為不可能在饑荒期間發生一場全面的戰爭。

那麼斯大林是怎麼挺過了與納粹德國的戰爭，又是怎麼恢復了饑荒期間失去的合法性呢？我認為，從某種程度上是因為德國在佔領區用饑餓作為武器，蘇聯又成功地防止了饑荒發展到1921至1922年或1931至1933年的嚴重程度。如本書前言所介紹，納粹德國企圖以切斷南部糧食產地與北部消費地區的通道來摧毀主要城市，消除工人階級和「無用的食客」。[35]這個戰略強調了向工業中心供應糧食對蘇聯政府生存的重要性。「饑餓計劃」可以說是德國從1931至1933年饑荒中所獲得的經驗。納粹的計劃制定者可能認為工業中心的工人是蘇聯人中對社會主義制度最為忠誠的人。可是，納粹沒有努力聯合俄國的農民來對付斯大林，他們沒有提供許多烏克蘭和俄羅斯農民所希望的東西——解散集體農莊。與此相反，德國政府利用農莊來為軍隊徵糧，甚至計劃把農莊交給德國移民。[36]這些政策和針對斯拉夫人的種族滅絕的做法徹底毀掉了絕大多數蘇聯老百姓與他們合作的可能性。蘇聯政府知道他們自己在農村的基礎很脆弱。斯大林提出俄羅斯民族主義的提法，並將與納粹德國的戰爭描繪成保衛俄羅斯偉大的衛國戰爭，可以說，他是要以此來贏得農民更多的支持。[37]

俄國無產階級聚集的主要中心莫斯科和列寧格勒從未被納粹佔領。德國軍隊未能以饑餓來迫使列寧格勒投降。不同於饑荒時期，當農民的支持變得比任何時候都重要時，蘇聯政府在第二次世界大戰期間允許擴大自留份地和自由市場。「確實，農民問題和糧食供應問題曾經導致了沙俄統治和一次大戰時期臨時政府的垮台，在內戰期間也幾乎摧毀了蘇維埃政權，但這次沒有損害蘇聯政府。這次戰爭期間，全國都生活在極

度貧困之中，但沒有發生威脅國家的重大動亂。1918至1921年時，政府曾動用武力徵集了1,500萬噸糧食，而1941至1945年政府沒有公開使用武力就徵購到7,000噸糧食。」[38]如果戰爭年代又發生了嚴重的旱災，情況會糟得多。納粹領導人希望饑荒會讓蘇聯垮掉，但是，與1931至1933年的饑荒不同，當德軍發動進攻時，蘇聯擁有糧食儲備，其糧食供應體系為贏得戰爭作出了貢獻。斯大林領導「偉大的衞國戰爭」取得了勝利，他的形象在國內和國際上都得到了改善。與蘇聯的情況不同，中國糧食供應體系的穩定性和國家與農民的關係在饑荒後從未受到大規模戰爭的檢驗。

　　中國和蘇聯政府的政策導致了千百萬農民的死亡。我們與其去猜測斯大林和毛澤東是不是有意餓死農民，還不如去瞭解饑荒發生的背景，即高速工業發展模式、農村與城市關係，以及糧食供應上的等級制度。在饑荒期間，蘇聯政府和中國政府的做法是非常相似的，他們都將政權的社會政治體制以及生存與此相連。大躍進期間快速的城市化使得有權獲得糧食供應的居民成百萬地增加，給糧食供應制度帶來了極大的壓力。兩個政府都決定保全城市，並因此增加了農村的死亡率。因為那麼多人依靠國家供應，社會主義的政府能夠確定優先順序，決定甚麼人可以活下去，甚麼人得到很少的糧食或一點都得不到。饑餓的等級制度反映了馬克思列寧主義關於階級、權力和生產力的理論。由中央政府負責提供糧食供應的城市比不太重要的城市條件要好得多，因為那些城市要自己從附近農村徵集糧食。饑荒中受害最嚴重的是農村人，餓死的人也最多，這一點是社會主義國家饑荒時的通例。在19世紀的歐洲，各國政府進行糧食儲備以保護城市消費者和軍隊。[39]在殖民統治時期也是這樣，比如英國殖民當局在班加羅1943年的饑荒中就採取措施保護加爾各答，因為那裏有他們的國防工業和重工業。加爾各答的一百多萬藍領和白領工人享有食品供應卡，而農村三百萬農民死於饑餓。[40]在第二次世界大戰後非洲的多次饑荒中，各國政府都同樣以城市為基地，城市是行政管理和工業的中心，政府希望讓公務員和國營企業工人保持對政府的忠誠。[41]他們覺得國家權力中心以外其他地區的動盪和暴亂比國家中

心發生起義危險性要小，這是可以理解的。但是，社會主義國家比其他國家更有力量控制農村人口的流動，如戶籍制度、糧食供應卡以及各級黨組織。儘管中國共產黨在農村有着很紮實的根基，斯大林和毛澤東在饑荒時期相似的做法表明，他們都認為城市的權力機制是政權生存的關鍵。而且，布爾什維克在內戰和第二次世界大戰中獲勝的原因之一，是主要城市如莫斯科和列寧格勒沒有落入敵人手中。中國共產黨始於在農村的游擊戰，但他們只是在1947年攻佔了東北的工業城市之後才獲得了全中國。在兩個國家的內戰中，斯大林和毛澤東都負責糧食徵收，很明顯，他們將糧食供應和戰爭的勝利聯繫在一起。面對1930年代和1950年代的外部威脅，他們都不能想當然地認為革命政權的生存沒有問題。

兩個國家結束大躍進式饑荒的政策基本一樣：減少從農村徵收糧食、在農村恢復私人自留地、開放農村集貿市場、限制出口、甚至（如中國）進口糧食。最終，國家不得不限制對農民的盤剝，在農村實行國有、集體所有和個體所有相結合的混合經濟。在蘇聯，大躍進在一個問題上是成功的，即城市化和工業化的程度得以維持。[42] 千百萬農民以他們的生命為這個高速的工業化付出了代價。中國共產黨在1961至1963年將2,600萬城鎮人口遣散到農村，以減少接受政府糧食供應的人數，從而減輕農民的負擔。此外，在接下來的10年裏，中國是糧食淨進口國。在很多方面，中國的經濟發展不得不從1957年的甚至更早的水平重新開始。對蘇聯來說，經濟上的突破和戰勝納粹使他們在1930年代比中國共產黨更容易向老百姓解釋所經歷的嚴重困難。毛澤東和他的同志們不能強調成就，他們只能把大躍進的失敗完全歸咎於天氣和蘇聯的「背叛」。

有一個問題仍然沒有得到解答，那就是為甚麼中國共產黨一點沒有從蘇聯的饑荒中吸取教訓。蘇聯十月革命後發生的三次饑荒應該讓他們十分清楚地看到，激進的社會改革會導致饑荒。1921至1922年的饑荒不是秘密，國際上有報道。更有甚的是，在1931至1933年饑荒期間，很多中國共產黨的幹部生活在蘇聯，而我迄今沒有在中國領導人的講話

中找到任何直接談論這個饑荒的內容。中國政府對蘇聯1931至1933年以及1947年饑荒餓死多少人瞭解到甚麼程度，這仍然不清楚。毛澤東批評蘇聯人剝削農民，認為他們犯了「竭澤而魚」的錯誤。[43] 可是中國共產黨犯了與他們的蘇聯同志同樣的錯誤，只是在千百萬農民用他們的生命交了「學費」之後才在1962年改變了政策。如果毛澤東看到斯大林在剝削農民問題上走得太遠，共產黨和農民之間的矛盾是否仍然會導致饑荒？

　　帶着這個問題，我們將在下一章分析1949年中華人民共和國成立之後農民與國家在糧食政策問題上的關係。

註　釋

1. Barbara Falk, *Sowjetische Städte in der Hungersnot 1932/33: Staatliche Ernärungspolitik und stätisches Alltagsleben* [Soviet Cities during the Famine of1932/33: Food Politics of the State and Urban Daily Life] (Cologne: BohlauVerlag, 2005), 26.

2. R. W. Davies, *Crisis and Progress in the Soviet Economy, 1931–1933* (The Industrialization of Soviet Russia 4) (London: Macmillan, 1996), 177; R. W. Davies and Stephen G. Wheatcroft, *The Years of Hunger: Soviet Agriculture, 1931–1933* (New York: Palgrave Macmillan, 2004), 406.

3. Falk 在 *Sowjetische Städte in der Hungersnot 1932/33*（頁 229–306）中對蘇聯的糧食分配系統等級劃分作了很好的概括。

4. Elena Osokina, *Our Daily Bread: Socialist Distribution and the Art of Survival in Stalin's Russia, 1927–1941* (Armonk, NY: M. E. Sharpe, 2001), 62.

5. 同上，頁 66。

6. Davies, *Crisis and Progress in the Soviet Economy*, 177.

7. 勞改營的情況請見 Klaus Muhlhahn, "Hungerund staatliche Gewalt in der Volksrepublik China wahrend der funfzigerundsechziger Jahre" [Hunger and State Violence in the People's Republic of China during the 1950s and 1960s], in *Hunger, Ernährung und Rationierung unter dem Staatssozialismus* [Hunger, Nutrition and Rationing under State Socialism], ed. Matthias Middell and Felix Wemheuer (Frankfurt [M]: Peter Lang, 2011), 299–327, 及 Lynne Viola, *The Lost World of Stalin's Special Settlements: The Unknown Gulag* (Oxford: Oxford University Press, 2007), 132–150.

8. Osokina, *Our Daily Bread*, 83.

9. Davies and Wheatcroft, *The Years of Hunger*, 407.

10. Sheila Fitzpatrick, "The Great Departure: Rural-Urban Migration in the Soviet Union, 1929–33," in *Social Dimensions of Soviet Industrialization*, ed. William Rosenberg and Lewis Siegelbaum (Bloomington: Indiana University Press, 1993), 31.

11. 羅平漢：《大遷徙：1961–1963年的城鎮人口精簡》（南寧：廣西人民出版社，2003），頁88–90。

12. David Shearer, *Policing Stalin's Socialism: Repression and Social Order in the Soviet Union, 1924–1953* (New Haven: Yale University Press, 2009), 193.

13. 同上，頁199。

14. 關於中國的系統見 Sulamith Heins Potter, "The Position of Peasants in Modern China's Social Order," *Modern China* 9, no. 4 (1983): 465–499, 及 Tiejun Cheng, Mark Selden, and Timothy Cheek, "The Construction of Spatial Hierarchies: China's Hukou and Danwei System," in *New Perspectives on State Socialism in China*, ed. Timothy Cheek and Tony van Saich (London: M. E. Sharpe,1999), 23–50.

15. Cheng, Selden, and Cheek, "The Construction of Spatial Hierarchies," 43.

16. Susanne Weigelin-Schwiedrzik, "The Distance between State and Rural Society in the PRC: Reading Document No. 1," *Journal of Environmental Management*, no. 87 (2008): 217.

17. Robert Kindler, "Auf der Flucht: Die kasachischen Nomaden und die Hungersnot von 1930–1934" [On the Run: The Kazakh Nomads and the Famine of 1930–1934], in Middell and Wemheuer, *Hunger, Ernährung und Rationierungssysteme unter dem Staatssozialismus*, 43.

18. 引文見R. W. Davies and Oleg Khlevniuk, eds., *The Stalin-Kaganovich Correspondence 1931–1936* (New Haven: Yale University Press, 2003), 138.

19. Cormac Ó Gráda, F*amine: A Short History* (Princeton, NJ: Princeton University Press, 2009), 54–55.

20. Lynne Viola, *Peasant Rebels under Stalin: Collectivization and the Culture of Peasant Resistance* (New York: Oxford University Press, 1999), 176.

21. Robert Service, *Stalin: A Biography* (Cambridge, MA: Belknap Press, 2005), 164–167.

22. 引文見 Lars Lih, Oleg Naumov, and Oleg Khlevniuk, eds., *Stalin's Letters to Molotov* (New Haven: Yale University Press, 1995), 175.

23. Stephen Wheatcroft, "Die sowjetische und chinesische Hungersnot in historischer Perspektive" [The Soviet and Chinese Famines in Historical Perspective], in Middell and Wemheuer, *Hunger, Ernährung und Rationierungssysteme unter dem Staatssozialismus*, 94–95. 關於城市饑荒的詳情亦見 Mauricio Borrero, *Hungry Moscow: Scarcity and Urban Society in the Russian Civil War, 1917–1921* (New York: Peter Lang, 2003), 35–81.

24. Lenin, *Gesammelte Werke* [Collected Works] (Berlin [East]: Dietz Verlag, 1963), 33: 159.

25. 金沖及：《毛澤東傳(1983–1949)》(北京：中央文獻出版社，2004)，頁 306；Mao Zedong, "On the Solution of the Grain Problem of the Masses," in *Mao's Road to Power: Revolutionary Writings, 1912–1949*, vol. 4: *The Rise and Fall of the Chinese Soviet Republic, 1931–1934*, ed. Stuart Schram (London: M. E. Sharpe, 1997), 408–409.

26. Josef Stalin, "Industrialization and the Grain Problem," in *J. V. Stalin Collected Works* (Moscow: Foreign Language Publishing House, 1954), 11: 185.

27. Dennis Tao Yang, "China's Agricultural Crisis and Famine of 1959–1961: A Survey and Comparison to Soviet Famines," *Comparative Economic Studies*, no. 50 (2008): 24–25.

28. Hiroaki Kuromiya,"The Soviet Famine of 1932–1933 Reconsidered," *Europe-Asia Studies* 60, no. 4 (2008): 670.

29. Davies and Khlevniuk, *The Stalin-Kaganovich Correspondence 1931–1936*, 109.

30. 與墨爾本大學斯蒂芬・維特克羅夫特2010年6月的交談。

31. Kuromiya, "The Soviet Famine of 1932–1933 Reconsidered," 670.

32. Hiroaki Kuromiya, "The Ukraine Famine of 1932–33 and Eurasian Politics," 2010 年5月未發表的文章。發表於烏克蘭 "Holodomori evraziiska polytyka," *Ukraina moderna* 6, no. 17 (2010): 113–130.

33. 奧爾加・維利加諾娃 (Olga Velikanova) 認為「陷於圍城」的想法是一種臆想。不過，在她的文章中日本佔領滿洲沒有多大的意義。Olga Velikanova, *The Myth of the Besieged Fortress: Soviet Mass Perception in the 1920s–1930s* (Toronto: Centre for Russian and East European Studies, University of Toronto, 2002).

34. 毛澤東：〈關於台灣局勢等問題覆胡志明的電報〉，中共中央文獻研究室編輯：《建國以來毛澤東文稿》(北京：中央文獻出版社，1992)，卷7，頁 413。

35. Christian Gerlach, *Krieg, Ernährung, Völkermord: Deutsche Vernichtungspolitik im Zweiten Weltkrieg* [War, Nutrition, Genocide: The German Policies of Annihilation during World War II] (Zurich: Pendo, 2001), 17.

36. John Barber and Mark Harrison, "Patriotic War, 1941–1945," in *The Cambridge History of Russia*, vol. 3: *The Twentieth Century*, ed. Ronald Grigor Suny (New York: Cambridge University Press, 2006), 232.

37. 在德國1941年7月3日入侵後，斯大林的第一個講話就告誡蘇聯人，納粹的目標就是掠奪蘇聯的土地，恢復地主的統治。蘇聯人將變成德國王公貴族的奴隸。Josef Stalin, *Werke* [Works] (Dortmund: Roter Morgen Verlag, Nachdruck, 1976), 14: 239. 這種説法與共產國際的官方説法完全不同，後者把法西斯定義為「金融資本最為反動的公開的專制」。

38. Hiroaki Kuromiya, *Stalin* (New York: Pearson/Longman, 2005), 172.

39. Arcadius Kahan, *Russian Economic History: The Nineteenth Century* (Chicago: University of Chicago Press, 1989), 109.

40. Amartya Sen, *Poverty and Famines: An Essay on Entitlement and Deprivation* (Oxford: Clarendon Press, 1997), 56.

41. Alexander De Waal, *Famine Crimes: Politics and the Disaster Relief Industry in Africa* (Bloomington: Indiana University Press, 1997), 50.

42. 蘇聯城市人口從1926年的2,230萬（總人口的13.3%）增至1939年的4,880萬（總人口的25.3%），1959年增至7,970萬（總人口的38.2%）。莫斯科人口從1936年的205萬增至1939年的450萬，1959年為603萬。Robert Lewis and Richard Rowland, "Urbanization in Russia and the USSR, 1897–1966," *Annals of the Association of American Geographers* 59, no. 4 (1969): 782, 790.

43. Kenneth Walker, *Food Grain Procurement and Consumption in China* (Cambridge: Cambridge University Press, 1984), 155.

第二部分

毛澤東時代中國饑餓問題的政治化

聽幾個幹部説，農村不太妙，三、四個人往耳朵裏一吹，説合作社不好，眼前一片黑，農民吃不飽，説甚麼不增產、無餘糧等。家裏人寫信為了要錢就説得很厲害，寫得苦一點，説甚麼糧食、油、布都沒有了，不然你就不寄錢。這些你要加以分析，真的糧食、油、布都沒有了？……富裕中農想存糧，不想拿出糧食來，想搞資本主義，就大叫農民苦。

——毛澤東，1958年5月

第三章

饑餓問題上的等級劃分和
農民與政府的關係（1949–1958）

中國共產黨1949年取得政權時曾經向老百姓保證「不許餓死一個人」。[1]這是一個政府無法兌現的承諾。本章將更為詳細地介紹中國1949至1958年期間的糧食政策和農民與政府的關係。我將用報紙、雜誌、高級領導人講話、黨的領導人作出的決定以及內部情況來分析饑餓問題如何愈來愈政治化，農民與政府的衝突如何在1950年代初逐步發展並促成了饑荒的形成。首先，這裏要對關於農民的某些行為是否可以被看作是「抵抗」這個問題的討論做一個回顧。依據官方文件如《內部參考》來分析「農民抵抗」還有一個方法論的問題。其次，我要分析1953和1955年糧食供應危機期間政府與農民的衝突。第三，本章還要討論為甚麼饑餓問題被嚴重政治化，並在1957年的社會主義教育運動中成為禁忌的話題，政府開始認為農民假裝饑餓來躲避糧食徵收和獲取救災糧。這個情況在後來饑荒真的發生時產生了致命的後果。

學術界對中國和蘇聯農民抵抗問題的研究

在討論農民抵抗問題研究的方法論時，將蘇聯的情況也加以討論是有必要的。中國和蘇聯社會主義制度下農民與政府的關係十分複雜。雖然十月革命後幾十年裏，西方學者大多認為農民在社會主義工業化運動中是消極行為者或者說是犧牲品，但在過去20年裏，在詹姆斯·斯科特等學者對「弱者的武器」和「隱蔽式的抵抗」研究的推動下，[2]對這兩個

國家農民抵抗問題的研究有了新的發展。琳・維奧拉 (Lynne Viola) 和謝拉・費茲帕特里克曾對蘇聯1929至1930年間農民反抗集體化等進行過研究，包括1930年代中期各種無聲的反抗，如瞞產、偷竊、怠工或磨洋工。[3]

與蘇聯1929至1930年的情況不同，根據迄今所瞭解的情況，中國在毛澤東時代 (1949–1976) 沒有發生全國範圍的農民起義。拉夫・塔克斯頓和高王凌關於中國農民的日常抵抗活動都出版過重要的論著。高王凌更願意使用他自己創造的詞彙「反行為」，而不是用「反抗」或「抗議」，因為偷竊和瞞產在當時都是國家政策下求得生存所必要的。他認為，這些反行為促進了後來農業體制的改革。[4]高認為，在地方幹部的幫助下，農民1960年初到1970年低報了大約20%的產量。瞞產加上集體生產中長期的磨洋工導致了農業集體化體制的崩潰。塔克斯頓將高王凌的這個詞彙用於1950年代農業集體化的早期，但他認為1960年的反行為實際上是公然的「針對國家的反抗」，因為農民開始大量地「吃青」，即偷竊地裏沒有成熟的糧食，迫使政府改變了大躍進期間嚴厲的糧食徵購政策。[5]與塔克斯頓的說法相反，陳意新質疑「吃青」的做法是反抗國家，雖然地方幹部試圖阻止「吃青」。他認為，國家徵購固定的份額，所以農民「吃青」吃的是他們自己的那部分，而不是國家的那部分。[6]陳可能說得是對的。但是官方媒體在1950年代初期就開始批評「吃青」，因為政府覺得這會毀壞莊稼，也使計劃的制定變得困難。[7]

高王凌和塔克斯頓強調農民反行為在推動改革方面的作用，而戴慕珍則在1980年代初提出，政府與農民在饑荒之後的關係建立在某種默契的基礎上。在一種帶有地方保護性質的體制裏，為了讓農民有的吃，能活下去，很多地方幹部對農民的偷竊、瞞產和隱瞞耕地畝數的行為視而不見。[8]只要糧食徵購指標完成了，訂單能夠保持，隱瞞的糧食不超過一定界限，上級行政機關對這些也不會公開批評。農民十分依賴地方幹部，所以他們也不敢超過界限。戴慕珍的說法與斯科特在《從政府的角度觀察》(Seeing Like a State) 提出的觀點相似，即下層的抵抗對於保證高度現代化國家所設計的體制運轉常常是必要的。具有諷刺意味的是，

如果沒有自留地、黑市和瞞產，農業集體化可能會崩潰得更早。[9]馮客在《毛澤東的大饑荒》一書中強烈反對關於在饑荒中農民反抗的說法。[10]「如果大饑荒期間從上到下各式人等偷竊糧食都算『抵抗』行為的話，這個黨早該垮台了。乍一看，普通百姓的抵抗佔據道義上的優勢，這種抵抗文化很容易被賦予光榮色彩。實際上，面對有限的食物，一個人吃飽往往意味着另一個人挨餓。農民把糧食藏起來，城裏的工人就沒有飯吃。這個工廠的職工在麵粉裏摻沙子，到頭來總會有人吃進嘴裏。那不過是絕境之下的生存方式，不能把它浪漫化，就好像不能將世界看成非黑即白。事實是，集體化從不同角度逼迫每一個人作出艱難的道義選擇。」[11]馮客把饑荒與納粹集中營的情況相提並論，在集中營戰俘為了得到額外的食物常常得侵害他人。在饑荒時期社會道德崩潰，父母會不顧自己的孩子，強者會搶奪弱者的糧食。但是高王凌認為，只有生產隊幹部支持這些行為或者睜一眼閉一眼，農民才可能低報或者隱瞞產量。[12]一些地方幹部冒着很大的危險幫助村民和他們自己的家屬。因此在農村，自私自利和團結互助似乎同時並存。而且，中國的農村不是集中營，很多農民都逃走了。馮客書中說1957到1960年間城市人口增加了3,100萬（這個數字似乎也包括城鎮）。[13]這個增長表明，政府沒有進行嚴格的戶籍控制，許多人可以在城市找到工作，生存下去。馮客認為「反抗」的重要性往往被誇大了，這一點上他是對的。但是，將「弱者的武器」看作零和遊戲中的利己行為是過於簡單化了。

官方説法和「糧食罷工」問題

在蘇聯研究界，泰格非常重視農民抵抗的問題。他認為，關於抵抗的報道常常主要談及一些地方上的案例，而不是全國性的運動。一些機構如秘密警察部門側重處理帶有負面意義的抵抗和持不同政見者的活動。[14]秘密警察為了證明他們機構有存在的必要，他們不得不將之公開。泰格認為研究為甚麼大多數農民接受農業集體化制度更有意義。《評論：俄國和歐亞大陸歷史上的探索》（*Kritika: Explorations in Russian and*

Eurasian History) 雜誌刊登了學者們關於甚麼行為是「抵抗」問題的辯論。在這個辯論中，彼得‧弗里采 (Peter Fritzsche) 提出「抵抗範式」，將國民和政權看作兩個不同而單獨的實體，而他認為，在這個問題上，意識形態對國民的作用和影響不應低估。政權不僅僅是一個外來的力量，而是一個被很多國民內化了的實體。[15]維奧拉曾研究 1930 年代蘇聯的農民問題，她認為，抵抗僅僅是對斯大林式國家體制社會反映的一個小的部分，社會反映還有很多其他內容，包括通融、適應、默認、漠不關心、國內遷徙、機會主義態度以及明確的支持等。地方上的抗議和動盪到底是針對地方官員還是針對社會主義政權，取決於觀察者的態度，包括歷史學家、地方官員、公安部門和中央政府。在農村，個人糾紛和政治衝突常常糾纏在一起。比如從官方的角度看，酗酒可能很危險，會成為政治問題。所以，「抵抗」可以是一個需要謹慎對待的概念，因為我們很難判定官方的文件和信訪的真實性。農民和工人在他們遞交給上級政府的信件和請願中有沒有撒謊？還是他們自己相信所寫的是實情？維奧拉提出，農民和工人給卡列寧寫信是因為他們把他看作「全體聯盟的長者」，需要一種傳統的權威性，還僅僅是要一個手段？農民和工人是不是為了自身的安全故意披着落後的外衣，把他們的要求去政治化？還是說，這只是一種修辭或習慣的説法？[16]對秘密警察寫的報告和文件也可以提出同樣的問題，因為他們得使用有關階級鬥爭和馬克思列寧主義式的語言。富裕的農民也真在喊餓，還是寫報告的人為了自保而杜撰「壞分子」説了這些話？找到這些問題的答案，一個方法是詢問報告和文件的作者。在中國，很多目擊者仍然活着，但他們的記憶受到後來的經歷和現在一些想法的影響，因此很難確切知道那麼久以前所寫文件的真正含義。而且 1958 年時的很多高級幹部現在已經作古了。

泰格和維奧拉所指出的一些研究中的問題也適用於中國研究，因為關於抵抗的描述確實具有相當多的軼事成分。高王凌研究的依據主要是幾個村子的口述歷史和他在文革中作為「知青」的個人觀察，塔克斯頓則以河南一個村子的情況作為研究的依據。要想瞭解農村「隱藏的文本」，必須像高王凌和塔克斯頓那樣到村子裏去進行好幾年的詳細調查，

而很多研究中國中央政府的學者對地方上的抵抗實際上一無所知。所以他們很難評估怎麼能將一個村子的經驗推廣到全國去。塔克斯頓認為「吃青」的做法是饑荒期間抵抗的主要做法，這一點只在很少的現有文件中提及。[17]高王凌根據農業改革期間擔任中央政府要職的高級幹部杜潤生的估計提出，1962年之後農民低報了20%的產量。[18]但是1962年後十年的情況找不到任何材料加以核實。《內部參考》上只有比較多的關於1956至1957年和1959年「瞞產私分」的報告。因為無法派出幾百個人到中國農村去調查，很多檔案也無法查看到，所以學者們關於農民抵抗問題的研究只能是軼事性的了，但這些對理解農民與政府的關係仍然很重要，塔克斯頓和高王凌的研究很有意義，且其重要性不限於中國研究。

　　書面的文件和口述資料一樣也有局限性，儘管中國和蘇聯以前的秘密文件現在不少都公開了。查閱官方的報紙和雜誌也很有用，在官方的出版物中可以找到很多關於農民抵抗和饑餓問題的文章，很明顯，這些文章與官方政策的改變關係密切。比如，官方媒體曾對農民藏糧以破壞糧食收購和留作自用作過零星的報道，後來就沒有了這樣的報道了。在蘇聯，這類批評在1918至1919年城市饑荒及所謂的「糧食專制」期間非常多，[19]當時，布爾什維克希望將農民組織起來反對富農。[20]在1931至1933年農村的饑荒中，作家米哈伊爾·肖洛霍夫給斯大林寫信抱怨庫班地區幹部對農民行為粗暴。1933年5月，斯大林回信說：「你們地區（實際上不僅僅是你們地區！）的農民從事了破壞活動，他們毫無顧忌地不給工人階級和紅軍留下一塊麵包。這些破壞活動是靜悄悄的，表面上還顯得很無辜（沒有流血），但這並不能改變問題的實質，他們在與蘇維埃政權進行一場『悄無聲息』的戰爭。一場餓死我們的戰爭，肖洛霍夫同志。」[21]麥克·艾爾曼將此描述為「賊喊捉賊」戰略，意為實際上是蘇聯政府自己在進行一場針對農村的饑餓戰。[22]戴維斯和維特克羅夫特反駁了斯大林有意餓死農民的說法，因而認為「賊喊捉賊」的說法並不成立。[23]儘管斯大林對肖洛霍夫作了嚴厲的回覆，他還是派了一個高級別的委員會到那個地區進行調查，發現肖洛霍夫所述屬實後決定送發救濟糧。[24]

在中國，裝餓在一些情況下變得很重要。在1950年代初西藏被納入中央政府管轄時，藏族的精英們就被指責藏糧以餓死解放軍(詳見第六章)。據我所知，這個指責在當今中國官方歷史書和回憶錄中多次提到，但在當時沒有公開談論。在中華人民共和國歷史中，1957年關於農民抵抗的事件最多。在1957年的社會主義教育運動中，報紙批評農民裝餓以騙取救災糧。在國家執行比較溫和的農業政策時，如蘇聯的新經濟政策時期(1921-1928)或者中國1962年之後，沒有再出現批評農民裝餓。這個例子表明，從媒體報道或政府政策的角度來研究農民的抵抗是有局限性的，在政府希望從農村收更多的糧食時，就會較經常出現對農民藏糧的批評。此外，在1959年下半年饑荒中，好幾個省開始了反瞞產的運動，最後導致了這幾個省農民餓死的嚴重情況，而《人民日報》對這些重要的運動隻字未提。官方媒體談的更多的是政府的反應和政策，而不是農民的行為。斯科特認為，中國政府不大願意將抵抗的犯上行為予以公開：「這樣做等於承認他們的政策是不得人心的，而且更重要的是，這會暴露他們政權合法性的脆弱，這兩點都不符合大多數主權國家的利益。」[25]這個說法總的來說是對的，但是，中國和蘇聯兩個國家的例子都表明，國家有的時候也願意報道抵抗的情況以證明他們政策的必要性，證明採取強制性的措施是為了保持秩序。從少數「破壞者」那裏徵購糧食被說成是為了大多數農民、工人和軍人的利益。階級鬥爭的說法使人們可以談論抵抗問題而不涉及農村政策的不得人心。

在中國，一些很有意義的材料可以在「糧食工作」的標題下找到。《當代中國糧食工作史料》是一本供內部使用的書，這本書按年代提供了有關糧食徵購、銷售、分配等許多方面重要決定的詳細情況。[26]但即使在這個內部資料中，1960年上半年這個饑荒最嚴重的時期，很多情況也缺失或不全面，極少提及饑餓的情況。在《內部參考》中，饑餓和饑荒的情況是很難找到的。但是，那裏有關於糧食徵購比例和農業稅情況、農村和城市營養水平比較、政府救災支出，或者糧食進口而不是出口等方面確鑿的史料，這些反映了政府如何平衡與農民之間的關係。即使我們不把每一個農民都看做反對社會主義政府的抵抗戰士，我們也不能否

認政府和農民之間嚴重的衝突在發展。本章將主要討論大躍進之前農民和政府在饑餓和糧食問題上的衝突。

新中國的承諾：「不許餓死一個人」

1949年10月1日新中國成立時，中國正在經歷自然災害。中央政府1949年11月的一份報告顯示，4,000萬人受災，700萬至800萬人沒有糧食或者吃不飽。[27]政府提出了「生產救災」的口號。民政部在部長和國家副主席董必武的領導下負責賑災工作。1950年代初民政部還每年發佈年度賑災報告。1950年1月，民政部發出指示：「各級人民政府要對救災負起高度的責任，不要餓死一個人！」[28]中國官方的出版物聲稱這個口號是毛澤東本人提出的。[29]新執政的政權感到其合法性與戰勝饑荒密切相連。後來任國家主席的劉少奇在這段時間裏曾說過：「現在人民有了災難，儘管災難的形成不是人民政府的責任，但是人民政府要承擔起救災的責任。不要怕背包袱。我們如果不敢提出『不許餓死一個人』的要求，那我們還算甚麼人民政府？」[30]後來任副總理的李先念當時負責湖北省的賑災，他說，如果政府能讓農民不餓死，農民就會永遠站在共產黨一邊。如果做不到，有的地方就會出現農民站在地主一邊的危險。[31]有些幹部覺得「不許餓死一個人」的提法有問題，因為如果有人餓死了就會損害政府的聲譽。但是董必武認為媒體和宣傳中應該提出這個口號，因為這是對每一級政府的考驗。[32]

在關於賑災的每一份文件中，中央政府都強調十分重視自然災害，如果饑荒不可避免，地方或省級政府不能自行解決時，中央政府將予以救濟。同時，地方政府應該盡全力動員群眾，根據「生產自救」的要求恢復生產，非災區應幫助受災嚴重的地區。[33]其實，這種自力更生的傳統早在與國民黨內戰中在紅色根據地就有了，因為共產黨不能依靠敵對的國民黨提供任何救災物資。

賑災以貸款的形式提供，有的地方是提供工作而不是資金（「以工代賑」），災民被僱來修建灌溉工程。董必武還說，災區的老百姓應該節

約糧食，也要配食野菜和代食品。中央政府要從四川、湖南和江西省調糧食支援北方災區。如同民國之前，農民再次逃出災區。逃荒是中國農民傳統的生存方式，因為只有某些地區發生饑荒，從來都不是全國同時發生。但是董必武強調，這樣的逃荒會影響生產自救，造成社會不穩定。[34]阻止逃荒更好的辦法是恢復生產，而不只是強迫農民留下。儘管如此，1950年代初期和中期，民政部簽發了好幾個文件，要求地方政府負起責任防止農民逃離災區，並組織災民返回。[35]這個政策一個重要的部分是控制公路和鐵路。政府還認為，逃荒會給災民到達地區帶來土地和糧食問題。社會穩定比每一個農民的生存更重要。地方政府規勸農民留在村子裏，進行生產自救，相信政府的承諾。結果是，災區的農民高度依賴地方和中央政府的賑災。官方統計表明，政府沒能完全執行這一規定，1950年代，幾乎每一年都有成千上萬的農民在春荒時逃難（見表3.1）。雖然我們沒有所有年份的數據，但已有的數據已經能夠表明受災荒影響的人數非常多。

表3.1　春荒情況（1949–1964）

年份	春荒人口	外流人口	營養性疾病	賣送兒女	非正常死亡
1949		1,790,000			
1950	49,200,000	350,000		331	7,995
1951	20,930,000	90,000		667	2,713
1952	23,880,000	40,000		66	948
1953	38,240,000	130,000		159	263
1954	24,430,000	190,000		437	475
1955	69,920,000	520,000		3,424	1,477
1956	20,140,000	210,000		568	10,012
1957	41,340,000	600,000		699	273
1958	19,790,000	400,000	450,000	518	57,751
1959	97,660,000	2,350,000	3,020,000		17,853
1960	129,770,000	2,090,000	4,740,000	10,688	374,890
1961	218,130,000	80,000	30,390,000	666,000	647,010
1962	187,450,000	1,590,000	6,270,000	3,531	11,016
1963	70,380,000	430,000	1,440,000	421	1,086
1964	82,950,000	1,730,000	3,810,000	638	905

資料來源：國家統計局民政局編輯：《中國災情報告（1949–1995）》（北京：中國統計出版社，1996），頁267。

　　早期的文件表明，新成立的人民政府願意組織賑災，但是政府也清楚明確地指出，資源十分有限，為了戰勝災荒，地方政府必須恢復生產、節約糧食。有意思的是，早期文件還用傳統的「災民」一詞，而根據我的瞭解，在大躍進饑荒中，這個詞已經見不到了。政府以結束嚴重饑荒的承諾建立了一種「道義經濟」。據此，災區的農民可以申請救濟。結果是，政府承受着巨大的壓力，因為這個剛剛走出日本佔領和內戰的貧窮國度資源有限。中國1950年代早期和中期，有幾百萬災民從政府獲得援助。1950到1957年間，有2,000萬到6,900萬農民每年受春荒影響。因為中央政府顯然不能救助所有災民，1950年代初建立的救災系統嚴重依賴地方上的主動性和地方資源。毫不奇怪的是，1950年代中期，「不讓餓死一個人」的口號從《人民日報》上消失了。[36] 1959至1961年的饑荒充分表明，政府無法承擔這個承諾所帶來的負擔。

中華人民共和國的糧食分配制度

　　如前所述，我們應該從整個的糧食分配制度來瞭解饑荒的發展。這個制度的基礎是國家從1953年開始對糧食實行統購統銷，並於1955年在城市實行糧食配給。[37]直到1980年代才取消了這個制度。在分析糧食政策的歷史發展之前，我想用一個圖來解釋一下糧食分配制度（見圖3.1）。

　　國家給各省確定了糧食徵購指標，並以固定的價格從農村徵購「餘糧」。剩下的糧食用於農民定量的口糧、種子、飼料和地方儲備糧。農民的糧食分配一部分按人頭，一部分按「工分」確定，後者根據他們在生產合作社和後來的人民公社的勞動情況來統計。有的家庭老人和幼年小孩較多，常常掙的工分很少，分的糧食不夠吃，他們可以從最低一級的集體生產單位——生產隊借糧。有些沒有家庭的老人和殘疾人，即五保戶，也會得到作為社會福利的糧食配給，但只有很少的一部分農業人口包括在這個體系中。

　　國家徵購糧食後，有必要再轉分到農村。有些省是傳統的缺糧省，有些則因農業生產的情況每年不一樣。經過中央政府與各省複雜的談

圖3.1　糧食統購統銷（1953–1960）：糧食政策

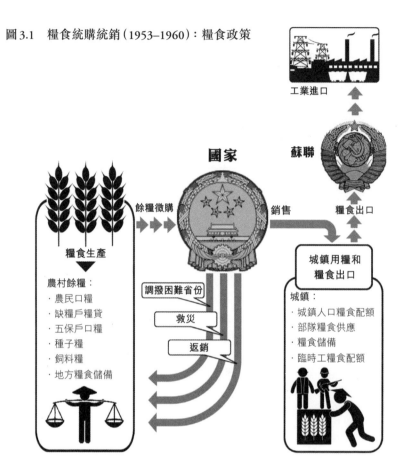

判，將糧食運到了缺糧的地區。[38] 在遇到大的自然災害，好幾個省都受災時，中央政府要給這些省都運送救濟糧，但是中央會首先要求各省和農村恢復生產，動員當地資源。此外，如果生產隊有能力購買，政府還會將糧食返銷給農民。

　　國家以固定的價格將徵購的糧食銷售給城市。有城市戶口或臨時工作證的人可以分得糧票，用糧票來購買定量的糧食。此外，國家還要為城市儲備糧食，並供應部隊。1960年之前中國可以出口糧食和其他食品，主要出口到社會主義國家，以進口工業品和技術。中國1950年代

工業化的發展速度與出口糧食及養活日益增加的工人隊伍的能力相關。
如果農民糧食吃多了賣少了，政府就得減少城市人的糧食消費和出口。
如果城市人消費增加，政府就要從農村徵購更多的糧食，並可能因此與
農民發生大規模的衝突。如果政府提高徵購糧食的價格，城市的食品價
格就要上漲，或者政府補貼予以平衡。1961年以後，糧食補貼是政府預
算的一個主要負擔。

　　供應城市、部隊和出口是優先，即使出現從農村徵購多於「餘糧」、
農民不夠糊口的情況。直到1961年這些優先做法才有了改變，這一年
政府決定進口糧食供應城市。平衡糧食收購價格、城市銷售價格和出口
是一個很大的挑戰。大躍進的政策破壞了1953至1958年間所建立的這
幾個方面脆弱的平衡。

1953年第一個糧食供應危機和統購統銷政策

　　在討論糧食政策之前，有必要解釋一下官方的統計數字和分配方
案。在中國，列入統計的是原糧，也就是沒經過加工的糧食。但是供應
給城市和部隊的糧食以及儲備的糧食則是「貿易糧」或「商品糧」。原糧
和商品糧的轉換比例沒有明確的規定。據沃克爾估計，1950年代這個比
例為86%，也就是說，每一單位重量的原糧相當於0.86單位可用於食用
的商品糧[39]（有的學者認為是75%）。用於城市分配的是商品糧，與此相
反，用於農村分配和消費的糧食則通常用原糧計算。[40]不過當時的一些
文件沒有展示出農村的配額是用原糧還是商品糧計算。很明顯，在中國
這樣貧窮的國家或者在饑荒時期，14%的消費量可以是一個涉及生存的
問題。我將在每次使用原始資料時點明農村消費衡量的類別。

　　1949年中華人民共和國成立後，中國從內戰和通貨膨脹中恢復過
來。根據官方統計，1949至1952年糧食生產增加了44%。[41]但是政府與
農民在餘糧徵購問題上的衝突導致了1953年的第一個嚴重的糧食供應
危機。羅平漢在關於糧食供應制度的書中寫到，在土地改革和減少稅收
之後，很多農民開始吃糧多於售糧。在有的地區農民改一天吃兩頓為三
頓。特別是窮困的農民，他們吃白薯和野菜，想把糧食省下來留給自己

以後用。[42]因為經歷過大規模的饑荒,農民利用增產儲存更多的糧食,這就使得保證向不斷增加的城市人口供應糧食變得愈來愈困難。對此,官方統計描繪了一個清楚的畫面。在1949至1952年間,農民用於播種、牲畜和食用的糧食增加了26%。[43]1950年農民一天大約吃1.27斤(630克)糧食,1952年吃1.35斤(670克)。[44]然而,農村吃得更多不可能是城市供應產生問題的主要原因,因為在「解放後」的最初三年裏,農民吃糧一天也就增加了40克。不過因為中國當時80%的人口在農村,每個人消費增加一點點,再加上隨着恢復生產餵養牲畜糧食需求增加,總量會有很大的不同。

此外,那時私營的糧食販子仍然存在,糧價非常不穩定,國家也剛剛開始建立糧倉。發生於1953年10月的糧食供應危機是高級官員們為建立統購統銷制度辯護的主要理由。毛澤東認為,10%的農民是「缺糧戶」,也就是說,他們缺少生存所需的糧食,每兩年在自然災害中有2,000萬至4,000萬農民受災。[45]開始時,政府說取消自由市場是為了向城市和受災的農村提供糧食,但很快共產黨乾脆就把統購統銷作為社會主義方式來推廣了。1957年以後,統購統銷囊括了幾乎所有的農產品,這個制度直到1980年代中期才取消。

為了說服農民銷售「餘糧」,政府進行愛國主義宣傳,稱國家的經濟發展和部隊需要糧食,當時部隊的士兵絕大多數是農村來的。給農民的優惠是穩定糧價,避免私人糧商的盤剝,並且在饑荒時提供救濟。[46]很多農民抱怨糧食的徵購價太低,而且把糧食交給國家後感到不安全。整個的道德框架是對國家作「貢獻」。比如,在西藏,1959年開始設立「愛國糧」稅。這種道德說教可以激進到,如果一個農民不願賣糧給國家就是不愛國、破壞祖國的經濟建設。更有甚之,甚麼是「餘糧」從來也沒有過明確的定義。[47]在很多地方,幹部使用暴力強迫農民賣「餘糧」。1953年11月,中央通發了一個報告,報告中談到,儘管政府禁止強力徵糧,山東省一個縣還是為此打死了一個農民。[48]不久國家就建立了對糧食的壟斷,有報告說,農民瞞產,有的甚至謊稱自己是「缺糧戶」。[49]實際上,「餘糧戶」、「自助戶」還是「缺糧戶」的提法是有爭議的。1954和1955年,政府提高了徵收比例,為城市供應徵得了更多的糧食,但

是很快就不得不承認，多產多收的政策造成了政府與農民關係的緊張。
1953年，城市也開始了配給制。城市得到國家的補貼，而農村則要依靠
自己的資源和生產。

　　城市所享有的特權並不是從未受到質疑。1953年，一個知識分
子、民國時期鄉村建設運動的領導人梁漱溟表示，解放後工人生活在九
天，農民生活在九地，共產黨把農民和農村拋在腦後了。在梁漱溟看
來，最大的問題不是資源不足而是分配不公。毛澤東隨即對梁漱溟進行
批駁，這是毛一生中最為激烈的一次講話。他警告說，改變城市和農村
的收入會導致工業的毀滅和國家的衰退。他質問梁有何權利代表農民，
並用共產黨詞彙中最尖銳的語言抨擊梁的言論。[50]

第一條指示：不要浪費糧食

　　實行統購統銷以後，政府試圖以教育老百姓不要浪費來控制糧食消
費。如同「饑餓」一樣，「浪費」一詞也沒有客觀的定義。中國農民知道，
如果無節制地吃喝，以後就會餓肚子。與往常不同，農村的習俗是辦紅
白喜事和春節時要大吃大喝，但從1950年初開始，官方媒體開始批評
「浪費」或「鋪張」，地方幹部按上級指示去教育農民不要浪費。比如，
1953年11月，《人民日報》報道，一個農村黨支部的委員辦婚事殺了一
頭210斤的豬，準備了40斤白酒，請了一百多人喝喜酒。報紙指出，這
種做法是極度的浪費，並解釋說，防止浪費並不是要餓肚子，也不是不
讓辦婚事。但節約糧食有利於大家，因為可以幫助農村的經濟發展，防
止自然災害造成饑荒。[51]黨中央還鼓勵農民改變飲食習慣。節約糧食的
一個辦法是多種植和食用瓜菜。[52]在1960年饑荒期間，黨對農村糧食政
策的基礎是「瓜菜代（食品），低標準」的口號。

　　在經常受災的地區，農民會去「吃青」。政府認為這個做法成問題，
因為這毀壞了莊稼，減少了收成。雖然有時教育農民不要浪費糧食時會
提到「吃青」，但在文件中很少能找到這個詞。《人民日報》報道了吉林
省一個縣農民「吃青」玉米的事。當時距玉米成熟還有25天。幹部勸農
民不要「吃青」，並解釋說，如果一個村900人每天吃一頓青玉米，收穫

時就會損失9,000升玉米。[53]村民們應該幫助困難戶,而不是「吃青」。這篇文章揭示了農村當時困難的情況,人們連25天玉米成熟後再吃都等不了了。還有的文章認為,應以青玉米沒有營養,而且會影響產量來教育災區農民不要「吃青」。[54]有一篇文章甚至以〈吃青玉米和大豆是浪費糧食〉為標題。[55]政府阻止浪費的努力包括禁止「吃青」。

城市糧食分配的等級劃分

1953年建立定量供應之後,城市合法居民糧食由國家定量銷售。政府自然擔心城市供應無節制增長會增加從農村糧食徵購的困難。1954年9月至1955年4月,城市人口增加了5%,糧食供應增加了12%。[56]減少糧食供應的一個辦法是核實城市居民人數和公共食堂、工廠和機關單位用餐的人數。媒體批評有些單位為食堂多得糧食而多報人數。比如,《人民日報》報道了河北省石家莊市的一個企業多報職工數,浪費了糧食。一個一百多人的企業多報了350人,每個月多得了14,000斤糧食。還有一個食堂居然把吃剩的饅頭當柴燒。在石家莊,政府教育老百姓「節約糧食就光榮」,並鼓勵人們每天自願節約50至100克。[57]由於城市人口數量很大,這樣的措施可以節約大量的糧食。很有意思的是,政府要求城市居民節約糧食,原因是「我們國家成千上萬的農民在辛苦地勞作,為提高糧食產量與自然災害作勇敢的鬥爭。」[58]而與此相反的是,在農村,政府卻說節約是為了國家經濟建設。

我們不知道節約糧食運動的成效如何。但是,1955年9月城市實行糧食統一供應後,城市糧食的銷售量減少了。1955年10月,238個城市比前一年銷售糧食減少了10%。[59]政府相信,統一的定量供應和戶籍管理會讓城市糧食供應和控制糧食消費更容易一些。除了饑荒的年頭之外,1955年9月開始實行的城市定量供應在實行計劃經濟的幾十年裏一直沒有變。與農村的情況不同,城市重體力勞動的定量遠遠高於其他人(見表3.2)。分等定量的供應方式反映了共產黨對重體力勞動的看法,即只有體力勞動才創造價值。小麥產區從事重體力勞動的工人每天平均有720到900克糧食定量,這是兩個最高等級之一。[60]從事輕體力勞動

的工人和大學生平均每天的定量是570克。政府機關工作人員和知識分子每天定量大約508克。如上所述，城市糧食定量按細糧或「成品糧」分配。[61] 而且城市居民購買其他食品要容易得多，他們可以用自己的工資購買這些食品，也可以買其他定量供應的物品如肥皂或布匹。在毛澤東時代的中國，肉和蛋是奢侈品。1955年時，城市人每人一年消費10.2公斤豬肉，而農民只有4.3公斤。[62] 在很多農村地區，人們日常餐飲都是素食，只有在節日和婚宴上才吃到肉。

從城市定量供應得到的糧食質量要高一些，如麵粉和大米，其他雜糧如玉米、紅薯、高粱營養成分要差一些，也不那麼受歡迎。對國家來說，收購和儲存小麥和大米比紅薯要容易，因為紅薯會很快腐爛。政府要求人們多吃紅薯，以節約小麥和大米供國家收購。[63] 在城市和南方比較富裕的農村，很多人把紅薯當作「災糧」或者豬吃的東西，而在貧困的地區如河南和安徽，農民就靠紅薯來活命。在饑荒還沒開始前的幾年裏，動員城市居民多吃紅薯的做法不是很成功。

表3.2　城市每月食品定量表（1955年8月25日）（斤）

工作和年齡分類	大米為主食地區		雜糧和麵粉為主食地區	
	定量	平均	定量	平均
特殊重體力勞動者	45–55	50	50–60	55
重體力勞動者	35–44	40	40–49	44
輕體力勞動者	26–34	32	29–39	35
機關、團體工作人員 公私營企業工作人員 店員及其他腦力工作者	24–29	28	27–32	31
學生（大學和中學）	26–33	32	29–36	35
普通市民和 10歲以上兒童	22–26	25	24–28	27.5
6–9歲兒童	16–21	20	18–23	22
3–6歲兒童	11–15	13	12–17	14
3歲以下兒童	5–10	7	6–11	8

資料來源：〈市鎮糧食定量供應暫行辦法〉，中共中央文獻研究室編：《建國以來中央文獻選編》（北京：中央文獻出版社，1993），卷7，頁116–117。

「三定」政策階段（1955–1957）：真餓還是假餓？

在1953年第一次糧食供應危機時，領導人還不知道怎麼評估農村喊餓的報告。為安定農民的不滿情緒，1955年3月國家開始實行「三定」政策。三定指的是確定三年的糧食產量、收購和銷售量。這樣，農民可以提高產量而不交稅和多出售糧食。1954年糧食徵購佔產量的30.6%，1955年降為27.6%（見表1.1）。1956和1957年更低。黨的領導人認為，既然國家已經為農民着想了，農民應該努力完成糧食徵購指標。1955年夏季，農村掀起了社會主義建設「高潮」，合作化運動開始了。短期內合作化運動的成功讓毛澤東很興奮，他得出結論，農村的糧食問題不嚴重，是地主和反革命分子在抱怨，目的是攻擊共產黨。[64]

1955年，媒體經常報道假報「缺糧戶」的情況，農民裝餓以從政府得到救災糧。6月，《人民日報》報道了江蘇省稱糧食供應短缺是假的。[65] 實際上，有些地區和農戶因為前一年遭受江蘇歷史上最嚴重的水災確實缺糧，在災區，政府徵購較少的糧食或者免收，同時還發送救災糧。文章稱，假稱全省都缺糧既是農民的思想問題，也是受了地主富農的壞影響。4月，當地人口的66%每天有一斤糧食，這篇文章的作者指出，這真的不少了。有的農民用粥代替了米飯，因為他們仍然擔心政府會徵購更多的糧食。這位作者稱此為保守。文章還批評了地方幹部在向農民發放救災糧時沒有認真調查是否真的需要救濟。[66] 1954年2月至5月糧食徵購期間，全省各地發生了群眾「鬧糧」事件。反革命分子強迫農民參加鬧糧，他們説「不參加的人就是家裏有糧，我們就到他家去吃」。儘管這位作者提出了種種批評，他實際上知道糧食供應量短缺有多種原因，包括土地改革後農民糧食消費增加、城市人口增加、工人數量增加等。這篇文章很有意思，它批評農民假喊缺糧是因為思想落後，這在1957年的社會主義教育運動中成了一種普遍的説法。黨中央1955年時認為，糧食短缺是一種地方上的現象，而不是大範圍的，他們讓農民相信政府會制定合理的徵糧配額，會考慮到自然災害造成的損害。黨中央保證自然災害後不會發生嚴重的饑荒，但同時也擔心農民會因為害怕挨餓而強調他們的要求。

　　1955年7月《人民日報》的另一篇文章提出缺糧是不是一個普遍的問題，並給出了類似的答案。文章引用陳雲的話說，目前規定的成年人每天一斤細糧的口糧足夠了，而且農民不用擔心國家會徵收更多的糧食。[67]這篇文章的作者表示，希望三定政策可以消除這種誤解，統購統銷能有效防止饑荒，保證價格公平。在中國，糧食產量嚴重不均衡，因此有的地方一人一年吃1,000斤糧食（一天1.39公斤），有的地方則只有200斤（一天270克）的口糧。作者還說，每年上千萬農民受到自然災害的影響，幾千萬農民缺糧需要救濟。正因為如此，有必要建立合理的分配制度消除饑餓。為了證明中國應該走社會主義發展道路，作者呼籲人民向災區人民伸出援助之手。

　　在我開始進行這個研究的時候，我很想知道到底國家認為農民多少口糧標準是足夠的。就我所知，中央政府從來沒有就此作出明確的規定，雖然1950年代多次提到過一天一斤是農村的合理口糧。[68]根據《當代中國糧食工作史料》一書，1954年6月中央委員會的一個決定是根據每人一個月30斤糧食來計算農村的糧食銷售的，這要比每天一斤稍微少一點。[69]農業部部長陳國棟1959年曾說過，農村口糧是按一年417斤粗糧，或大約1.14斤一天來計算的。1959年農村口糧是一年440斤（一天1.2斤）。[70]這個口糧可能包括一些低質量的糧食，不都是麵粉和大米。對於全國人口來說，計算的定量只是稍微多一點。1957年3月，李先念提到一年500斤或一天1.3斤的定量。[71]

　　自1955年市鎮糧食定量供應之後，中央政府再也沒有確定過一天的用糧定量，也沒有確定過農民應有的口糧。前面提到過農村用糧的最低標準，即大約一天一斤。但是農村人沒有資格獲得定量供應，一天一斤只是國家作計劃時作的估計以及建議農民消費的量。不過，控制農村消費量是件困難的事。1956年9月，中央委員會和國務院指出，城市的糧食銷售很穩定，但農村的用糧有了驚人的增長。同年7月和8月，糧食銷售與上年相比增長了127萬噸。[72]1959年3月，中央轉發了河南省政府關於新鄉縣大規模鬧糧事件的報告。報告稱，參加鬧糧的人當中僅10%是「真缺糧戶」，90%是因為有思想問題。[73]看來，不進行政治運動，對農民施加點壓力，是不能說服他們少吃點糧食的。

轉折點：社會主義教育運動和饑餓問題的政治化

1957年夏，中國共產黨發動了反右運動以壓制知識分子的不同政見。8月8日社會主義教育運動開始了。全國農民都捲入了反右的鬥爭中。這個運動旨在打擊反對集體化和國家的糧食政策，可以說這是政府和農民關係的轉折點。[74]

1957年河北、河南和山東省遭遇自然災害。因為自然災害和農民的抵抗，國家沒能完成糧食徵購計劃，農村普遍因饑餓而產生不滿。社會主義教育運動之前，《內部參考》報道了很多這類抱怨，但沒有作政治性的評論和評估。1957年1月，《人民日報》農業和貿易版收到了許多讀者來信，訴說農民生活的艱難和饑餓。這些信大多來自河南和河北省，而且是幹部和工人寫的，不是農民。如，一個上海工廠的公方代表說他剛從河北家鄉回來，那裏的農民說，要農民挨餓才能實現集體化。[75]合作社一個月只給每人30斤糧食。幹部不管老百姓的死活。農民說，他們只有三個選擇，要麼逃到城市，要麼自己找吃的，要麼就等着餓死。一個農民說，這還不如舊社會，民國至少在1917年鬧災時發了救濟。浙江省一個戰士說，那個農民不暸解政府的糧食收購政策，因為政府要出口到蘇聯，所以老百姓不夠吃。在河南省，農民甚至編了一句順口溜：「毛主席真是好，人人吃不飽。」

隨着社會主義教育運動的開始，對於農業合作化和國家糧食徵購計劃的抱怨，變成了是社會主義還是資本主義的問題。8月《人民日報》一篇文章提出，每一個村幹部和農民都要百分之百完成徵購任務指標。對用糧的嚴格控制和節約糧食成為判斷一個人是不是走社會主義道路，是不是愛國的標準。[76]這篇文章的作者指出，如果完不成指標，城市居民、部隊和災區人民吃甚麼呢。結果是，農民是否有足夠的口糧變成了一個高度政治化的問題。《人民日報》宣稱，糧食問題確實是一個思想問題。比如，這個報紙的有一篇文章批評湖南省攸縣的農民抱怨一年800到900斤高粱不夠吃。[77]根據這篇文章的介紹，除了少數人確實不夠吃，其他人都是出於個人利益假裝糧食不夠。而且，村裏和合作社的幹部出於自私的本位主義幫助農民藏糧。比如，在河北滄縣，在基層幹部

的教育下，超過十萬斤藏糧曝光。這些關於裝餓的報道大量出現在《糧食》、《農村工作》、《八一雜誌》和《內部參考》等雜誌上。「少報多拿」和「假喊」受到鞭笞和譴責。

在社會主義教育運動中，黨的幹部強迫農民和地方幹部對裝餓作自我批評。安徽省安樂合作社關於「大辯論」的報告介紹了國家是如何解決關於營養不良的抱怨的。在這場辯論中，「壞分子」抱怨口糧低於解放前，政府徵購糧食和開展農業合作化使農民吃不飽。[78] 幹部組織「憶苦會」，教育和鼓勵農民回憶1949年以前糟得多的苦日子。會上，貧下中農描繪他們解放前的艱苦生活。他們還對要求更多的口糧做了自我批評：「要是都像我們這樣，工人、軍隊、幹部都要餓肚子了。」[79] 這份報告提出，當年的口糧不會提高。

救荒和農民的要求

反右運動對國家糧食收購政策產生了重大的影響，因為工業和糧食部部長章乃器被打成了右派。新的糧食部門領導人表示：「不獲全勝，絕不收兵。」[80] 這種說法變成了糧食戰線反右運動的一個座右銘。最後，即使是受災省如山東也要完成糧食徵購任務。

社會主義教育運動的過程反映了政府怎麼努力遏制災區農民的要求。國家並沒有完全推卸救援災區人民的責任，但是表示，這些地區必須遵循「生產自救」的原則。根據這個原則，村民們在申請救濟之前先要勒緊褲腰帶。比如《糧食》雜誌中有一篇關於山東的報道，稱政府通告口糧削減為每天600克時，年輕人十分不滿，造成執行政策的困難。這篇文章的作者認為，一天600克糧食，再配上一些蔬菜是足夠活命了。在定陶縣，農民不習慣吃野菜，工商局主任親自帶領農民到地裏挖野菜，改變農民的習慣。[81] 文章強調，政府應該為災區提供救助，但是糧食不應該提供給不需要的農民，因為糧食供應十分緊張。

1957年10月18日，山東省黨委發出一個通知，警告如果要求農民「生產自救」和減少口糧的政治工作沒有做到家，農民就要挨凍、餓死或者逃難。[82] 省報《大眾日報》指出，如果社會主義在與資本主義兩條路線

的鬥爭中取得了勝利，完成糧食徵購的指標是可能的。由此可以看出，
糧食問題是社會主義教育運動中政治教育的關鍵問題。[83]

　　政府希望農民和地方幹部要相信中央會制定一個合理的糧食徵購指
標。《糧食》雜誌承認過去曾犯過一些錯誤，特別是1954至1955年，但
是把責任推給了地方幹部，是地方幹部的錯誤做法使農民吃不飽。文章
還提到廣西省三個縣餓死三百多人的事件。這篇文章認為，人人都知道
政府十分嚴肅地對待這些錯誤，但是「汪洋大海」般的小農經濟不穩定
且難以控制。而且，政府在糧食收購問題上也缺乏經驗，所以徵收「過
頭糧」是不可避免的。[84]在廣西的一個餓死事件中，省、地區和縣級政
府都對負有責任的幹部做了處理。這篇文章的作者誇張地問：「試問歷
史上有哪個朝代能這麼認真地保護農民的利益呢？」

　　如前所述，中國共產黨擔心，饑餓的恐懼會使農民提高要求，儘管
黨中央保證採取措施預防自然災害帶來的饑荒。陝西省地方幹部擔心如
果減少災區口糧，農民可能會造反或者退出合作社，省糧食局局長對此
予以批評。地方幹部說，「如果再發生廣西事件，上級領導應該負責
任」。[85]中央認為，農民會以面臨饑荒為由從國家糧庫索取糧食，國家
很難確切估計糧食供應問題的嚴重性。

　　《人民日報》的一篇文章批駁了「右派分子」指責政府在自然災害時
不組織救災。作者引用了鄧拓在《中國救荒史》一書中的數字，1920至
1936年民國統治期間，死了1,800萬人。[86]與國民黨不同，新中國政府
對待救災十分認真，儘管1949年後發生過嚴重的自然災害，只有很少
的人死亡。根據這篇文章，死於自然災害的人數1954年是15,551人，
1956年是10,678人，大部分死於水災。餓死的人1954年只有44個，
1956年578個，而在國民黨統治時期，餓死了幾百萬。作者說，人民政
府會盡全力履行「不讓餓死一個人」的承諾。如果災區不能「生產自救」，
中央會發送救濟。新中國成立後的8年裏，中央政府提供了12.9億元人
民幣的賑災貸款。文章引用政府的決定說，要在7到12年裏消除水災、
旱災和蟲害。文章表示，餓死的人不會白死，問題是要解決的。在此，
政府不發放救災糧的說法成了禁忌。

　　總的來説，大躍進饑荒發生之前的三年，政府把廣西300人死亡事件當做嚴肅的問題，並懲罰了有責任的幹部，這是十分引人注目的。儘管反右運動正在進行，1957年政府仍然可以談論廣西的饑荒。[87] 1957年饑餓和饑荒的問題變得非常地政治化，但內部的信息系統仍然比大躍進期間運轉得要好。1957年《內部參考》關於餓死農民的報道比1959至1960整個兩年裏的還要多。

農民的不滿：國家歧視 及中國農村的糧食擁有情況

　　在社會主義教育運動中，還有一個重要的問題是城市和農村的不公平待遇問題。1957年秋城鄉不平等問題又提了出來。在毛澤東時代的任何其他階段，黨中央都沒有發表過那麼多文章來為城市的特殊化進行辯解。黨對農民不滿的批判主要是在饑餓和糧食問題上，「誰養活誰」的問題在革命戰爭年代黨的宣傳中發揮了很重要的作用。那時，共產黨的宣傳是，農民應該奪取政權，因為地主和富人都靠他們養活。共產黨堅持主張，紅軍以及後來的解放軍不會拿走他們的糧食，而是要自己耕種。1957年誰養活誰的問題再次出現，但出現的方式與以前非常不同，共產黨得解釋農民養活城市對農民多麼有好處。社會不公問題的討論再次與糧食和饑餓問題緊密地連在了一起。

　　《內部參考》的報道表明，農民和農村幹部對糧食供應制度偏向工人極度不滿。即使在毛澤東1953年嚴厲抨擊梁漱溟之後，農民仍然普遍抱怨對他們的歧視。然而在「百花齊放百家爭鳴」運動中，極少的一些知識分子把農民問題作為討論的主要問題，這時也只有一些低級知識分子在為農民説話。

　　最有意思的是西南農業學院四個學生提出的建議。在1957年6月的反右運動中，這篇文章在《內部參考》上刊出，沒有附加評論。四位學生要求中央政府和毛澤東承認農民的革命性，他們批評將農民看做自私和落後，而工人是最革命的階級的看法。他們認為，正相反，農民是中

國社會最革命的力量。[88]農民為了社會主義建設勒緊褲腰帶,比工人吃得少,四位學生要求解釋憑甚麼工人比農民吃得更好。他們認為,在這種情況下,農民應該成立他們自己的政黨。四位學生還批評了農民進城的主要動機是追求好的生活,這給工農聯盟帶來負擔的說法。他們要求提高農產品價格、擴大自留地、減少糧食出口、提高農民口糧、幹部參加勞動、在農學院開設與農業生產實踐相關的課,並且派遣高級幹部到農村去,以便他們能理解農村的形勢。[89]

我不知道這幾位學生是否被逮捕、他們後來的命運如何,也不知道他們的家庭背景。他們的建議對傳統的馬克思列寧主義提出了質疑,強調農民是中國革命真正的和主要的力量,儘管中國共產黨後來將此殊榮歸結於城市和工人。這幾位學生沒有就歷史上的問題進行爭辯,而是反駁這樣的觀點,即農民應該挨餓,為社會主義建設節約資源,而工人則不必。他們的一些要求本質上是毛澤東思想的一部分(如幹部應該參加勞動),但建立農民自己獨立的政黨或組織,則與政府的理念完全相背離。在反右運動中,中國政府把要求提高口糧和糧食價格看做破壞工業發展。

這四個學生僅僅是向中央提出建議,但1957年6月12日湖北漢陽縣卻有一千個中學生襲擊了縣政府。[90]13個幹部和26個學生在這個暴力事件中受了傷。參加抗議的人主要是農民子弟,但是最激烈的參與者是一個工人的兒子,家庭背景是貧苦農民。[91]農村學生在大學錄取中受到歧視是這個事件的一個重要原因。他們在政府大樓前抗議,學生們呼喊的口號是「取消大學錄取中區別對待城鄉學生」和「大學錄取全國標準化」。縣政府認為,反革命勢力利用了學生的不滿情緒。

不僅是農民家庭出身的學生,村幹部也覺得經濟體制不公正。在社會主義教育運動中,歧視農民的說法受到了批判。《內部參考》對此類「反革命」言論的批評性報道不斷增多,抱怨工人享有特權,特別是在糧食供應問題上的特權,這會兒已經不再是作為資料刊登出來,而是作為政治問題的例子。

有一篇關於湖北省幹部會議的報道批評農村幹部在「大辯論」期間支持不正確和反動的言論。這些幹部要求取消統購統銷,稱蘇聯已經取

消了這一制度。[92] 報告還指責地方幹部利用一切藉口縮小糧食收購配額。一個村幹部説，共產黨應該取消國家糧食收購，讓農民吃飽肚子。在有的地區，幹部要求政府把口糧提高到一人一年800甚至1,000斤。一個村幹部警告説，「如果口糧不提高，老百姓會鬧事，我要帶頭鬧」。一個婦女幹部抱怨説，豬吃的都比人多。

　　城市的優惠待遇受到了質疑。有人認為，國家的糧油肉政策偏向城市和工人，虧待農村和農民。[93] 一個幹部説：「現在工業品貴，農業品便宜，工人一月幾十元，農民天天受罪，生產的東西都叫工人享了福，幹部享了福，共產黨只管工人不顧農民，只管城市不問農村。」還有一個幹部説，戰士分到的布匹比老百姓多，一個村幹部的話讓人想起梁漱溟1953年的批評：「城市生活像天堂，農村生活像地獄。農民不是人。」[94]

　　湖北省報告，有些農村幹部為農村利益説話，雖然他們有特權，但他們把自己看做農村的一部分，看做國家城市優先政策的受害者。幹部們受到來自國家和農民兩方面的壓力，因為他們得在農村執行不得人心的糧食政策。

　　農民對二元社會提出了同樣的批評。一個記者在《內部參考》上寫到青浦縣一個農業合作社進行的大辯論。一個老農抱怨一年520斤糧食不夠吃。城裏的工人一個月的定量是40到50斤。農民知道，如果供應緊張，工人可以買饅頭，而農民沒有錢買其他吃的。農民只能依靠合作社供應的糧食。[95] 一個上中農説，工人一天工作8小時，一年就有700斤糧食，農民要從早幹到晚。一個下中農甚至攻擊中國整個的社會制度，問為甚麼工人享有醫療保險和其他社會福利，吃食堂，住洋房，農民幹的活兒更累，醫療只能靠老天，因為他們要在露天地裏幹活。[96] 一個農村婦女抱怨説，農村婦女還不如城裏打掃廁所的，因為打掃廁所還有一個月20塊錢的工資，還能穿得暖吃得飽。一個年長的貧下中農説，他覺得農村青年可憐，因為農村的姑娘們都到城裏去找對象，想跟工人或者有幹部背景的人結婚。

　　有的農民甚至開始準備反抗。一個富裕中農説，共產黨在歷史上就不代表農民的利益，因為工人聯合起來更容易一些。他説，要是農民三年不賣糧食，工人怎麼領導國家。[97] 還有一個富裕中農説，根據太平天

國的經驗，沒有農民的支持，革命會失敗。他還說，解放後，毛澤東遷居到了北京，變成了高級官員，意思是說，毛不再是農民代表，替農民說話了。

共產黨發起反攻並定立糧食和饑餓問題上的新禁忌

儘管黨中央對這場討論有高度的話語控制，但是農民還是找到了可利用的空間。1957年初，大部分農民和城市居民都知道他們不能批評共產黨的農業政策，因為這會被看做支持自由貿易和市場經濟，拒絕國家糧食收購則是抵制工業化。農民唯一可以提出批評而不被指責為反社會主義的辦法是談論饑餓問題，但是到了1957年夏天，黨的領導覺得這種批評也會變得危險。社會主義教育運動中的討論反映出，城鄉在糧食分配上的不平等問題如何變成了對黨的領導的質疑。農民和學生提出誰養活誰的問題，並重點關注社會公正，矛頭指向了黨的合法性。因此黨的領導人得出結論，討論中必須禁止這種說法，禁止的辦法是，表示批評城市享有特權是不符合實際的，是錯誤的。黨中央以這篇文章的調子開始恢復「真相」，即黨中央並不偏向城市、忽略農村。

特別的一點是，這些文章的作者沒有點名，而是用「右派分子們說……」這樣的表述，目的是想說，批評城市特權是一個禁忌，右派分子不會替農民說話。這些文章實質上是帶意識形態色彩的文章，但也引用了一些數據來證明，某些觀點是錯誤的，實際上是敵人的宣傳。比如有一篇文章介紹了河北省保定市及其郊區的一個調查，調查報告說雖然工人的收入是農民的兩倍，但是這個數字意義並不大，因為城市消費水平高多了。如果沒有自然災害的發生，集體化會讓農村的生活水平趕上城市。[98]

在社會主義教育運動中，《八一雜誌》以〈公平不公平〉為題發表了一整個系列的文章。「公平不公平」是「少校政委」在一篇文章中提出的問題，他在文章中說共產黨「厚工薄農」。這篇文章被作為反面教材，不斷受到批判。

就這樣，農村的局勢被政治化，不同意見很快受到壓制。在社會主義教育運動中，下面這類的話都是禁忌，説這些話的人會受到批判或被逮捕：

農民生活苦。

農民生活沒有改善。

合作化執行得不好。

合作化沒甚麼好處。

農民吃不飽。

工人生活在天堂，農民生活在地獄。

糧食價格太低了。

糧食徵購指標太高了。

很明顯，共產黨的農業政策，特別是糧食政策遇到了強烈的抵制。如果情況不是這樣，媒體就不會發表這麼多文章來為黨的政策辯護了。

至於實現社會主義教育運動的目標，共產黨是相當成功的。它粉碎了農民對合作化的抵抗，阻止了農民退出合作社。也正是這個時候，農民失去了離開社會主義經濟的選擇。[99]由於採取了這些措施，農業合作化的發展穩定了下來，農民的抵抗被迫轉為隱蔽的形式。到1957年底，98%的中國農民被組織進入社會主義形式的合作社，國家度過了糧食收購危機。到1957年11月中，1957至1958年的糧食徵購額已完成了76%。[100]1958年2月，中央委員會宣稱，糧食購銷的情況比1957年初要好得多。由於減少了在農村的糧食供應，一些地方發生了動亂。大部分缺糧的抱怨都是假的。中央政府強調，應該把糧食問題作為社會主義教育運動的重點，作為社會主義與資本主義鬥爭的一部分。[101]

然而儘管合作化明顯取得了成功，社會主義教育運動還是帶來了嚴重的長期性問題。學界如弗里德里克·泰偉斯和孫萬國注意到了反右運動和大躍進發展的關係。[102]當1959年饑荒發生時，大部分人都害怕説真話，害怕因此被劃為右傾機會主義分子。從現在已經很好地歸了檔的文件看，當時下級假報糧食產量讓中央很難瞭解情況到底有多嚴重。儘

管共產黨否認二元社會所具有的不公正（並壓制此類批評），到社會主義
教育運動結束時，黨的領導人可能意識到再也不能忽視農民和知識分子
提出的看法了。因此，中國內部的問題可能對毛澤東1957年開始質疑
蘇聯式的社會主義有一定的作用。

公共食堂制度下新的糧食管理辦法

儘管社會主義教育運動中做了大量的宣傳，政府仍然很現實地知
道，糧食問題並沒有解決。1957年夏末，陳雲説，由於農民想多留少
賣，所以要全面解決糧食問題極為耗時耗力。危險的是，庫存的糧食在
減少，而自然災害每兩年發生四次。[103] 然而，1958年春夏季的大豐收改
變了一切。產量增加了，很多關於「衛星田」的報道極大地誇大了情況（中
國人要在糧食生產上創紀錄，就像蘇聯人在衛星建造上一樣）。為此，自
中華人民共和國建立以來，中國政府第一次宣佈糧食問題解決了。

1958年秋季開始的大躍進計劃可以看做既是為了逃避信任危機，
也是為應對農村問題提出的新方案。在當時的烏托邦情緒中開始了關於
糧食問題和城鄉不平等問題的新一輪討論。黨的宣傳不是為現有做法辯
護，而是保證在人民公社制度下，農村要有一種新的生活。新成立的人
民公社要將工業、農業、貿易、學校和軍隊一體化。大躍進最重要的口
號是消除城鄉差別、腦力勞動和體力勞動的差別以及工人和農民的差
別。[104] 由於大煉鋼鐵，農民變成了工人，知識分子「農民化」了。

人民公社允諾讓農民享受國家福利。人們相信，每一個公社都應該
有託兒所和衛生站。河南、河北和山東省的模範公社實施向農民免費供
應糧食制度。根據這個制度，有些人可以享受免費食品、衣物、醫療
（包括產前和產後護理）、教育、住房和婚喪安排。[105] 主管救災的民政部
不像以前那樣認真對待救災工作。人們相信，有了人民公社不會有人餓
死了。民政部不再致力於救災，而是開始更多地關注擴大人民公社的機
構，如託兒所和敬老院。在大多數情況下，這些計劃都是不現實的。[106]

1958年秋，黨的媒體提出了是否將按勞分配改為按需分配的問
題。《人民日報》報道河南省的一個村子已經將糧食供應與工資制度結合

起來了，新的分配制度會保證農民有「鐵飯碗」，也可以節約時間，因為它不再需要就如何定工分和工作表現進行沒完沒了的討論了。[107]省委書記、極左激進派吳芝圃要求給農民逐步實行與城市工人類似的工資制。[108]1957年時農民普遍不滿的一個主要原因是城鎮居民的糧食供應和福利，現在國家為住在農村的人實現了平等。

　　1958年大躍進高潮時，黨為糧食問題和誰養活誰的問題提供了一個新的答案。國家建立的公共大食堂，保證立即消除饑餓現象。公共大食堂管理糧食，在有的地方大躍進開始的時候還實行「想吃多少吃多少」的做法。毛澤東曾用一個關於吃的比喻來形容共產主義：「吃飯不要錢，就是共產主義。」[109]1958年夏季大豐收的消息報道後，雖然關於「浪費」糧食的討論沒有完全從報道中消失，但政府對節約糧食問題有了新的說法。黨的報刊表揚公共大食堂比家家飄炊煙節省糧食、勞力和木材。[110]對於公共食堂的浪費迄今仍是西方學界一個有爭議的問題。[111]我認為，公共食堂的浪費和幹部的腐敗對理解農村不同地區有不同的死亡率十分重要。不過公共食堂僅僅決定村裏的食品分配。理解饑荒，我們必須研究城鄉整個的糧食供應和分配制度。

　　只有幾篇文章提到社會主義教育運動期間糧食供應和分配問題的辯論。《人民日報》上一篇關於人民公社的調查裏對糧食問題是意識形態問題，提出了一種新的說法。例如，夏天時，有些「壞分子」磨洋工，抱怨他們沒吃飽；有一個搗蛋分子被警察抓了起來。新的說法是，政府建立了公共食堂後，農民的政治覺悟提高了，大家都看到了新生活的優越性。[112]公共食堂被看做是解決「作為思想問題的糧食問題」的方法。此外，黨的領導看到公共食堂是改變所有制結構的關鍵。《紅旗》雜誌上一篇文章說，公共食堂建立以後，自留園和自養的豬沒用了，因為大食堂可以供應。[113]這個發展對接踵而來的饑荒有着嚴重的影響。

　　中華人民共和國1949年成立後，饑餓問題被嚴重地政治化。1950年代中國經受了多起嚴重的自然災害。共產黨感到，革命政權的合法性與應對嚴重的饑荒密切相關，所以新中國政府向老百姓保證不讓一個人餓死。1950年代初期，共產黨努力建立糧倉系統，組織救災，平衡地區差別和穩定糧食生產。但是中央政府沒有足夠的資源向所有災民提供救

濟。因此，中央要求地方政府動員進行生產自救，並防止農民逃離災區。中華人民共和國救災體制自建立伊始就高度依賴地方和省級政府的有效支持。

1953年，領導人只有建立統購統銷才能解決養活日益增長的城市人口。因此，私人的糧食交易被取消了。很快，國家就面臨農民對出售「餘糧」的抵抗。1953和1955年的糧食供應危機中，毛澤東周圍的黨的領導人已經開始覺得農民在假喊餓，假稱「缺糧戶」以獲取救濟。他們認為，饑餓是一些地方的問題，不是普遍現象。政府願意幫助災區的災民，但是擔心農民誇大了損失數量。他們指示地方幹部嚴格調查喊餓是不是實情。1950年代初期，中國共產黨仍然認為，假餓或「浪費糧食」更多的是一個政治教育問題而不是犯罪行為。

在1950年代，中國西部和北部很多省份營養水平很低，如果按富裕國家的標準衡量已經達到饑荒指標了。但在中國，農民一直依靠很低的口糧存活，只有城鎮居民有權從國家獲得糧食分配。城市的定量供應啟動於1953年，1955年建成全國性統一系統，但國家從未給農村發放糧食供應證。因此，農民和政府的矛盾集中在「足夠的糧食是多少」的問題上。1950年代中期，官方媒體試圖確定農村人口每人每天500克為合理標準。內部報告表明，這個建議在農村被廣泛拒絕。一方面，農民利用饑餓來向政府提要求，另一方面政府要求老百姓節約糧食、杜絕浪費，因為每年幾百萬災區人民需要幫助。此外，不斷增加的城市人口也需要糧食供應。因此，超過定量的要求被視為自私和不愛國。共產黨在城市和農村發動道德說教活動，控制糧食銷售和消費。政府和農民都利用饑餓問題強調自己的利益。

1950年代早期和中期，糧食問題上的衝突沒有造成大量人員餓死，因為政府仍然能夠保持各省需求及總的糧食購銷的平衡。儘管知道有人在假喊餓，但政府十分清楚糧食問題遠遠沒有解決。1955那年開始實施三定政策，共產黨尚能對農民的抵抗有所妥協。而1957年的社會主義教育運動則導致了衝突的升級。在農村的反右運動中，糧食問題愈來愈被當作意識形態問題。諸如「農民吃不飽」、「糧價太低」和「中央政府不發放救災糧」之類的言論在媒體上受到批判，並成為禁忌。

註　釋

1. 邊彥軍、吳少京編：《董必武傳》（北京：中央文獻出版社，2006），頁689。

2. James C. Scott: *The Moral Economy of the Peasant: Rebellion and Subsistence in Southeast Asia* (New Haven: Yale University Press, 1976), 和 *Domination and the Arts of Resistance: Hidden Transcripts* (New Haven: Yale University Press,1992). David Zweig早先曾就中國的情況做過研究，見 "Struggling over Land in China: Peasant Resistance after Collectivization, 1966–1986,"in *Everyday Forms of Peasant Resistance*, ed. Forrest D. Colburn (New York: M. E. Sharpe, 1989), 151–174. 對 Scott 觀點的評論見 Lucien Bianco, *Peasants without the Party: Grass-Roots Movements in Twentieth-Century China* (London: M. E. Sharpe, 2001), 257–273. 後來的研究包括 Li Huaiyin,"The First Encounter: Peasants' Resistance to State Control of Grain in East China in the Mid-1950s," *China Quarterly*, no. 185 (2006): 145–162, and Felix Wemheuer, "Die Waffen der Schwachen: Alltäglicher Widerstand der chinesischen Bauern in der Ära der kollektiven Landwirtschaft (1953–1982)" [The Weapons of the Weak: Everyday Resistance of the Chinese Peasants during the Era of Collectivization (1953–1982)], *Jahrbuch für Historische Kommunismusforschung* [Yearbook for Historical Communist Studies] (2007): 11–31.

3. Lynne Viola, *Peasant Rebels under Stalin: Collectivization and the Culture of Peasant Resistance* (New York: Oxford University Press, 1999); Sheila Fitzpatrick, *Stalin's Peasants: Resistance and Survival in the Russian Village after Collectivization* (Oxford: Oxford University Press, 1994).

4. 高王凌：《人民公社時期中國農民反行為調查》（北京：中共黨史出版社，2006）；Gao Wangling, "A Study of Chinese Peasant 'Counter-Action,'" in *Eating Bitterness: New Perspectives on China's Great Leap Forward and Famine*, ed. Kimberley Manning and Felix Wemheuer (Vancouver: University of British Columbia Press, 2011), 274–278; Ralph Thaxton, *Catastrophe and Contention in Rural China: Mao's Great Leap Forward Famine and the Origins of Righteous Resistance in Da Fo Village* (Cambridge: Cambridge University Press, 2008).

5. Thaxton, *Catastrophe and Contention in Rural China*, 158, 226–228.

6. Chen Yixin, "When Food Became Scarce: Life and Death in Chinese Villages during the Great Leap Foward," *Journal of the Historical Society*, no. 2 (2010): 122.

7. 如〈防止啃青，節約糧食〉，《人民日報》1952年9月2日。

8. Jean Chun Oi, *State and Peasants in Contemporary China: The Political Economy of Village Government* (Berkeley: University of California Press, 1989), 229.

9. James C. Scott, *Seeing Like a State: How Certain Schemes to Improve the Human Condition Have Failed* (New Haven: Yale University Press, 1998).

10. Frank Dikötter, *Mao's Great Famine: The History of China's Most Devastating Catastrophe, 1958–1962* (London: Bloomsbury, 2010. 詳見 Felix Wemheuer, "Sites of Horror: Mao's Great Famine," *China Journal*, no. 66 (2011): 158–159.

11. Dikötter, *Mao's Great Famine*, xv.

12. 高王凌：《人民公社時期中國農民反行為調查》，頁287。

13. Dikötter, *Mao's Great Famine*, 231.

14. Mark B. Tauger, "Soviet Peasants and Collectivization, 1930–39: Resistance and Adaptation," in *Rural Adaptation in Russia*, ed. Stephen K. Wegren (London: Routledge, 2005), 66–68.

15. Peter Fritzsche, "On the Subjects of Resistance," *Kritika: Explorations in Russian and Eurasian History* 1, no. 1 (2000): 150.

16. Lynne Viola, "Popular Resistance in the Stalinist 1930s: Soliloquy of a Devil's Advocate," *Kritika: Explorations in Russian and Eurasian History* 1, no. 1 (2000): 51.

17. 「吃青」在〈中共中央關於壓低農村和城市的口糧標準的指示〉中提及，見中共中央文獻研究室編：《建國以來重要文獻選編》(北京：中央文獻出版社，1993)，卷13，頁565。

18. 與高王凌的談話，北京，2009年7月。

19. 1918年5月，列寧在給列寧格勒工人的信中就說過：「饑荒的造成並不是由於俄國沒有糧食，而是由於資產階級和一切富人在糧食這個最重要最尖銳的問題上，同勞動者的統治、同工人國家、同蘇維埃政權作最後的鬥爭。資產階級和一切富人，其中包括農村的財主、富農，破壞糧食壟斷，破壞國家的糧食分配辦法，這種辦法是為了把糧食供給全體人民，首先是供給工人、勞動者和窮人。」W. I. Lenin, "On the Famine: A Letter to the Workers of Petrograd" (1918); http://marx.org/archive/lenin/works/1918/may/22b.htm; accessed June 20, 2007.

20. Lars T. Lih, *Bread and Authority in Russia, 1914–1921* (Berkeley: University of California Press, 1990), 138–159.

21. 引用於 Sheila Fitzpatrick, *Stalin's Peasants: Resistance and Survival in the Russian Village after Collectivization* (Oxford: Oxford University Press, 1994), 75.

22. Michael Ellman, "The Role of Leadership Perceptions and of Intent in the Soviet Famine of 1931–1934," *Europe-Asia Studies* 57, no. 6 (2005): 830.

23. R. W. Davies and Stephen Wheatcroft, "Stalin and the Soviet Famine of 1932–33: A Reply to Ellman," *Europe-Asia Studies* 58, no. 4 (2006): 631.

24. R. W. Davies and Stephen G. Wheatcroft, *The Years of Hunger: Soviet Agriculture, 1931–1933* (New York: Palgrave Macmillan, 2004), 217.

25. James C. Scott, "Everyday Forms of Resistance," in Colburn, *Everyday Forms of Peasant Resistance*, 20–21.

26. 商業部當代中國糧食工作編輯部編輯：《當代中國糧食工作史料》（保定：河北省供銷社保定印刷廠印刷，1989），第2卷。

27. 〈人民政府關於抗災救災的方針政策，政務院關於生產救災的指示〉，中國社會科學院編輯：《中華人民共和國經濟檔案資料選編（1949–1952）：農業卷》（北京：中國社會科學文獻出版社，1993），頁54–55。

28. 〈中央政府關於生產救災的補充指示〉，中國社會科學院編輯：《中華人民共和國經濟檔案資料選編（1949–1952）：農業卷》，頁60；亦見〈我國救災工作的偉大成績〉，《人民日報》1957年7月17日。

29. 邊彥軍、吳少京編：《董必武傳》，頁689。

30. 同上，頁689。

31. 邊彥軍、張文和編：《李先念傳》（北京：中央文獻出版社，2009），卷1，頁62。

32. 邊彥軍、吳少京編：《董必武傳》，頁691。

33. 董必武：〈關於深入開展生產救災工作的報告〉，中國社會科學院編輯：《中華人民共和國經濟檔案資料選編（1949–1952）：農業卷》，頁78。

34. 同上，頁86。

35. 文件頒發於1950、1951、1953、1954、1955和1957年。見中華人民共和國民政部大事記編委編輯：《中華人民共和國民政部大事記》（北京：中國社會出版社，2004），頁14、20、40、50、63、84。

36. 我本人從報刊電子版提供的資料中找到。

37. 關於1970年代中國糧食分配問題的詳細情況，見戴慕珍 *State and Peasant in Contemporary China*, 13–66.

38. 關於糧食轉運問題上各地區的不同，見 Kenneth Walker, *Food Grain Procurement and Consumption in China* (Cambridge: Cambridge University Press, 1984), 1–41.

39. Robert Ash, ed., *Agricultural Development in China, 1949–1989: The Collected Papers of Kenneth Walker (1931–1989)* (Oxford: Oxford University Press, 1998), 213.

40. 比如糧食部提供的統計:〈陳國棟關於1959到1960年度糧食分配和糧食收支計劃調整意見的報告〉,中共中央文獻研究室編輯:《建國以來中央文獻選編》,卷12,頁472。感謝陳意新提醒我注意到這個資料。

41. 吳承明、董志凱編輯:《中華人民共和國經濟史(1949–1952)》(北京:中國財政經濟出版社,2001),卷1,頁920。

42. 羅平漢:《票證年代:統購統銷史》(福州:福建人民出版社,2008),頁7。

43. 吳承明、董志凱編輯:《中華人民共和國經濟史》,頁921。

44. 同上,頁937。

45. 毛澤東:〈糧食統購統銷問題〉,《毛澤東文集》(北京:人民出版社,1999),卷6,頁296–297。

46. 如〈農民們,踴躍地把糧食賣給國家,幫助國家建設〉,《人民日報》1953年11月20日。

47. 在集體化之後,「餘糧」就是除去生產隊和個人所分得的部分、種子糧和牲畜飼料。「餘糧」並不一定是滿足農民基本需求所剩餘的糧食。「所以,餘糧不過是國家規定創造的詞彙,是國家對糧食收成比例的控制。『餘糧』一詞的使用就是為了證明,國家只是要求農民出售他們所需之外的剩餘糧食。」戴慕珍, "State and Peasant in Contemporary China: The Politics of Grain Procurement," PhD dissertation, University of Michigan, 1983, 134–135.

48. 羅平漢:《票證年代》,頁124。

49. 同上,頁131。

50. 《毛澤東選集》(北京:外文出版社,1977),卷5,頁464。

51. 徐先林:〈教育農民主義節約糧食〉,《人民日報》1953年11月5日。

52. 陳昭:〈教育農民主義節約糧食〉,《人民日報》1956年9月6日。

53. 〈防止哨青,節約糧食〉,《人民日報》1952年9月2日。

54. 如〈度過春荒,深防夏荒〉,《人民日報》1950年5月29日,和〈全力領導夏收夏播〉,《人民日報》1950年6月2日。

55. 〈吃青玉米和毛豆是浪費糧食的行為〉,《人民日報》1955年8月12日。

56. 羅平漢:《票證年代》,頁222。

57. 〈石家莊市是怎麼樣開展節約糧食運動的〉,《人民日報》1955年7月13日。

58. 〈人人都要節約糧食〉,《人民日報》1955年3月21日。

59. 羅平漢:《票證年代》,頁234。

60. 定量一般是以月來計算。我用每天的定量是為了便於比較。

61. 〈市鎮糧食定量供應暫行辦法〉，中共中央文獻研究室編：《建國以來重要文獻選編》，卷7，頁116。

62. 中華人民共和國農業部計劃司編：《中國農村經濟統計大全（1949–1986）》，頁578。

63. 如見《婦女雜誌》1958第17期，頁33。

64. 薄一波：《若干重大決策與事件的回顧》（北京：中共中央黨校出版社，1991），卷1，頁372。

65. 楊偉林：〈江蘇省糧食統銷基本情況的調查分析〉，《人民日報》1955年6月26日。

66. 關於地方幹部類似的批評見〈調劑和保證農民的口糧〉，《人民日報》1957年3月31日。

67. 〈決定我國糧食問題的方針〉，《人民日報》1955年7月22日。

68. 根據三定方針，一些省政府為不同地區確定了口糧的上限和下限。比如，1955年，山西省政府甚至給有些地區確定了低於一天500克的最低口糧標準。侯欣珪主編：《山西糧食四十年》（太原：山西經濟出版社，1992），頁20。

69. 商業部當代中國糧食工作編輯部：《當代中國糧食工作史料》，卷1，頁215。

70. 〈陳國棟關於1959到1960年度糧食分配和糧食收支計劃調整意見的報告〉，中共中央文獻研究室編：《建國以來重要文獻選編》，卷12，頁472。

71. 李先念：〈糧食問題不可掉以輕心〉，中共中央文獻研究室編：《建國以來重要文獻選編》，卷10，頁109。

72. 商業部當代中國糧食工作編輯部：《當代中國糧食工作史料》，卷1，頁244–245。

73. 同上，頁215。

74. 更多關於這場運動，見 Felix Wemheuer, "'The Grain Problem Is an Ideological Problem': Discourses of Hunger in the 1957 Socialist Education Campaign," in Manning and Wemheuer, *Eating Bitterness*, 108–113.

75. 《內部參考》1957年1月3日，頁39。

76. 《人民日報》1957年8月10日。

77. 《人民日報》1957年8月5日。

78. 《內部參考》1957年9月13日，頁4。

79. 同上。

80. 《糧食》1957年第7期，頁2。

81. 《糧食》1957年第11期，頁4。

82. 《山東統購統銷手冊》(濟南：山東省糧食廳，1957年)，頁38。

83. 同上，頁46。

84. 《糧食》1957年第7期，頁4。

85. 《糧食》1957年第9期，頁4。

86. 〈我國救災工作的偉大成績〉，《人民日報》1957年7月17日。

87. 《內部參考》1957年6月17日。

88. 《內部參考》1957年6月19日，頁9。

89. 同上，頁12。

90. 《內部參考》1957年6月22日，頁3。

91. 同上，頁5。

92. 《內部參考》1957年9月17日，頁9。

93. 同上，頁14。

94. 同上，頁14。

95. 《內部參考》1957年9月16日，頁8。

96. 同上，頁10–11。

97. 同上，頁11。

98. 《八一雜誌》，1957年6月24日，頁49。

99. Justin Yifu Lin and Dennis Tao Yang, "On the Causes of China's Agricultural Crisis and the Great Leap Famine," *China Economic Review* 9, no. 2 (1998): 125–140.

100. 孫東方：〈對1957年農村社會主義教育運動的歷史考察〉，《北京黨史》2006年第1期，頁11。

101. 商業部當代中國糧食工作編輯部：《當代中國糧食工作史料》，卷1，頁295。

102. Frederick Teiwes and Warren Sun, *China's Road to Disaster: Mao, Central Politicians, and Provincial Leaders in the Unfolding of the Great Leap Forward, 1955–1959* (London: M. E. Sharpe, 1999), 54–55.

103. 《陳雲文集》(北京：中央文獻出版社，2005)，卷3，頁188。

104. 伍仁：《人民公社和共產主義》(北京：工人出版社，1958)，頁19。

105. 《紅旗》雜誌1958年10月16日，第10期，頁5。

106. 崔乃夫：《當代中國的民政》(北京：中國當代出版社，1994)，頁28–29。

107. 《人民日報》1958年9月29日。

108. 吳芝圃：〈論人民公社〉，《宣傳簡報》1958年8月25日。

109. 見羅平漢：《大鍋飯：公共食堂始末》（南寧：廣西人民出版社，2001），頁56。

110. 《紅旗》雜誌1958年9月1日，第7期，頁22。

111. Wen和Chang認為，浪費和過度消費對發生饑荒發揮了作用。見Guanzhong James Wen and Gene Chang, "Communal Dining and the Chinese Famine of 1958–1961," *Economic and Cultural Change*, no. 46 (1997): 2–34. For an alternative view, see Lin and Yang, "On the Causes of China's Agricultural Crisis and the Great Leap Famine," 125–140.

112. 《人民日報》1958年9月3日，頁3。

113. 《紅旗》雜誌1958年9月1日，第7期，頁23。

第四章

為防止城市饑荒而讓農民挨餓（1959–1962）

　　從1958年冬季開始，中國政府開始認識到大躍進激進做法的錯誤，並試着採取一些溫和的措施，毛澤東親自發動了整頓。空想共產主義的高潮過去了。1959年春季幾個地區出現了地方性饑荒，中央領導人也開始明白1958年很多關於大豐收的報告是假的。本章將展示中國政府在饑荒的高潮時期如何應對糧食短缺和饑餓。我的目標不是重新詳細構建大躍進期間中國的精英政治，而是展示政府關於糧食供應的決定對1959至1962年大饑荒的影響。首先我們要看領導層對農民和地方幹部瞞產的反應，在這個階段，農民假喊餓導致了找藏糧的暴力運動。接着，我要分析中國共產黨在沒有城市糧食庫存的時期怎樣做出了削減城鄉糧食定量的決定，並且分析從農村運出糧食的錯誤做法。我要論證，政府沒有忽略農村的饑荒，而是頒佈了幾個政策，以防止饑荒發展到城鎮。我還要探討政府怎樣成功地防止了饑荒演變成城市裏大的動亂。最後，我要分析饑荒是怎麼結束的。一個重要的因素是1960年下半年的糧食進口，農民供應城市糧食的負擔因此而立刻減輕了，政府也得出結論，城市人口無控制地增長是導致饑荒的原因之一。我要論證，進口糧食問題與2,600萬人下鄉密切相關，也與恢復自留地有所關聯。本章還要分析，為甚麼僅有人民公社的改革和農業生產的增產不能解釋饑荒的結束，我們必須同時考慮到，共產黨在調整糧食供應制度的同時全面調整了城鄉關係。

從大躍進政策調整到對藏糧的嚴厲打擊

1958年冬季在中國一些地區出現了嚴重的糧食問題，雖然尚未發展為全國性的危機。因為在1958年大躍進期間，城市人口和非農業職工增長，政府面臨徵購更多糧食的壓力，而同時，政府也知道，必須調整與農民的關係。從1958年下半年到1959年6月的調整期，有很多關於地方幹部和農民瞞產的文件，如1959年1月22日中央通發的關於山東省館陶縣的報告。公共食堂停辦之後，農民開始逃離這個省，領導們認為這主要是自然災害和瞞產兩個方面的原因造成的。地方幹部瞞產和錯誤地批判反瞞產導致了糧食短缺。上級告誡地方幹部需如實報告產量，認真對待秋收。[1] 就在這個月，《內部參考》上也刊登了有關農民挨餓的報道，傳遞了不同的信息。一個來自貴州省布依族和苗族少數民族自治州的報告稱，因為缺糧，那裏人民公社的農民已經開始吃國家糧倉的糧食了。至於糧食短缺的原因，報告稱是缺乏計劃、缺乏合理的糧食分配，引起了極大的浪費所致。[2]《內部參考》上好幾份報告認為，瞞產和大食堂造成的浪費也是一個原因。比如，有一份報告說，湖北省黃陂縣60至70%的幹部瞞產。一方面這些地方幹部瞞產受到了上級的批評，而另一方面，如果他們不參與瞞產又要受到群眾的批評。1958年大豐收後，浪費十分普遍。大食堂建立以前，一餐半碗飯加點湯就夠了，現在一頓兩碗米飯（400克一碗）加一碗湯還嫌不夠。[3] 廣東省政府的一個調查報告反駁「無糧論」，指責江門地區普遍存在假報無糧、瞞產私分現象。地方幹部沒能解釋一些人民公社把一天三餐改為兩餐的原因，這種信息交流的不足在農民種引起了混亂和擔憂。[4]

與此相反，還有一些報道與1957年十分流行的假餓報道極為相似，《內部參考》刊登了一些發給《人民日報》的讀者來信。有一位讀者說到山東的農民因為吃不飽逃到了東北。還有一位讀者談到，河南省一個人民公社的農民們因饑餓而浮腫。[5] 真缺糧和假缺糧摻雜在一起，領導幹部，可能是中央政府糧食部門的領導在1959年2月初解釋說，正因為如此，全國10%的生產隊稱糧食緊張。「糧食緊張」一詞可以是已經挨餓的意思，也可以是糧食有限的意思，人們常常用這個詞，它比較含

糊，所以比較安全，因為人們不知道報告饑餓和饑荒上級是不是喜歡
聽。僅10%的生產隊出現糧食緊張可能是極大地低估了情況。根據報
道，造成糧食短缺有很多原因。一個原因是，1958年之後，農民吃得比
以前多，大約多消費了糧食產量的10%。此外，工人增加了1,000萬，
加上城市人口普遍增加帶來糧食消費量的增加。不過大躍進時城市糧食
銷售的增加是不可避免的。而且生產隊也在密植耕種、存糧備荒，種子
糧留了大約10%。受到自然災害影響的農田只佔6%，考慮到這一情
況，1958年秋收的糧食收購得實在不好。生產隊裏的瞞產私分製造了困
難，因為1958年收成的大約10%被吞沒了，應該存入公共大食堂的糧
食實際上藏入了農民家。一些地方幹部對糧食短缺反應得太慢，這更加
劇了問題的嚴重性。一連串的問題很多，報告認為，如果管理得更好一
些、應對糧食短缺的措施採取得更早一點，問題本可以得到解決。[6]人
們看到問題得到了關注，但很明確，大躍進的總議程是不容置疑的。這
篇報告剛巧是極少幾個提供全國性瞞產數量的報告之一，其他提供的都
是某個地區的數字。

　　1959年2月5日，《內部參考》刊登了一篇關於廣東省反瞞產運動的
文章，趙紫陽當時是廣東省委書記（趙紫陽1980年任國務院副總理，
1987年任中國共產黨總書記）。文章確認糧食短缺是假情況，省政府
稱，在這場運動中，地方幹部報告了28億斤（140萬噸）以前未報告的
「黑糧」。趙紫陽認為，地方幹部瞞產，因為他們不相信大食堂可以保證
足夠的供應。[7]批評主要是針對地方幹部的，但是這篇文章沒有透露他
們使用甚麼方法發現了這麼多隱藏在糧倉和農民家的「黑糧」，也沒有提
及這場運動對農民的口糧有甚麼影響。

　　1959年初問題開始嚴重起來，中央政府不得不介入。在2月27至3
月5日召開的中央第二次鄭州會議上，政府決定調整大躍進政策。由於
毛澤東知道政府在糧食徵購率和「平均主義」方面走得太遠了，他甚至
對農民瞞產表示理解。[8]1959年初為甚麼對瞞產問題不斷進行討論？是
不是因為政府比1958年大躍進高潮時放鬆了控制和1958年末至1959年
初進行了政策調整，農民和地方幹部少報得更多？是不是因為新華社記

者不太害怕壓制而更多地報道了這類生存生計問題？同樣不清楚的是，為甚麼廣東省政府在中央已經要發佈新政策時還發動了一場反瞞產的運動。不過，第二次鄭州會議以後比較溫和的農村政策並沒有在全國各地實施。1959年春季，河南省政府在激進的省委書記吳芝圃的領導下，表揚了鄲城縣成功地進行了反瞞產運動，並收繳了低報的糧食，其結果是該省東部發生了饑餓事件。[9]儘管省一級有激進的做法，但1958年冬季至1959年夏季（直至盧山會議之後開始的反對「右傾機會主義」運動），在黨內的信息系統內還可以談論饑餓和地方上的饑荒。1959年4月毛澤東在寫給周恩來總理的一封信中提到2,517萬人受到餓死的威脅，他還說，應該指示15個省的黨委書記對他們進行援救，危機是暫時的，但也是驚人的。[10]外界不太知道為此採取了甚麼特別的措施。

　　1959年夏季的盧山會議上，在國防部長彭德懷批評了大躍進的政策後，毛澤東發動了反對「右傾機會主義」的運動。這個發展終止了政策調整，1959年夏末，一場新的大躍進開始了。反右傾運動帶來了巨大的政治壓力，使社會上任何層次談論饑餓問題和國家政策失誤問題都變得十分困難。饑荒不僅成為媒體的禁忌，在黨內也是禁忌。毛澤東周圍的領導人當時仍然對糧食產量比較樂觀，他們的結論是，糧食徵購沒有完成的原因是農民瞞產、私藏了糧食。這樣反右傾運動就與地方上的反「瞞產私分」連在了一起。這次與1957年的社會主義教育運動不同，沒有中央主導的全國性媒體批評農民裝餓，也不清楚中央是否指示地方當局發動反瞞產運動。但我們知道，儘管這種運動可能不是中央組織的，但在一些地區造成了政治恐怖和死人事件。農民和地方幹部都遭受了酷刑和拷打，有的甚至被打死。1959年秋季血腥和殘暴的反瞞產運動是一個原因，導致了所謂的「信陽事件」中許多人的死亡。官方對此事件的說法是1959年春至1960年冬之間在河南南部信陽地區發生了大規模餓死人事件。根據官方的統計，有100萬人死亡。[11]這個地區在饑荒發生前只有1,000萬人口。信陽與整個河南省一樣，因作為1958年大躍進中激進樣板而出名。國家根據假報的產量收購了農民的糧食和種子糧。地方政府在省領導吳芝圃的支持下，堵住了外出逃荒的路。光山縣有526

個幹部被逮捕，2,241人被打，其中105人在反瞞產運動中喪生。[12]類似的事件在四川、遼寧和安徽省也有報道。[13]沒有證據說明中央政府指示地方幹部動用武力徵購農民糧食，但地方幹部為了完成極高的徵購指標承受着強大的壓力，如果他們完不成指標，就會被戴上「右傾機會主義分子」的帽子，丟掉工作，甚至坐牢。

農村暴力的升級可以從這個歷史背景來理解。塔克斯頓認為，日本的佔領和內戰造成了人際關係趨向殘暴化，產生了一種戰爭政治。[14]此外，暴力也可以理解為裝餓產生的後果。農民多年裏一直被指責為裝餓、藏匿糧食，以破壞國家糧食收購政策。雖然這種指控有時是沒道理的，特別是在饑荒時期，但瞞產和欺騙國家在1956至1957年似乎是普遍的做法。[15]這種指控為到農民家搜查藏糧提供了一個政治上的理由。激進的政治氣氛導致了饑荒期間針對農民和地方幹部的血腥暴力。

養活城市人口：清空糧倉和從農村調進糧食的失敗

直到最近，大多數研究饑荒的西方和中國學者都集中關注這個問題的農村方面，很少有人知道大躍進期間城市社會的情況。[16]但我認為，瞭解城市居民糧食供應情況對理解農村的饑荒是很重要的。1958年12月在全國糧食局局長會議上，副總理李先念發表了一篇講話，他在講話中表示了對農村糧食消費的增加和庫存減少的擔憂。他明確劃分了責任：「調撥差額由中央管理，多收少銷是地方的。京、津、滬、遼和出口由中央統一管理，京、津、滬、遼發生問題找糧食部是問，各省發生問題，餓死人、鬧糧荒，由各省負責。」[17]李先念明確地說，各省應該提出比較現實的收購和銷售指標，並且明確了中央政府的優先考慮。[18]我要介紹的是，中央政府的文件中多次提到要保證北京、天津、上海和遼寧的糧食供應。

儘管建立了戶口制度對人口進行控制，中國城市人口1958至1960年的增長還是達到了歷史最高水平。1957至1960年，農村勞動力減少了3,300萬。而在同期城市人口增加了1,950萬，縣城和集鎮增加1,000

萬,工人增加了2,584萬。[19]其結果是,必須從農村多徵購糧食來供應
城市增加的人口。那麼,城市人口怎麼會增長這麼多呢?1958年糧食
大豐收後,政府認為糧食問題解決了。國家減少了對糧食短缺的關注。
在1958年秋季空想共產主義最高峰時期,政府相信它可以保證城市新
居民的糧食供應,所以沒有限制人口向城市流動,也沒有控制工作單位
工人的數量。[20]而且國營企業需要完成大躍進的高額生產指標,面臨巨
大的壓力,需要僱用更多的臨時工。早在1959年1月,中央就指示各單
位不要僱用臨時工。[21]由於人口「盲目」(即沒有控制)流入城市造成農
村勞動力的短缺和城市供應的緊張,5月發佈了一個削減800萬工人的
計劃。[22]但是,盧山會議後新的大躍進激進做法使工人人數再次上升,
1960年中央似乎對農村人口流入城市失去了控制。

　　大規模的饑餓現象最初出現在農村,但是到了1959年初春,城市
也開始面臨糧食供應問題。根據李先念的報告,城市糧食儲存少於預計
量。這個情況對出口和城市的糧食分配有很嚴重的影響。[23]在7月盧山
會議期間,因為城市勞動力的增加,幾個城市的糧倉幾乎全空了。比
如,瀋陽和大連糧食庫存僅夠幾天用的,[24]必須從農村調入大量的糧
食。副食品供應的短缺特別是蔬菜、肉類和食用油在會議期間也開始成
為問題。中央決定,城市應該在城郊和附近農村開發自己的副食基地,
確立了自力更生生產蔬菜的目標。[25]中央還明確,農村的副食品生產應
該擴大,應能供應城市和出口。這個政策的主要目標似乎不是減輕農民
的負擔。在中國北方的城市甚至在北京,直到1980年代初,白菜都是
日常餐飲的重要部分,肉類很少,人們必須主要依靠蔬菜。

　　雖然1960年初農村死亡人數增加,中央政府仍然繼續執行大躍進的
政策,並且沒有公開承認饑荒的發生。1958至1959年糧食生產減產
15%,1959至1960年繼續減少15.6%,這使得供應城市居民和非農業勞動
力變得困難。[26]1960年2月,李先念向中央報警,北京、天津和遼寧的
糧食儲備已經很少,他要求動員從其他地區向這幾個城市運糧。[27]1960
年4月,有一份報告要求優先幫助北京、天津、上海、遼寧和其他一些
未點名的災區。[28]及時運糧要靠軍隊和軍隊的運輸工具。糧食主要從四

川、內蒙和黑龍江徵購。中央政府鼓勵地方幹部採取措施防止瞞產，要求農民豐收後不要增加糧食消費，不要六個月吃九個月的糧。他們認為，浪費和過多消費是當時的主要問題，而不是饑餓。[29]這些文件沒有提到正在挨餓的農民，這清楚地反映中央政府決定犧牲農村保護城市。

1959至1966年間，周恩來負責全面糧食工作。在大躍進期間，他協調糧食的運輸和出口。在官方出版的周恩來傳記中可以找到有關1960年夏季糧食運輸問題的有意思的細節。中央估計向北京、天津、上海和遼寧運輸糧食和用於出口要315萬噸，5萬噸需要運往西藏和青海，49萬噸運往其他省。這是中華人民共和國歷史上數量最大的一次糧食調運。但這個計劃沒能完成，實際的調運量是統購統銷制度建立以來最低的。[30]根據周恩來傳記的說法，周親自要求黑龍江省和江西省的黨委書記多調運些糧食。他對黑龍江省黨委書記楊毅成說：「黑龍江有困難，但其他省份更困難。很多省死了不少人，國家要拿出糧食來幫助他們。」[31]周要求江西省領導貢獻15萬噸糧食幫助山西、山東、河北和河南。在周恩來傳記和其他書中，周的這些做法被描述成愛國的情懷，顯示了他對人民福祉的關心；據說在1960年到1962年9月間，他與其他人就糧食問題共進行了115場談話。[32]但這些書沒有強調的是，周恩來主要關心的是城市的糧食供應和糧食出口，他在這場危機中的所作所為很難證明他對全中國人民的無限關懷。

1960年9月，中央意識到從農村向城市和災區運糧的計劃過於宏大無法完成。四川省只能完成任務的15%，浙江、湖北和貴州則只能完成10%。「9月份，山東、河南等災區就發生浮腫病、非正常死亡、人口外流等嚴重情況。京津滬遼糧食入不敷出。」[33]中央領導對城市的糧食供應比農村的饑荒更為緊張。1960年11月17日，中央在發給各省市自治區黨委的指示中把北京、上海、天津的糧倉儲存描繪為十分危急。11月，原計劃從各省運送120萬噸糧食的計劃只完成了不到一半，[34]中央要求從黑龍江、吉林、內蒙、四川、安徽、浙江、江蘇、湖北和湖南立即調運五萬噸糧食。雖然大部分省的農民正在挨餓，中央還是決定從重災區如四川、安徽和湖南運送糧食。各省黨委書記親自負責每天過問運

糧問題。這個決定沒有提到災區的救災。中央委員會還批評菜油的調運也組織得很差。文件強調，出口和城市日常供應必須予以保證。中央的各項決定和可以獲得的關於當時情況的統計清楚地表明，周恩來和其他領導人的主要關切是從農村調運糧食保障主要城市的供應。在周的領導下，糧食從四川運送出去，而四川是饑荒最嚴重的省份之一。四川省黨委書記李井泉甚至組織200萬人從四川向外運送糧食。[35]他怎麼能在發生饑荒的時候組織這麼多人，都是些甚麼人呢？毫無疑問，這些人一定體力上仍然能承擔運送任務，其他人已經餓得動不了了。四川省尤其為這些政策付出了高昂的代價，一直到1962年春季，中央政府才決定向四川調運12.5萬噸糧食，結束那裏的苦難。[36]

在中國，糧食儲存的數量一直是國家機密，但是現在有些數據已經公開了。我們知道，那時在有些地區，糧庫仍然是滿的，農民卻餓死了，尤其是在發生信陽事件的河南南部地區。[37]而全國的情況卻不太一樣。1958至1959和1959至1960年，中央政府售出的糧食多於徵購。原因是在城鎮和農村售出的糧食都在短時間內增加了。由於政府那時不想進口糧食，必須用儲存來平衡。根據這個數據，我們可以計算出1958至1959年出售的糧食大約比徵購多205.6萬噸，毫不奇怪，這個數字與庫存減少的量大約相當（見表4.1）。1959至1960年售出糧食比徵購多了231萬噸，糧庫也減少了大約231萬噸。看來，這些年糧庫的存糧用於供應新增的居民和非農業工人了。1953年實行糧食統購統銷以後庫存最低的年份是1959年。[38]1960年9月，情況還在惡化。82個大中城市的糧食庫存僅為前一年的一半，糧倉裏只有130萬噸。[39]這只是正常年份的三分之一。[40]

1960年運輸線附近的糧倉愈來愈空，6月，只夠向北京的倉庫提供7天、向天津的倉庫提供10天的糧食了。在遼寧，糧食只夠吃10天，上海市糧食部門的大米已經告罄。[41]讓人意想不到的是，中央政府仍然沒有亂了手腳，而是繼續拒絕進口糧食供應城市居民。張戎在她的全球暢銷書《毛澤東：鮮為人知的故事》（Mao: The Unkown Story）中提出，毛澤東讓農民餓死以實現把中國變成超級大國的規劃。[42]但張戎書的附錄中顯示，給軍隊的配給即軍糧在1957至1962年期間相對穩定，我們由此

可以看出，軍糧對饑荒沒有太大的影響。

如果說政府忽視饑荒，一點救濟也沒有發送，那是不對的，但是返銷到農村的糧食和救濟太少了，不足以拯救千百萬人。表4.1反映了農村救濟的支出情況。這些救濟不限於饑荒救助。1959年饑荒的第一年，政府為救濟支出了2.7億元，比非饑荒的1956至1957年少得多。在饑荒最嚴重的那年，政府的支出加倍增為5.47億元。1961年死亡人數已經開始下降時以及恢復時期（1962–1964），政府撥出的救災款多於饑荒最嚴重的年份，這是異乎尋常的。似乎只是到饑荒之後，政府才意識到應該增加救災支出。1963和1964年，中國遭遇了自然災害。1964年政府為救災支出了13.55億元。

表4.1　國家農村救災支出（1955–1964）（百萬元人民幣）

年份	支出	年份	支出
1955	227	1960	547
1956	310	1961	735
1957	307	1962	552
1958	150	1963	696
1959	270	1964	1,355

資料來源：尚長風：〈三年經濟困難時期的緊急救災措施〉，2010年，未發表的文章。

減少配額，控制消費

1959年時，情況已經很清楚，大躍進的戰略要求農村人少吃、節約糧食。1959年7月廬山會議期間，毛澤東批評糧食收購計劃沒有完成，建議減少農村的糧食消費：「告訴農民恢復糠菜半年糧，可不可以呢？苦一年、兩年、三年就翻過身來了。多儲備少食用，以人定糧，糧食歸戶，食堂吃飯，結餘歸己，忙時多吃，閒時少吃，有乾有稀，糧菜混吃，仍然可以吃飽吃好，可不可以這樣做呢？」[43]毛還說，農民應該一天一斤，牲畜一天半斤。毛澤東覺得農民要加糠菜才能吃飽，並且為了繼續野心勃勃的工業發展計劃過上幾年艱苦的日子是正當合理的。如

上所述，農村人沒有國家發放的糧票，只能靠交完定額徵糧之後剩下的糧食糊口。1959年下半年和1960年上半年，糧食收購計劃高得不現實而且後果嚴重。農民能不能吃到毛澤東說的加糠菜的飯也沒保證了。

儘管糧食供應出現了各種問題，但是一直到1960年下半年，中央才正式決定削減城鄉糧食定量。1960年8月，中央提出全黨都要關心農業生產和糧食工作。中央領導第一次承認，自然災害給農業生產帶來了嚴重的損害。同時，官方文件的調子也變了，「吃飯第一」成了新口號。為了增加糧食生產，政府開始限制建築行業和水庫建設的臨時工。政府還在全國範圍內減少了1,000萬不在他們原來村裏食堂吃飯的民工。[44] 中央強調，城市人口應予嚴格限制，因為這對避免浪費糧食十分關鍵。政府不是進行重大的政策修改，而是努力限制拿工資的工人數量，減少城市需要糧食供應的人口。為了節約糧食，瓜菜和所謂的糧食替代品被當成飲食的重要部分。這些替代品往往沒有足夠的營養，因此會帶來健康問題，但是政府認為在缺糧區可以用這些東西替代糧食。[45] 9月中央下達一個文件削減城鄉的糧食定量，並通告各省市自治區的黨委，山東、河南、山西、安徽和江蘇農民有可能挨餓，山東「吃青」和逃難情況很普遍。文件說，我們低估了自然災害造成的損害，中央應該採取措施解決問題，雖然還沒有出現全國範圍的大規模饑餓現象。[46] 上述地區的糧食徵購率太高，留下的糧食太少了。由於全國範圍糧食減產，不論城市還是農村，災區還是大豐收地區都要減少糧食消費。雖然國家從未給農民發過糧票，但這時也要給農民限定最高消費量。地方上的定量由人民公社根據生產隊的產量而不是由國家確定。國家規定，淮河和珠江之間的南方農村地區，每人年消費量不得超過360斤粗糧（大約每天490克）。災區的口糧更低，收成很好的地區在完成徵購指標後，規定不得超過380至400斤。淮河以北地區不超過300斤（大約每天410克），在冬季十分寒冷的地區如東北（滿洲）可以高一點。[47] 災區低於300斤。不管理論上怎麼規定的，這個時期很多農民實際上一點糧食也沒有，僅靠樹皮和野菜度日，甚至餓死。

這個決定也影響了原先定額較高地區的農民，政府也沒有保證農民可以得到接近於定量的糧食，因為是人民公社而不是政府負責所在地區

農民的口糧。中國學者曹樹基研究過安徽省無為縣檔案提供的情況,他認為,地方幹部十分清楚,一人一天0.77斤糧食是存活的最低限。但由於國家過高的糧食徵購量,無為縣1959年的每日口糧降低到了生存線以下,造成100萬人口中餓死20萬的結果。[48]

　　政府還決定強調城市節約糧食的重要性。除了從事重體力勞動的工人外,所有城市居民的糧食定量都每月減少兩斤,相對農村來說,這個數字是很小的。中央用農村發生自然災害和有些地區需要提供糧食為由減少城市的糧食定量。但是,沒有城市戶口的人則比較吃虧,城市郊區的定量比農村高不了多少。此外,政府還呼籲取消「黑戶口」,即無合法身份居住在城市的人。

　　一些糧食返銷到困難的省和縣,但是數量不足以幫助挨餓的人。[49]政府仍然在強調「生產自救」原則。比如1961年2月《內部參考》上一個報告批評青海省湟中縣的地方幹部沒有完全理解這一原則。報告批判了「伸手派」,即不自力更生,只向國家要救濟。同時還批評地方幹部直接將救濟分到各家,而不是發送給人民公社。有人認為只要糧食到了農民手中就不會有人餓死,這種看法是錯誤的。[50]1961年4月《內部參考》報道了河南和山東省發生嚴重的旱災。河南一半地區五個多月沒有雨水,150萬人斷糧斷水。有的地區人們去逃荒要飯,有的人乾脆賣掉老婆孩子。報道預見到反社會主義勢力要製造麻煩,還預見到地方幹部不會認真對待旱災,會在危機中癱瘓,因為他們相信「一方有災、八方支援」,「反正共產黨不會叫餓死人」。[51]從這份文件中,我們可以看到,新中國不讓餓死一個人的承諾有了新的含義。報道意味着中央政府沒有能力向千百萬挨餓的人提供救濟。文件告誡地方幹部不要以這個承諾為藉口不重視地方救災工作,要組織「生產自救」。且不談理論上是否講得通,這實際上是把戰勝災害的責任直接放到了地方幹部的肩上。

　　1960年秋,《內部參考》刊登了一些報告,對糧食短缺做了一些解釋,但沒有對大躍進提出總體的質疑。因此,看看幹部們如何分析疾苦、解釋饑餓是很有意思的。在河北省,徐水縣的農民糧食不夠吃,青壯年離開了人民公社,豬都餓死了。而1958年秋季時,徐水縣曾是全國的標兵,在全國受到了表揚。[52]報告提出糧食短缺有幾個原因。比

如，1959年冬季建造水庫的臨時工要帶着口糧到工地，給在家的農民留得比較少。還有，過高的糧食徵購率使得口糧減少。一個表格表明，糧食徵購量從1959年的68,416斤增加到1960年的85,051斤，同時口糧從360斤減少到85斤。[53]就是說，農民1960年的基本口糧每天只有116克。從1958年夏天開始，糧食的消費既沒有計劃也沒有得到嚴格的控制。公共大食堂剛建立的時候，人們想吃多少吃多少。1959年秋天大食堂取消了，農民都回家吃飯了，糧食消費又沒有計劃了。11月恢復大食堂後，過多消費現象又出現了。因為大躍進期間婦女也加入了勞動大軍，糧食消費量增加。1958年前，婦女在家勞動，只吃稀飯，男人在田裏幹活，得吃乾糧。而這會兒，婦女和男人一樣要吃乾糧。如上述1959年2月的《內部參考》解釋全國性的糧食短缺，這個文件也主要談工人人數增加、供應管理不善和過度消費等問題。但是，這個文件中引用的統計數據表明，過高的糧食收購量實際上造成了口糧的減少。1960年饑荒的高峰期，仍有報道稱糧食問題是思想問題，並認為河北省唐縣的農民有糊塗思想，居然懷疑曾經有過與大躍進相適應的糧食消費。雖然糧食產量增加了，但口糧標準仍然保持低水平，原因是婦女參加工作、農民消費了較多的糧食、基建工地和非農業工作臨時就業人口增加，以及糧食供應計劃不周。那些農民以前一天只有200克糧食，現在每天400克。報告稱，這個口糧可能是不高，不過讓人不餓死是足夠了。如同1956年全國性自然災害時一樣，這個新的低標準僅僅是暫時的。[54]這些報告顯示出，撰寫報告的人想瞭解糧食短缺的原因，但他們不願公開承認問題有多嚴重。

1959和1960年好幾份政府決定都提到控制城市人口、停止國營企業無控制地僱用農民，[55]但是各級領導不願意或者無法組織將幾百萬難民遣送回農村。我們不知道讓城鄉人口都減少用糧的決定執行得如何，但是人均糧食消費的一些數字表明，饑荒改變了城市和農村的關係（表4.2）。1958年農民人均消費的糧食（一年402斤，一天550克）多於城市（一年372斤，一天509克）。1960年年初糧食消費大幅度減少，城鄉差別加大了。城市人均一年消費386斤（一天約529克），而農民一年只有312斤（一天約427克）。

表4.2　中國城鄉居民人均糧食消費量（1952–1966）（公斤）

年份	全中國	城鎮	鄉村
1952	198	241	192
1953	197	242	191
1954	197	236	190
1955	198	215	196
1956	205	201	205
1957	203	196	205
1958	198	186	201
1959	187	201	183
1960	164	193	156
1961	159	180	154
1962	165	184	161
1963	165	190	160
1964	182	200	179
1965	183	211	177
1966	190	206	187

資料來源：中華人民共和國農業部計劃司編輯：《中國農村經濟統計大全 (1949–1986)》(北京：農業出版社，1989)，頁576。

　　1960年11月中央下達一份文件，動員黨政軍民生產更多的糧食代食品。每一級的黨委書記都要負責所在單位的這項工作。在文件中，中央得向老百姓解釋為甚麼城鄉糧食定量過低因而大量需要代食品。前兩年因自然災害農業生產受到影響，在「三面紅旗」(總路線、大躍進和人民公社)的指引下，全國上下齊努力，減少了自然災害的影響，但是全國仍然經歷了一個困難的時期。[56] 1960年後期面對饑荒，政府常常將其歸咎於自然災害，不願停止大躍進。在代食品問題上也是一樣。黨中央領導意識到糧食定量太低了，但他們不是進口糧食供應城市居民，從而減輕農民的負擔，而是動員全黨生產代食品。這些代食品包括天然的副食品如莊稼的秸稈、野菜和蘑菇、農作物的枝葉，也包括人工食物如人造肉、人造奶和人造菜油。高華認為，這場運動在農村造成了嚴重的後果，因為代食品不能果腹，有時還有人服用後中毒死亡。[57]

　　本章的一個主要論點是，政府為了繼續大躍進進行糧食徵購，導致農村口糧減少到讓農民挨餓的程度。直到領導人感覺到，農民挨餓影響

了農業生產，從而威脅到城市的糧食供應，他們才允許農民多留一點糧食，但這是到了1961年初才作出的改變。

城市糧食短缺和局勢動盪

雖然重要城市沒有大量餓死人的現象，但城裏人還是感受到了其影響。1960年，在工廠、中小學和大學，很多人因饑餓而浮腫。很少有關於城市發生動亂的報道。《內部參考》1961年1月報道，在遼寧省，這個中國當時最重要的工業地區之一，人們認為有必要進行一場政治教育運動來安定因缺糧而恐慌的民心。黨中央覺得有必要將目標對準國家在各個方面的敵人。由於自然災害和產量的減少，農村的口糧人均每天只有100至200克。1960年最後四個月裏，偷糧事件幾乎天天發生。在一些城市的偷糧事件中，如瀋陽、黑山，那些想要保護糧倉的人被殺。錦州市工人因不滿糧食供應絕食了四天。各城市多報人口以獲得更多的糧食，很多人從火車和卡車上偷糧。省公安廳最近轉各地偵察的反動匿名信件，有95%以上是攻擊污蔑糧食政策的。[58]

1961年另一份報告分析了河北省保定地區口糧標準低問題、瓜類、蔬菜和代食品問題。在農村地區，老人和小孩因營養不良而死亡，甚至在城市，居民也只有100克的人均定量，甚至更少。地方幹部為了掩蓋糧食短缺的情況，報告的定量比實際的高。有的代食品很難消化，帶來了排便困難的問題。[59]在同一個月，河南省城鄉都發生了動亂。社會秩序十分混亂，因為反革命利用春荒和乾旱組織大規模偷盜糧食、攻擊甚至殺害幹部。在蘭考縣，地方幹部建立了「救民黨」，在開封甚至建立了一個武裝組織。報告稱大規模有組織的偷盜為地主、土匪和反革命所為，但是也不得不承認，地方幹部、農民、工人和學生也參與了。在好幾個縣市，1949年以前很有勢力的會道門又活躍起來。報告還說，基督徒們在散佈謠言，説如果老百姓6月還沒有糧食就會爆發暴動和動亂。報告還談到有人賣婦女兒童或者進行買賣婚姻以度荒。[60]同一個月《內部參考》還刊出了一篇報道，稱基督教徒攻擊共產黨，如「牛奶是成

桶成桶的，豬肉很多，但誰吃了呢？一是解放軍，二是工人和技術人員，三是高級幹部，最後一點點到居民，輪到我就更少了。」「自己糧食不夠吃還要出口，打腫臉充胖子，搞得我們人不像人，鬼不像鬼。」[61]

根據可獲得的極少的文件很難估計饑荒期間城市動亂的程度。這裏引用的報告都是1961年1月刊登的，似乎那個月報章鼓勵人們就此問題發表文章。《內部參考》上這個題目的出現和消失反映更多的是領導人的政治議程，而不是那個時期動亂的程度。

農村饑荒和城市糧食短缺的高峰期並不是同一時期。1960年是很多農民一生中最困難的年頭，而城市糧食供應緊張是在中央決定動員全黨在1960年末和1961年改變農村局面，降低糧食徵購量和農業稅之後。1961年9月在很多城市一點新鮮水果和副食品供應也沒有，或者只有非常少量的。甚至在北京1961年6月至1962年2月間政府也停止發放肉票了。[62]根據官方的統計，也有證據可以證明，城市糧食短缺的高峰期晚於農村，至少在北京是這樣的。根據消費量統計，1959年北京城市和郊區人均消費量為189.74公斤，比前一年的161.87公斤高多了。[63]1960年農村饑荒的高峰時期，城市居民依然人均消費180.55公斤糧食，即494克一天。饑荒發生之前，北京居民吃大米比麵粉多。1960年代麵粉和其他糧食是中國人營養的主要來源。1961年人均糧食消費降到164.97公斤，1962年再降到160.34公斤。在1956到1978年間，對北京居民來說，1962年是最差的，每人每天平均439克糧食。與1958年以前的年份相比，1961和1962年肉、蛋、油的消費減少了，居民們更多地吃新鮮蔬菜，主要是大白菜（1959年政府組織了一個大力種植和儲存白菜的運動）。[64]當國家從饑荒最困難的階段恢復過來時，1963年蔬菜的定量再次下降。在整個毛澤東時代，即使在首都，人們冬天的主要營養也是來自白菜、土豆和蘿蔔。北京所屬的農村地區統計數字表明，1960年而不是1961或1962年是最糟的年份。粗糧的平均消費量從1958年的183.5公斤下降到1960年的157.5公斤。與城市的定量相比，農村口糧1961年已經上長到167公斤。[65]當然，北京附近的農村比其他很多地方的農村要好得多。

1961年城市糧食緊缺期間，高級幹部、知識分子和重要國營企業從事重體力勞動的工人比其他人得到國家更多的保護。1961年初，政府決定煤礦工人每月糧食定量從45斤提高到64斤，另外每天還有50克大豆。[66]礦工的糧食定量每天大約兩斤，是農民最高限量的兩倍。1961年12月，北京市委決定給高級知識分子和高級幹部增加額外定量。除了每月糧食定量外，還補充一斤糖、三斤大豆、一些雞蛋和肉。中央批准了這個決定後，其他城市也開始執行這個配給政策。[67]大豆和糖對身體非常重要，因為僅僅是定量的糧食沒有提供人體所需的蛋白質。這個特權階層被稱為「糖豆幹部」。[68]

這個賦予特權的政策並不是沒有受到質疑。1962年2月，《內部參考》刊登了一些對這一政策向市委表示不滿的來信。有一封信抱怨道：「17級以上的幹部工資很高，條件好，他們並不缺營養。真正需要補助的是一般幹部。他們工資低，條件差。他們常常需要下農村和工廠，需要用更多的體力。」[69]還有的來信稱，給高級幹部額外補助不符合困難時期大家需要同心協力的提法。政府想從農村運糧供應給城市，而同時又想提高農業生產，改善與農民的關係，這兩者是矛盾的，解決矛盾的唯一辦法是進口糧食，並減少城市人口。周恩來在1961年8月8日中央工作會議上說了以下的話：「現在看來，城市還沒有發生問題，但是若不注意，可能發生難以預料的事情。我們必須預先覺察到城市還會緊一陣的，而城市如果亂了的話，各方面都會受到影響。農村只要我們的工作做得好，大問題完全可以避免，而城市現在的情況還不明。因此，現在的問題是，城鄉都要兼顧。但是緊哪一頭呢？這個問題，中央幾次談過，也向主席報告了，就是要緊農村，保城市……只顧農村，糧調不上來，城市供應不上，行不行呢？當然不行。是不是把城市解散，大家都回農村去，我們回延安去？這是沒有一個人贊成的……現在糧食情況很緊張，中央各部要幫助各省、市把廠礦的人員壓下去，壓人的事情要抓緊，城市長期這樣多人是不行的。」[70]

周恩來的話表明，再從農民那裏獲得任何東西都是不可能的了，不過周也擔心，如果城市居民吃不飽，城市也會出現動亂。周認為，政府

應該減少農村糧食供應，但同時也要減少城市人口。他問，共產黨能不能不要城市，讓城市居民回到農村去。這可能只是一個不需回答的反詰。周沒有提到的是中國共產黨政權的基礎是1949年以後才轉移到城市的。黨的優先重點從農民轉向了城市，因為重工業和黨的領導機構都在城市裏。而且，挨餓的農民也不大可能歡迎黨的領導在那裏鬧革命，再建新的紅色根據地。具有諷刺意味的是，「農村包圍城市」的革命戰略在饑荒時期變成了「緊農村，保城市」。

《墓碑》的作者楊繼繩也收集了一些饑荒期間大規模偷盜和刑事犯罪活動增加的情況。但是他認為，沒有發生大規模的動亂，因為共產黨運用1950年代初「鎮壓反革命」運動形成的監督建立了鎮壓抵抗的有效體制，而且可以通過戶口制度來進行控制，任何形式的抵抗都會被扼殺在萌芽狀態。這種對社會嚴格的控制使得任何人都不可能發起甚麼運動，或者募集資金和武器以組織一場運動。此外，很多人仍然相信中央的用意是好的，1961和1962年處理了一些地方幹部，這也減輕了老百姓的憤怒。[71]楊繼繩說得對，自1959年，中國城鄉所有的獨立機構和政治活動人物都不存在了。不過，我注意到，除了這些以外，1959年和1960年戶口制度並沒有嚴格執行。大躍進的工程需要從農村招臨時工。為了完成大躍進的目標項目，很多單位忽略了中央政府關於不要僱用新工人的指示。對農民來說，如果他們能進入城市，有了新的工作，有資格得到城市的糧食供應，他們存活的機會比組織反抗要大得多。保護重要城市和城市居民可以增強他們對共產黨的忠誠，因為政府的供應制度拯救他們於餓死的邊緣。與蘇聯的情況不同，中國的城市居民在饑荒發生之前就已習慣於國家提供的定量供應了。中國共產黨要求全國人民在困難時期勒緊褲腰帶。農民不能指望從其他任何人那裏得到幫助，在他們已經快要餓死的時候，中央要求農村節約更多糧食，這在他們看來一定很具諷刺意味。

地方幹部以饑餓來進行「教育」

在城市裏「糖豆幹部」的特供由政府組織，而在農村控制農村幹部的消費則困難得多。為了限制農村幹部的腐敗和特權，中央規定他們的口糧應與農民相同，私下多吃或給親友優惠的情況應予調查。[72] 1958年建立公共食堂後幹部食堂十分普及。後來上級要求幹部必須在普通公共食堂吃飯。很多幹部和家屬饑荒中沒有餓死是因為他們的食堂仍然有糧食和肉，而農民則只有稀湯。[73] 實際上當時不大可能取消了幹部食堂，因為村子裏沒有人在饑荒的高峰時期對地方官員的權力有任何限制。很多案子顯示，幹部濫用食堂糧食分配的權力懲罰農民。1961年4月1日，陳雲說到農民口糧和不可能說實話的關係：「糧食不到戶，農民不敢講話，否則他怕扣糧票。還有自留地一定要堅持。」[74] 同時，中央對從農村聽取假報告已經十分厭倦，他們希望調查組到達時農民能說真話。

地方幹部在國家與農村社會的關係上發揮着重要的作用。[75] 縣一級幹部要經常輪換，在村裏沒有很深的根基，生產隊的幹部則不一樣，他們來自於當地，就生活在村子裏。他們得作出困難的決定，比如說，他們得無情地強迫徵糧以取悅於上級政府，可是在上級政策較溫和時，當地人可能會報復他們。[76] 要不他們就瞞產保護鄰里鄉親，然後受到上級的懲罰。因為大躍進期間政策常常變化，地方幹部得猜測中央以後的政策會怎樣、他們需要怎麼表現。如我們在《內部參考》中所看到的，地方幹部常常被指責為瞞產，但中央同時把他們作為「左傾錯誤」的替罪羊，比如「共產風」和其他的暴力行為。

1961年和1962年《內部參考》上刊載了很多有關地方幹部問題的報道。1961年下半年取消公共食堂後，幹部對農民沒有那麼大權力了，因為村民們不再需要依靠大食堂分配食品，而且他們可以在自留地上種吃的。我們知道，在饑荒期間，幹部制度將分配用於「教育」的目的，用削減口糧來懲罰人。我沒能在1960年的《內部參考》中找到這方面的報道，但1961年中央政府希望改善黨與農民的關係從而恢復生產時，這成了一個問題。比如，有一個報道說，在蘭西縣，幹部不允許農民休

假。如果有人請假一天，這一天的口糧就取消了。[77] 另一個報道批評福建省的地方幹部對農民偷挖土豆反應過激。幹部取消了那些農民的口糧，並且組織批鬥會和遊街作為懲罰。一個下中農因偷土豆被管制兩年。福安縣205人被捆打，有的人被打傷致死，有的人自殺了。[78] 還有報道説，雲南一所中學的幹部提出一個口號「不上課，不給飯吃。」[79] 另一個報道説，有的地方減少口糧後果很嚴重，有農民因此餓死或者自殺。[80] 很多報道批評地方幹部的特權和腐敗。[81]

有些報道認為，地方幹部覺得新的政策非常混亂。[82] 許多人很失望，他們覺得當幹部吃虧。他們總結説：「如果你老實，你要吃虧，如果你進步，你也要吃虧」；「如果你完不成任務，你要挨批評，可是要是有人餓死了，你要受罰」；「要聽國家的，又要聽老百姓的，真難。」很多問題都和糧食供應有關。農村幹部抱怨口糧標準這麼低，要組織生產是不可能的。「一天200克口糧，沒人有幹活兒的積極性。」他們要取悦於農民，讓他們多吃，但又害怕上級找毛病。農村幹部常常遇到問題，還會碰到家庭問題，因為他們對親戚也得執行不得人心的政策。此外，他們也沒有足夠的休息時間。同時農村幹部要求自己的口糧標準高一點，因為他們不能像農民一樣種自留地或者去黑市。[83] 中央政府似乎希望以處罰腐敗幹部和取消減少口糧等懲罰措施來恢復農民生產的積極性。但是文件也顯示，政府仍然擔心地方幹部頂不住當地老百姓的壓力。由於存在這樣的不信任，農民與溫和的黨的領導人形成一種聯合是不可能的。這些溫和的領導人如1962至1965年負責中央政府日常行政事務的劉少奇和鄧小平。[84] 關於地方幹部的暴力行為，只是在1961年有關於削減口糧作為懲罰重大事件的報道，對此，中央發出了明確的信息，這種做法必須停止。

饑荒的結束：進口糧食與減少城鎮糧食定量

根據官方出版的毛澤東傳記，1959年夏天廬山會議至1960年上半年期間，毛澤東不是忽略了很多提醒他的報告，就是相信大規模饑餓現象只是地方性，而不是全國性的。[85] 似乎1960年4月至9月間，毛澤東

的主要精力在外交而不是內政上。[86]官方出版的毛澤東傳記説,當他得到較多的關於大規模饑荒發生的報告時,他開始調整人民公社的政策,並開始實行多種所有制的農業政策。看了毛澤東的傳記和他的選集後,我感到,他對饑荒的看法是,調整生產關係是解決1960年末和1962年危機的關鍵。[87]他的很多評論和指示都集中於將人民公社改革為「三級所有」。[88]與毛澤東不同,經濟政策高層決策者如李先念和陳雲則認為重新平衡城鄉關係、出口與進口、糧食的徵購與銷售才是結束饑荒的關鍵。毛批准了這些建議,但這些問題似乎不是他的主要關注。改革開放後,中國研究大躍進的學者常常將注意力放在所有權結構的轉變和人民公社內的分配問題上。[89]1961年夏季在一些省如安徽試行的責任田和取消大食堂,被當作是結束饑荒的主要政策。確實,黨的領導人強調提高農民生產的積極性。楊大力和另一些學者認為,1978年的改革起源於1961年。在國有土地的基礎上實行家庭聯產責任田在安徽和其他一些省份試行,稱作責任田,農民家庭可以自主生產,並且負責完成交糧配額。土地沒有私有,但是這個做法對集體化農業的概念提出了質疑。1980年代初,與此相似的包產到戶政策在全國範圍內取代了人民公社。增產與人民公社政策的調整同樣重要,但我認為僅僅是增產本身不能解釋饑荒的結束。1961年糧食生產增產了2.8%(1.475億噸,1960年是1.435億噸),1962年增產了8.5%,但即使在這一年,農業生產產量也仍然比1959年或1952至1958年低得多。1962年是恢復的一年,中國糧食產量僅有1.6億噸,而1959年則為1.7億噸。[90]在安徽,責任田的實行對恢復生產十分重要。安徽大約80%的農民1961至1962年實行了這一做法。[91]在河南,新的省黨委書記劉建勛決定借地給農民,讓農民能滿足自己的糧食需要。在饑荒最嚴重的鹽鹼地地區,借出了28.6%的可耕地。在大部分省份,15%的可耕地三到五年裏用於自留地。[92]不過家庭聯產責任制是不是在全國範圍對結束饑荒發揮了主要的作用還很難説。根據薄一波的説法,全國共有20%的農民進行了承包。[93]到1961年12月,毛澤東改了主意,轉為反對安徽的試驗,他覺得這會威脅到農業集體所有制,導致農村的階級分化。他明確指出,人民公社三級所有

制是改革的極限。[94]1962年1月七千幹部大會上，安徽省領導曾希聖被批判為修正主義。第二年允許包產到戶的地區改為小規模的人民公社。我認為，包產到戶的試驗十分地方性，時間也太短，不足以用來解釋全國範圍的饑餓現象的結束。

除了人民公社的改革外，1961年初6種主要糧食（小麥、水稻、粟米、高粱、玉米和大豆）的收購價格提高了25%。[95]一年前，毛澤東曾不同意提高糧價，因為他擔心這會威脅到城市的穩定。[96]這會兒中央願意提高糧食收購價格，但是保持零售價格不變。所以糧食價格對城市消費者來說仍然很低，但政府需要補貼損失，這成為國家財政一個巨大的負擔。[97]

要結束饑荒，不僅需要恢復農業生產，還需要調整整個城鄉糧食分配制度。1960年政府削減了農村基本口糧以保證城鎮的糧食供應，農民餓得沒有力氣幹活，牲畜死了幾百萬。結果是，農業生產力很低，許多地區要求減少糧食徵購。中國共產黨將大躍進進行到了極端的程度。不對政策作出極大的調整便無法走出這個死胡同。1961年5月，李先念在給毛澤東的一封信中總結了這些矛盾，他認為，人民公社的改革從長遠來看可以刺激生產，但是更快的解決辦法是進口糧食、減少城鎮人口。[98]如果進口糧食可以解決部分城鎮居民的糧食供應問題，農民的負擔和從農村徵購糧食就可以減少。而且，減少城鎮人口可以將需要國家補助糧的人數減到最低。這兩個計劃都與縮小工業規劃和項目相關。李先念很明確地説，不出口糧食就不可能進口重要的工業技術。而恢復農業生產需要將幾百萬臨時僱用的農民工送回農村。

1960年末，陳雲和李先念提出了進口糧食的重大建議。很難理解為甚麼沒有早些作出這樣的決定。曾參與糧食政策制定的楊少橋回憶説，「進口糧食這個措施是我們當時不敢設想的，當時一些人認為吃進口糧食是修正主義。」[99]直到餓死了千百萬農民，毛澤東周圍的領導人們才願意重新考慮這個看法。根據官方出版的陳雲傳記，是陳雲1960年12月説服了毛澤東進口糧食。[100]從1961年2月，中國開始從資本主義國家如加拿大和澳洲進口糧食。[101]進口的糧食用來保證北京、天津、上

海、遼寧和災區的供應。[102] 1961到1965年期間，每年平均進口500萬噸糧食，淨進口為一年418萬噸。[103] 除了饑荒以外，中國政府還要繼續償還欠蘇聯的債務，蘇聯這時也有糧食危機。因政治原因，中國政府不願接受任何種類的外國援助。中國曾在國際糧食市場尋找糧食進口以不依賴社會主義陣營。1960年中國外貿的70%與社會主義國家進行，但1961年減至47%。[104] 這個階段是中國對外關係的一個轉折點。1961至1965年進口的糧食遠遠多於1958至1960年大躍進期間890萬噸的出口。我沒有進口糧食分配到各城市和地區的數據。根據羅平漢的統計，500萬噸是北京、天津、上海和遼寧年糧食消費的70%到80%。[105] 如上所述，這四個地區的糧食供應直接接受中央指導。除了這些都市地區政治上的重要性以外，中央政府可能覺得進口的糧食供給自己控制的供應系統比供給他們控制比較少的省份和農村更保險一些。農村的糧食供應反正要有改善，因為政府已經減少了徵購指標。根據史泰麗 (Terry Sicular) 的估計，1961年糧食徵購指標和稅收減少了885萬噸，1962年又減了210萬噸。[106]

　　旨在減少2,600萬城鎮人口的政策對結束饑荒也發揮了作用。[107] 2,000萬接近於從1957年以後進入城市的總人數。因為這個「下放」的方案，中央政府得以解除為這些人供應糧食的責任，而且得以降低從農村徵購糧食的比例，減輕農民的負擔。與文化大革命期間下放到農村的城市青年不同，這2,600萬人熟悉在農田的工作，也可以回到他們的家鄉。此外，饑荒期間餓死的1,600萬到4,000萬農民留下了空房子和許多田地可供耕種。我找不到任何中國領導人如何對結束饑荒進行估算的資料。很可能這些文件仍然是保密的，存在黨中央的檔案館，而不大會是這些領導人在重新安排糧食分配時根本沒有考慮幾百萬死亡這個因素。翻閱陳雲1961年以來的講話，我們有一種印象，即饑荒的發生是因為城鎮人口增長過快，打亂了從農村徵購糧食與城市糧食供應之間的平衡。

　　陳雲是1961年之後新政策的設計師之一，也領導了2,000萬城鎮人口「精簡」的工作。他的建議建立在這個簡單的估計基礎上：他認為，如果不能減少城鎮人口，中國就必須每年進口500萬噸糧食，結果是中國外匯的大部分都要用來進口糧食而不是工業產品。因此他認為，可以

讓2,000萬城鎮人口回到農村，參加人民公社的農業生產和糧食分配，他還認為，進口糧食可以幫助農民恢復增產的興趣。「進來糧食，就可以向農民少拿糧食，穩定農民的生產情緒，提高農民的生產積極性。用兩三年的時間把農業生產發展起來，國內市場問題也就可以得到解決。」[108]

中央領導意識到，大躍進的政策極大地打擊了農民的積極性，因此1961年恢復了自留地。這些自留地為農民提供了存活的基礎，在有的地區，農民稱其為「救命地」。陳雲認為，回到農村的人不再需要國家分配糧食。他估計，如果1,000萬人「下放」，國家一年可以減少負擔225萬噸糧食；如果2,000萬人「下放」，則可以減少450萬噸糧食供應的負擔。[109] 1961年7月，中央決定在三年內減少城鎮人口2,000萬。[110] 陳雲還對1953、1954、1957和1959至1960年的糧食供應危機作出了解釋。1953年城市人口比1952年增加了170萬，農民向國家出售的餘糧不夠滿足人口增長的需要。1954年的糧食供應危機是自然災害和政策錯誤造成的，國家從農村徵購了過多的糧食。1957年城鎮人口也有增長，但是沒有出現明顯的糧食供應危機，因為我們沒有聲張地用糧食儲存補貼了供應。從1959年開始從農村徵購了大量的糧食，但是由於城鎮人口的增長，供應給城鎮的糧食比徵購的還要多。城鎮銷售的不僅包括從農民那裏收購的大量的糧食，還十分危險地抽自於糧食儲存。[111] 陳雲的解釋與官方的解釋大相徑庭，官方的解釋是，饑荒主要是左傾路線和空想共產主義政策是造成的。

1959和1960年戶口制度的建立執行不力，與此相反，1961至1962年揪出城市的非法居民則十分嚴格。中國的城市化停止了十年，中國共產黨從饑荒中吸取的一個極大的教訓是避免城市供應系統需要承擔過多的負擔。戶口制度在福利措施、衛生保健、定量供應和教育機會方面對農村人有歧視。國家還以合理的程度將農村承擔養活城市的負擔固定下來。領導層十分清楚，減少城鎮人口會減緩城市工業的發展，但他們決定，農業生產是今後幾年的優先項目。[112]

城鄉關係與城鄉居民獲得糧食供應的權利

在饑荒期間，饑餓問題嚴重地政治化，不僅農民難以度荒，中央也難以應對全國性的饑荒。如同1950年代初一樣，黨的領導人1959年把饑荒看作地方性的問題，而不是全國性問題。1959年夏天廬山會議之後，政府得出的結論是，糧食徵購任務完不成是因為農民瞞產、藏匿糧食。這會兒，瞞產和藏糧已經不只是政治教育問題了，在中國的有些地區，幹部用血腥的酷刑手段徵購糧食，有時甚至包括種子糧和牲口糧。1960年饑荒的高峰時期，國家不得不對大規模的饑餓現象作出回應。在那一年的上半年，對毛澤東來說，根本談不上改變政策或者停止大躍進。但隨着時間的推移，從農村徵購糧食供應給城鎮居民變得愈來愈困難，城市人口比1957年已經增長了1,950萬。

城市的糧食定量只是稍稍有了些削減，而國家給農村確定的最低人均日消費量減到400克粗糧，而且農民能不能得到這個口糧還沒有任何保障。饑荒雖然不是政府計劃或者製造的，但是政府用節約糧食、為祖國勒緊褲腰帶的說法來強制執行最低的口糧標準甚至低於最低量。[113]為了保證城市的糧食供應，國家動用了大量的糧食儲存，並且從農村組織新的調運。黨的主要目標是防止城市發生饑荒，因為行政中心和工人階級是政權得以維持的基礎。1990年代出版的《建國以來重要文獻選編》中收集了中央的決定，這些決定表明，北京、上海、天津這樣的城市享有絕對的優先。1960年時，政府不是如後來在1961年那樣對政策作根本性的改變（進口糧食、取消大食堂、恢復自留地和減少城鎮人口），而是對口糧作進一步的削減，並推廣配之以瓜類、蔬菜和代食品的新的飲食方式，所以說政府完全忽略了饑荒是不對的。具有諷刺意味的是，周恩來、李先念這些領導人常常被看作溫和派，實際情況是，正是他們在執行為了城市的穩定而犧牲農民的行政措施方面發揮了主要作用。

羅平漢是這樣評論削減農村口糧供應城市居民的：「在所謂的『三年暫時困難時期』，許多農民實際上處於饑餓或半饑餓狀態。中國農民勒緊了腰帶，完成了國家下達的糧食徵購任務，通過犧牲他們自己的利益，從而維持了城鎮居民基本的糧食供應，也維持了中國社會的穩定。

這是中國農民在特殊歷史時期所作出的特殊貢獻。」[114]這個評論好像在說，農民「自願」作出這個貢獻，而實際情況是很多農民以偷竊、「吃青」或者逃荒來活命，如同在其他饑荒中一樣，農民餓得沒力氣組織暴動、威脅社會的穩定了。

　　塔克斯頓批評西方學者關於溫和派領導人如劉少奇和鄧小平所組織的「政府干預」，使農民從饑荒中生存下來的觀點，他認為，農民從1960年最嚴重的饑荒中生存下來，是因為他們採取了如「吃青」之類的抵抗戰略。[115]而我認為，既不是農民的抵抗也不是農業生產小規模的增長在1961至1962年結束了極為嚴重的饑荒，而是決定進口糧食供應城市，同時削減城市人口，最終結束了饑荒。我認為，與其說是不斷地瞭解農村饑荒的情況，還不如說是1960年後期城市的糧倉幾乎都空了，城市面臨饑荒的威脅，迫使政府結束了大躍進。雖然1961年人民公社的改革提高了農業生產，但進口糧食和將2,000萬城鎮人口「精簡」到農村才是結束饑荒的主要因素。這些措施使國家減輕了供應城鎮人口糧食的負擔，也能夠大幅度地減少農村糧食徵購的規模。

　　亞瑪特亞・森關於獲得糧食供應權的饑荒理論是得到最廣泛討論的題目之一。獲得糧食供應權問題對理解中國1959至1961年的饑荒有用嗎？森著名的著作《貧困與饑荒》（*Poverty and Famines*）寫於1981年，當時有關中國饑荒的情況還沒有被廣泛知曉，森在他早期的著作裏曾認為，中國的人民公社在糧食供應沒有快速增長的情況下成功地消除了饑餓和貧困。[116]談到班加羅1942至1943年的饑荒，森認為饑荒可以在可得食物沒有大規模減少的情況下發生。在英國的統治下，1942至1943年的饑荒中有大約200萬人死亡。[117]大批老百姓挨餓的原因並不是這個國家缺乏糧食，而是只有一部分人有權獲得糧食。森觀察到，市場絕不是自動將糧食分配給需要的人。在這裏，獲得權問題不僅包括單純的獲得食物的法定權利，因為森對基於貿易、生產、自己的勞動、繼承和轉讓的不同的獲得權加以區別。[118]獲得權問題得到了廣泛的討論，因為它突破了馬爾薩斯關於人口發展與生產增長相互關聯的新理論。[119]按照森的看法，傳統的馬爾薩斯理論悲觀地認為，經濟發展總是落後於人口的

增長，所以窮人不可能存活，因此要靠饑荒來消滅掉「過剩的人口」。這
種悲觀的理論使得英國政府在愛爾蘭饑荒（1842–1848）和19世紀後期印
度的饑荒期間不願組織有效的救災。根據森的分析，現代的馬爾薩斯人
口理論很樂觀，只要生產的增長至少趕得上人口的增長，它就不關心糧
食問題。[120]這種信念反映在第二次世界大戰後很多發展規劃中。然而，
亞瑪特亞‧森稱，不僅有低迷式饑荒（糧食歉收後發生的饑荒），而且不
同於人們的直覺，繁榮式饑荒（大豐收後發生的饑荒）也可能發生，這
與現代馬爾薩斯的理論直接衝突。在後期的著作中，森和德勒茲指出，
預防饑荒需要公眾的參與，國家應該建立糧食儲存，以便發生饑荒時作
為補貼，政府應該資助公共項目，向挨餓的人提供現金，讓他們在市場
上採購食物。[121]

　　有些學者認為，暴力的背景並不能解釋糧食供應獲得權上產生的問
題，儘管二次大戰後非洲很多饑荒發生在戰爭、內戰或種族清洗的情況
下。[122]總的說來，一些學者擔心，糧食供應獲得權問題將注意力集中於
很多發展項目的分配方面，但同時降低了生產增長和食品數量問題的重
要性。[123]雖然森捍衛他的核心論點，但他承認從糧食供應獲得權來分析
有它的局限。[124]在我看來，森的命題很準確，但太籠統了。當今世界有
足夠的食物和其他資源能滿足所有人的需求，但是成千上萬的人沒有權
利獲得。從這個角度來看，每一種貧困都是獲得權問題造成的。饑荒可
以有各種不同的原因，富人和政治精英們如果要幫助挨餓的人們，他們
可以做很多事，他們實際上做的總是要少得多，如果他們能分一些食物
給挨餓的人，會拯救很多生靈。如果饑荒沒有例外的總是獲得權問題造
成的，那麼森的理論對解釋每一個不同的饑荒又有甚麼貢獻呢？

　　在社會主義制度下分配問題非常重要。黨領導政府的國家使用公共
供應機制、糧食定量和對城鄉人口流動的控制來強制推行優先供應某些
人的政策。當然我們必須要知道哪些地區、哪些人比別人得到更多的糧
食以及為甚麼，總體上糧食的減少一點也不能告訴我們不同的人群有權
獲得糧食的情況。這一章表明，1950年代初就存在的農民與政府的衝突
在饑荒期間升級了。不同於其他學者，我認為，災區的農民在衝突中發

揮了主要的作用。政府以災區農民為藉口限制其他老百姓的要求，削減他們的口糧。為拯救城市居民而讓農民挨餓的決定是糧食問題上實行等級制度的結果，而這個制度是中國共產黨早在大饑荒開始前多年就已經執行了。[125] 因此，我們可以說，農民餓死的原因是他們在當時的供應機制中沒有獲得糧食的權利。糧食供應獲得權問題與所有權結構也關係密切，沒有權利分得糧票的農民依賴黑市、自留地和為了生存而藏糧，分析政府如何應對這些獲得權的替代方式十分重要。在中國大躍進期間，很多農民失去了土地，也不能進入市場。公共大食堂的集體獲得權不能提供保障，因為1958年空想共產主義高潮過去以後，口糧常常不夠吃飽，而地方幹部濫用權力多吃多佔，甚至用削減口糧作為懲罰的手段。塔克斯頓將這種新發展稱為「偷竊的獲得權」。[126] 本章中我已經談到，黨的領導人將恢復自留地作為1962至1963年將幾百萬人送回農村計劃中關鍵的一步棋。

　　不過，如果將饑荒僅僅歸結於獲得權處置的失誤，那未免太簡單化了。當然，1950年代中國是全世界最窮的國家之一，很多地區的農民卡路里攝入非常低，那是沒有爭議的。在眾多因素中我們不能忽視的因素是，人口的增長和城市化給政府帶來了極大的壓力。饑荒期間農民遭難最重，因為他們被排除在定量供應體制之外，但是我們根本不可能想像，中國能將定量供應體制擴大到包括所有人。看到塔克斯頓的分析，人們可能會得出一個錯誤的印象，即農民用他們傳統的簡單方式如逃難、乞討和偷竊就能在饑荒中存活下來。我們也可能得出這樣的結論，是國家所造成的「偷竊的獲得權」和其推行的集體化導致了饑荒。這沒有錯，但是我認為，在中國，農民也需要國家來幫助他們抵禦嚴重的饑荒。如果政府在自然災害時建立救災制度、平衡供糧和用糧區生產上的變數、平衡城鄉的需求，並且在糧食數量急劇下降階段在經濟和社會不同部門之間找到平衡，這一目標是可以實現的。悲劇在於，這個政策變化來得太晚了。

　　彼得・諾倫（Peter Nolan）就是一個認為糧食供應獲得權的提法欠妥的學者。1928年至1932年蘇聯的糧食總產量幾乎下降了30%，中國農

業生產 1959 和 1960 年下降了 30% 以上。在八個省份產量下降了多至 40 至 50%。[127] 要在各省彌補糧食供應中的這個空缺，即使對一個有完善信息系統的政府，也需要在行政上作出極大的努力。按照諾倫的分析，在這種情況下，一個民主的政府也不會比社會主義國家做得更好。這裏需要提出的問題是，為甚麼社會主義國家糧食供應出現了如此驚人的巨減。[128] 在 1958 年大躍進的瘋狂中，政府忘掉了糧食問題遠遠沒有解決這個現實。一方面，政府不相信關於農村發生饑餓現象的報告，面對危機反應太慢。另一方面，我認為，面對糧食減少 30% 以上的情況，救災系統不能應付如此大規模的饑荒。中國共產黨決定保護城市，並行使特別過度的行政權力從農村徵調糧食。塔克斯頓關於農民因地方幹部的腐敗和特權而遭受苦難的看法是正確的，但是這些似乎不能導致幾百萬人的死亡。[129] 根據 1959 至 1960 年時體制的情況，如果不從農村調運糧食，唯一的替代辦法是縮小城鎮人口以減少農民的負擔，並且進口糧食來供應主要城市。人民公社經濟結構的改革是促進農業生產的一個重要措施。但是這個政策不能立即解決饑餓問題，只有到糧食收穫之後才能有效。[130] 在我看來，毛澤東和中國共產黨最大的錯誤在於沒有將農民納入糧食定量供應系統，而是等了最少一年才採取措施平衡整個城鄉關係。直到 1961 年政策調整之後，農村才有足夠的糧食，讓農民從饑荒中恢復過來。而在此前，已有 3,000 萬到 4,000 萬農民在饑餓的折磨中死去。大躍進饑荒是毛澤東統治時期的恥辱，因為他們曾信誓旦旦地保證新中國不會餓死一個人。

註　釋

1. 〈中共中央對山東省委、省府關於館陶縣逃荒問題的檢查報告的評語〉（1959 年 1 月 22 日），中共中央文獻研究室編：《建國以來重要文獻選編》（北京：中央文獻出版社，1996），卷 12，頁 19。
2. 《內部參考》1959 年 1 月 31 日，頁 10。
3. 同上，頁 12–14。
4. 《內部參考》1959 年 1 月 24 日，頁 7。

5. 同上，1959年1月30日，頁20。

6. 同上，1959年2月2日，頁3–5。

7. 同上，1959年2月5日，頁3–4。

8. 毛澤東：〈在鄭州會議上的講話〉，《毛澤東文集》（北京：人民出版社，1999），卷8，頁9–10。

9. 喬培華、高全玉：〈60年代初劉少奇對河南工作的指導〉，孫保定、胡文瀾編輯：《劉少奇經濟思想研究》（鄭州：九州圖書出版社，1998），頁143。

10. 毛澤東：〈關於春荒缺糧問題的評語〉，中共中央文獻研究室編：《建國以來重要文獻選編》，卷12，頁185。

11. 佘德鴻：〈關於信陽事件的憶述〉，徐勇編：《中國農村研究（2002年卷）》（北京：中國社會科學出版社，2003），頁327。

12. 楊繼繩：《墓碑：中國六十年代大饑荒紀實》（香港：天地，2008），卷1，頁37。另見喬培華：《信陽事件》（香港：開放出版社，2009），頁92–102。

13. 楊繼繩：《墓碑》，卷2，頁854；梁志遠：〈亳縣統購統銷反右傾的嚴重後果〉，《炎黃春秋》第7期（2003），頁25–27。

14. Ralph Thaxton, *Catastrophe and Contention in Rural China: Mao's Great Leap Forward Famine and the Origins of Righteous Resistance in Da Fo Village* (Cambridge: Cambridge University Press, 2008), 51–88.

15. 就此問題的概覽見 Gao Wangling, "A Study of Chinese Peasant 'Counter-Action,'" in *Eating Bitterness: New Perspectives on China's Great Leap Forward and Famine*, ed. Kimberley Manning and Felix Wemheuer (Vancouver: University of British Columbia Press, 2011), 279–280.

16. 在此問題上的例子是周傑榮（Jeremy Brown），"Great Leap City: Surviving the Famine in Tianjin," in Manning and Wemheuer, *Eating Bitterness*, 226–250; Frank Dikötter, *Mao's Great Famine: The History of China's Most Devastating Catastrophe, 1958–1962* (London: Bloomsbury, 2010), 230–241; 羅平漢：《大遷徙：1961–1963年的城鎮人口精簡》（南寧：廣西人民出版社，2003），頁81–118。

17. 見商業部當代中國糧食工作編輯部編：《當代中國糧食工作史料》（保定：河北省供銷社保定印刷廠，1989），卷1，頁300。

18. 李先念在1961年9月給毛澤東的一封信中提到責任問題。他說，中央負責京、津、滬、遼的糧食供應，其城鎮人口為2,400萬，各省政府負責其他地區城鎮1,100萬人口的糧食供應。李先念：〈就糧食問題給毛澤東的信〉，《文選（1935–1988）》（北京：人民出版社，1989），頁260。

19. 羅平漢:《大遷徙》,頁132,88–89。

20. 陳雲:《文集》(北京:中央文獻出版社,2005),卷3,頁275。

21. 羅平漢:《大遷徙》,頁41。

22. 中共中央批轉國家計劃委員會黨組勞動部黨組「關於1958年工資的基本情況和1959年勞動工資的安排意見的報告」(1959年5月27日),見中共中央文獻研究室編輯:《建國以來重要文獻選編》,卷12,頁357。

23. 商業部當代糧食工作編輯部:《當代中國糧食工作史料》,卷1,頁303。

24. 陳國棟:〈周恩來與糧食工作〉,「懷念周恩來」編輯組:《懷念周恩來》(北京:人民出版社,1986),頁77。

25. 〈中共中央關於大中城市郊區發展副食品生產的指示〉(1959年7月4日),見中共中央文獻研究室編輯:《建國以來重要文獻選編》,卷12,頁426。

26. 羅平漢:《票證年代:統購統銷史》(福州:福建人民出版社,2008),頁280。這裏引用的數據是很久以後才發表的。

27. 〈中共中央批轉李先念關於立即突擊調運糧油棉和成立調運指揮部的報告〉,見中共中央文獻研究室編輯:《建國以來重要文獻選編》,卷13,頁30。

28. 〈關於緊急調運糧食的幾項措施的報告〉,見中共中央文獻研究室編輯:《建國以來重要文獻選編》,卷13,頁304。

29. 〈中共中央關於做好糧食分配工作的指示〉,見中共中央文獻研究室編輯:《建國以來重要文獻選編》,卷13,頁398。

30. 金沖及編輯:《周恩來傳》(北京:中央文獻出版社,1998),卷4,頁1558–1559.。

31. 同上,頁1560–1561。

32. 楊少橋、趙發生:〈周恩來與我國的糧食工作〉,見中央文獻出版社編輯:《不盡的思念》(北京:中央文獻出版社,1987),頁232。

33. 方留碧:〈周恩來在國民經濟調整時期為糧食工作辛勤操勞〉,見「懷念周恩來」編輯組:《懷念周恩來》,頁83。

34. 〈中共中央關於立即抓緊糧食調運的通知〉,見中共中央文獻研究室編輯:《建國以來重要文獻選編》,卷13,頁702–703。

35. 趙發生:《當代中國的糧食工作》(北京:中國社會科學出版社,1988),頁269。

36. 同上,頁257。

37. 佘德鴻:〈關於信陽事件的憶述〉,頁333。

38. 楊繼繩：《墓碑》，卷2，頁855。

39. 同上，頁858。

40. 馬若德（MacFarquhar）認為差距更大一些。根據他的說法，1960至1961年為505萬噸，而1957年為1,820萬噸。見Roderick MacFarquhar, *The Origins of the Cultural Revolution, 3: The Coming of the Cataclysm, 1961–1966* (Oxford: Oxford University Press, 1997), 22.

41. 趙發生：《當代中國的糧食工作》，頁107。

42. 見Jung Chang和Jon Halliday對此問題的討論，*Mao: The Unknown Story* (New York: Anchor Books, 2006), 385–396.

43. 毛澤東：〈糧食問題〉，見中共中央文獻研究室編輯：《建國以來重要文獻選編》，卷12，頁438。

44. 〈中共中央關於全黨動手大辦農業，大辦糧食的指示〉，見中共中央文獻研究室編輯：《建國以來重要文獻選編》，卷13，頁520。

45. 關於糧食替代品，見Gao Hua, "Food Augmentation Methods and Food Substitutes during the Great Famine," in Manning and Wemheuer, *Eating Bitterness*, 182–194.

46. 〈中共中央關於壓低農村和城市的口糧標準的指示〉，見中共中央文獻研究室編輯：《建國以來重要文獻選編》，卷13，頁565。

47. 同上，頁567–568。

48. 曹樹基：〈大饑荒期間的糧食和政治〉，「蘇聯與中國的饑荒」研討會，2010年6月墨爾本大學。

49. 周飛舟：〈三年自然災害時期我國省級政府對災害的反應和救助研究〉，《社會科學研究》（2003）；http://www.usc.cuhk.edu.hk/wkgb.asp; accessed May 17, 2010.

50. 《內部參考》1961年2月13日，頁13。

51. 《內部參考》1961年4月18日，頁7。

52. 關於徐水人民公社作為全國典範，見李銳：《大躍進親歷記》（海口：南方出版社，1999），卷2，頁19–39。

53. 《內部參考》1960年9月26日，頁8。

54. 《內部參考》1960年10月5日，頁8–9。

55. 如中央政府1958年12月18日、1959年1月5日、1959年2月4日的決定，見羅平漢：《大遷徙》，頁40–43。1960年11月，城市接到指示建立遣送流動人口的「遣送站」。各城市民政局接到指示將組織遣送作為今後幾個月的

重點工作。崔乃夫：《當代中國的民政》(北京：中國當代出版社，1994)，頁35。

56. 〈中共中央關於立即開展大規模採集和製造代食品運動的緊急指示〉，見中共中央文獻研究室編輯：《建國以來重要文獻選編》，卷13，頁687。

57. Gao Hua, "Food Augmentation Methods and Food Substitutes during the Great Famine," 188.

58. 《內部參考》1961年1月13日，頁4。

59. 《內部參考》1961年1月9日，頁7。

60. 《內部參考》1961年1月16日，頁15。

61. 《內部參考》1961年1月25日，頁15。

62. 羅平漢：《大遷徙》，頁96–97。

63. 張太原：〈1956–1978年北京居民家庭的食品消費〉，《當代中國歷史研究》第3期 (2001)，頁107。

64. 同上。

65. 同上，頁110。

66. 邊彥軍、張文和編：《李先念傳 (1949–1992)》(北京：中央文獻出版社，2009)，卷1，頁500。

67. 同上，頁501。

68. Felix Wemheuer, Chinas "Großer Sprung nach vorne" (1958–1961): Von der kommunistischen Offensive in die Hungersnot—Intellektuelle erinnern sich [China's "Great Leap Forward" (1958–1961): From the Communist Offensive to Famine—Intellectuals Remember] (Münster: Lit-Verlag, 2004), 80.

69. 《內部參考》1962年2月2日，頁7。

70. 金沖及：《周恩來傳》，卷4，頁1604–1605。

71. 楊繼繩：《墓碑》，卷2，頁943–953。

72. 〈中共中央關於壓低農村和城市的口糧標準的指示〉，見中共中央文獻研究室編輯：《建國以來重要文獻選編》，卷13，頁568–569。

73. 關於腐敗問題見 Thaxton, Catastrophe and Contention in Rural China, 232–246, and Felix Wemheuer, Steinnudeln: Ländliche Erinnerungen und staatliche Vergangenheitsbewältigung der "Großen Sprung"-Hungersnot in der chinesischen Provinz Henan [Stone Noodles: Rural and Official Memory of the Great Leap Famine in the Chinese Province of Henan] (Frankfurt [M]: Peter Lang, 2007), 183–186.

74. 金沖及、陳群：《陳雲傳》(北京：中央文獻出版社，2005)，頁1257。

75. 例見Manning and Wemheuer, "Introduction," in Manning and Wemheuer, *Eating Bitterness*, 20–21.

76. Thaxton, *Catastrophe and Contention in Rural China*, 256.

77. 《內部參考》1961年7月20日，頁6。

78. 《內部參考》1961年1月10日，頁6。

79. 《內部參考》1961年1月25日，頁13。

80. 《內部參考》1961年1月13日，頁8。

81. 如見《內部參考》1962年1月16日，頁6–7。

82. 如見《內部參考》1961年7月24日，頁6–7。

83. 《內部參考》1961年6月12日，頁7。

84. 塔克斯頓曾在如下文章中表達這一觀點，見"How the Great Leap Forward Famine Ended in Rural China: 'Administrative Intervention' versus Peasant Resistance," in Manning and Wemheuer, *Eating Bitterness*, 267–268.

85. 逄先知、金沖及編：《毛澤東傳（1949–1976）》（北京：中央文獻出版社，2003），卷2，頁1068。

86. Thomas Bernstein, "Mao Zedong and the Famine of 1959–1960: A Study in Willfulness," *China Quarterly*, no. 186 (June 2006): 443.

87. 關於危機調整問題的兩章，見逄先知、金沖及編：《毛澤東傳（1949–1976）》卷2，頁1100–1176。1960年11月至1961年11月關於人民公社所有制改革問題的很多指示，可以在中共中央文獻研究室編寫的《建國以來毛澤東文稿》（北京：中央文獻出版社，1996）中找到，卷9，頁61–79、96–97、110–112。

88. 新型的人民公社規模要小得多。生產大隊成為生產資料的主要所有者，生產隊成為組織生產和日常生活最重要的單位。自留地恢復了。

89. 如見辛逸：《農村人民公社分配制度研究》（北京：中共黨史出版社，2005）；羅平漢：《公社！公社！農村人民公社》（福州：福建人民出版社，2003）；羅平漢：《大鍋飯：公共食堂始末》（南寧：廣西人民出版社，2001）。

90. 羅平漢：《票證年代》，頁280。

91. 薄一波：《若干重大決策與實踐的回顧》（北京：中共中央黨校出版社，1991），卷2，頁1078。

92. MacFarquhar, *The Origins of the Cultural Revolution*, 3: 225.

93. 薄一波：《若干重大決策與實踐的回顧》，卷2，頁1078。毛澤東秘書田家

央估計大約30%的農民採取了類似的做法。MacFarquhar, *The Origins of the Cultural Revolution*, 3: 266.

94. 薄一波:《若干重大決策與實踐的回顧》,卷2,頁1080。

95. Terry Sicular, "Grain Pricing: A Key Link in Chinese Economic Policy," *Modern China* 14, no. 4 (1988): 461.

96. 逄先知、金沖及編輯:《毛澤東傳 (1949–1976)》(北京:中央文獻出版社,2003),卷2,頁1103。

97. Sicular, "Grain Pricing," 475.

98. 李先念:〈就糧食問題給毛澤東的信〉,頁259。

99. 引自逄先知、金沖及:《陳雲傳》,頁1226。

100. 同上。

101. 更多細節見MacFarquhar, *The Origins of the Cultural Revolution*, 3: 23–30.

102. 邊彥軍、張文和編:《李先念傳 (1949–1992)》,卷1,頁483。

103. Yang Dali, *Calamity and Reform in China: State, Rural Society, and Institutional Change since the Great Leap Famine* (Stanford, CA: Stanford University Press, 1996), 108.

104. 尚長風:〈1961年糧食進口對中國對外貿易的影響〉,未發表的文章,2010。

105. 羅平漢:《大遷徙》,頁118。

106. Sicular, "Grain Pricing," 460.

107. 對1961至1963年的「下放」只有極少人做過研究,如羅平漢:《大遷徙》和Brown, "Great Leap City," 242–246.

108. 引自金沖及《周恩來傳》,卷4,頁1565。

109. 陳雲〈動員城市人口下鄉〉,見中共中央文獻研究室編輯:《建國以來重要文獻選編》,卷14,頁374。

110. 〈中央工作會議關於減少城鎮人口和壓縮城鎮糧食銷量的九套辦法〉,見中共中央文獻研究室編輯:《建國以來重要文獻選編》,卷14,頁412。

111. 商業部當代中國糧食工作編輯部:《當代中國糧食工作史料》,卷1,頁314。

112. 李先念:〈就糧食問題給毛澤東的信〉,頁262。

113. 中國學者辛逸認為,饑荒是優先供應城市人口的統購統銷政策造成的。這個觀點與中國主流看法,即饑荒時「極左」政策造成的不同。見葛玲、辛逸:〈政策偏向與1959–1961年農村饑荒〉,宋永毅、丁抒編輯:《大躍進——大饑荒》(香港:田園書屋,2009),卷1,頁502–503。

114. 羅平漢：《票證年代》，頁 303。

115. Thaxton, "How the Great Leap Forward Famine Ended in Rural China,"267–268.

116. Amartya Sen, *Poverty and Famines: An Essay on Entitlement and Deprivation* (Oxford: Clarendon Press, 1997), 7.

117. Cormac Ó Gráda, *Famine: A Short History* (Princeton, NJ: Princeton University Press, 2009), 23.

118. Sen, *Poverty and Famines*, 2.

119. 很多人不同意森關於糧食供應獲得權問題的觀點。主要研究愛爾蘭饑荒問題的歐·格拉達 (Ó Gráda) 和主要研究蘇聯歷史的泰格都認為，森作為主要論據的班加羅的饑荒不能僅用獲得權來加以解釋，因為糧食存量確實大幅度減少 (Mark B. Tauger, "Entitlement, Shortage and the 1943 Bengal Famine: Another Look," *Journal of Peasant Studies* 31, no. 1 [2003]: 68–69)。格拉達認為，英國殖民當局稱沒有足夠的糧食供應給班加羅的所有人，並以此為藉口不向那裏運送救濟。在他看來，糧食產量的下降和價格的上升都是導致饑荒的因素，但是，最為重要的是，英國政府將運用全大英帝國的所有力量減輕英國本土的糧食困難，贏得對納粹德國的戰爭 (Ó Gráda, *Famine*, 188–191) 作為優先考慮。近年來對班加羅和埃塞俄比亞 1970 年代饑荒的研究表明，對 20 世紀發生的饑荒，在分析其原因時完全不考慮糧食總量的下降，現在還為時過早 (Ó Gráda, *Famine*, 192)。森則以這兩個饑荒作為進一步的例子，證明供應獲得權上的失誤是原因。

120. Amartya Sen, "Food, Economy and Entitlements," in *The Political Economy of Hunger*, ed. Jean Dreze and Amartya Sen (Oxford: Clarendon Press, 1990), 1: 35.

121. Jean Dreze and Amartya Sen, *Hunger and Public Action* (Oxford: Clarendon Press, 2002), 264–265.

122. Stephen Devereux, "Sen's Entitlement Approach: Critiques and Counter-Critiques," *Oxford Development Studies* 29, no. 3 (2001): 257.

123. Peter Nolan, "The Causation and Prevention of Famines: A Critique of A. K. Sen," *Journal of Peasant Studies* 21, no. 1 (1993): 2.

124. Devereux, "Sen's Entitlement Approach," 248–249.

125. 葛玲、辛逸：〈政策偏向與 1959–1961 年農村饑荒〉，頁 502–503。

126. Thaxton, *Catastrophe and Contention*, 332.

127. Nolan, "The Causation and Prevention of Famines," 11.

128. 在批判森的這一分析時，諾倫還不是社會主義計劃經濟的支持者，儘管他認為，雖然沒有民主和西方式的新聞自由，市場也可以向政府提供信息。

129. 塔克斯頓在分析大佛村的饑荒時認為，以前那種游擊隊式的「流氓當道」起了重要的作用。毛澤東以前就是用這種方式摧毀了私人所有制。Thaxton, *Catastrophe and Contention*, 328–330.

130. 塔克斯頓認為，農民在公共大食堂取消之後，而自留地上還沒有收穫的時候仍然吃不飽。在這段時間裏，他們確實靠「吃青」來存活。同上，頁222。

第三部分

邊遠地區的饑荒

其稼亡三之一者,命曰小凶;小凶三
年而大凶,大凶則眾有大遺苞矣。什
一之師,什三毋事,則稼亡三之一。
稼亡三之一,而非有故蓋積也,則道
有損瘠矣。

——管子

第五章

帝國的負擔：烏克蘭和西藏的「民族化」

　　蘇聯共產黨和中國共產黨從沙俄和清王朝繼承的是一個巨大的多民族帝國。這份遺產的相似性使對這兩個國家進行比較具有意義。兩個政黨在取得政權後都必須應對成分極為複雜的民族問題。在這個背景下，大躍進採取甚麼發展戰略變得十分重要。大躍進不僅使農民與政府的關係產生危機，也使俄羅斯和漢族與邊遠地區其他民族的關係產生危機。饑荒具有深遠的長期影響，尤其是對烏克蘭和西藏。集體化和饑荒打斷了將邊遠地區的民族融入社會主義國家的和平進程。本章首先要比較俄羅斯和大清帝國20世紀初民族問題的興起。我們會看到，問題在於這個民族包括甚麼地區、哪些群體、他們的民族認同、誰統治他們以及甚麼統治形式，或者這種統治有甚麼影響。其次，本章要分析多民族帝國轉變成社會主義國家所面臨的挑戰。這兩個國家的共產黨都相信，贏得「少數民族」的支持對革命至關重要。我們還要討論中國共產黨怎樣採納了蘇聯的政策。第三，本章將要表明，饑荒給「民族化」（俄文稱為 korenizatsiia）政策帶來了危機，並造就了地方精英和地方文化。在蘇聯，饑荒造成了中央政府與烏克蘭加盟共和國大規模的衝突。最後，我要探討饑荒對中央與邊遠地區的總體關係有甚麼影響，以及為甚麼邊遠地區的動亂對共產黨在中央地區的統治未形成重大的威脅。

　　在邊疆地區的多個少數民族中，我選擇了烏克蘭和西藏，不僅因為這兩個社會群體具有相似性，而且因為在這兩個邊境地區，饑荒導致了政治危機，並且民族運動對這個危機加以利用。如在第七章中將談到

的，烏克蘭和西藏的民族主義者利用饑餓問題形成了一種挑戰共產黨的強有力的對抗性説法，指責「佔領者」有意組織了饑荒，旨在擊敗這兩個民族。海外的民族主義活動家們在以受害記憶為基礎創建民族身份問題上相當成功。這是「饑餓問題政治化」的另外一個方面。

農業帝國與民族問題

彼得格勒和莫斯科曾經是十月革命中無產階級聚集的中心。根據1926年的統計數據，俄羅斯族佔全部人口的近52.9%。第二大人口組成是烏克蘭人，佔21.2%。而中國1953年第一次人口普查的結果是，少數民族只佔5.8%。[1]但是他們居住的面積超過中國全部領土的四分之一，藏族、維吾爾族和蒙古族生活在重要的邊疆地區。兩個國家的共產黨起初都希望主要以和平的方式實現贏得少數民族的目標，包括促進非俄羅斯和非漢族的語言與文化。

近些年來，西方歷史學家再次將帝國作為研究的課題。這個發展被稱為「轉向帝國」。這種研究興趣的產生部分是因為對「從帝國到民族國家」流行範式的不滿，這種説法把帝國看成是傳統的，而民族國家是現代的形式。而新的研究超越了這樣的界限，學者們也開始分析帝國所取得的成就。[2]很多學者在研究中國和俄羅斯在現代是不是仍然是帝國，還是已經變成了民族國家。[3]在1991年蘇聯解體之前，只有堅決反對蘇聯存在的學者才將其看做帝國。蘇聯解體之後，人們普遍將其稱為帝國，正因為它解體了。[4]不過，對蘇聯帝國特徵的研究重點嚴重偏向非俄羅斯的各民族、後現代民族身份的解構和中亞各國後殖民時期研究。[5]而對於中國，這些問題較少引起討論。[6]

如對現代帝國和民族國家加以區別，比較理想的區分是，帝國沒有明確劃定的國境，不對某一片領土伸張主權，但是擁有疆界。位於中央的皇帝代表着帝國的統一，並要求臣民對其忠誠。[7]在俄羅斯和中華帝國，中央政府在邊疆地區只行使某種間接的統治。俄羅斯在中亞地區和遠東地區，中國在西部地區尤其是這樣。農村有着一定程度的自治，在

俄羅斯是貴族和村社統領，在中國是鄉紳和其他權貴。如魏格林教授所說，在中國，中央和邊疆地區的關係是一場零和遊戲，如果中央失去了權力，邊疆地區就贏得了權力。[8]對於中央來說，一方面，重要的是防止邊疆地區強大到對它形成挑戰。另一方面，中央要允許一定程度的自治，以避免不必要的直接干預。這兩個帝國對「民族」都缺乏法律的定義。在俄羅斯，每一個公民都要宣告他的宗教信仰。[9]為了對整個帝國進行統治，沙皇還將很多波蘭人、芬蘭人以及波羅的海沿岸的德意志人封為貴族。[10]俄國19世紀的愛國情懷是建立在對沙皇的信仰，而不是種族身份或種族意識之上的。[11]

民族國家和民族主義的概念是18世紀在西歐開始流行起來的。民族的興起與法國大革命、資本主義的發展以及現代的媒體發展密切關聯。[12]現代大型軍隊的建立對將農業人口納入這個過程十分關鍵。有的學者認為，在第一次世界大戰前夕，俄羅斯的農民尚未轉變為俄羅斯族人。[13]羅納德‧薩尼（Ronald Sunny）寫過：「俄羅斯民族形成的經歷是不完整的，在俄羅斯帝國最後的危機時期，帝國的王朝沒有合法的程式來應對其對手的籲求。」[14]由於1916至1917年戰場上重大的挫敗和社會經濟問題，當農民軍開始暴動、並拒絕繼續作戰時，俄羅斯軍隊崩潰了。1917年十月革命中，民族問題發揮了重要的作用，布爾什維克允諾給受俄羅斯壓迫的民族以民族自決權，芬蘭和波羅的海沿岸國宣佈了獨立。

將帝國和民族國家截然分開可能太簡單化了。不管怎麼說，如同西歐一樣建立單一種族的民族國家不是中國和蘇聯革命者現實的選擇。布爾什維克推動非殖民化，但是希望以一種能保留舊俄羅斯帝國版圖的方式進行。為了實現這個目標，1920年代初，他們建立了10個大的加盟共和國以及成千上萬個民族地區。[15]斯大林1917到1924年擔任民族事務人民委員，而且是這個領域首屈一指的專家。他的定義具有影響力，他認為，民族應是「民族是人們在歷史上形成的一個有共同語言、共同地域、共同經濟生活以及表現在共同文化上的共同心理素質的穩定的共同體。」[16]這個定義是創建民族地區的理論基礎，其第一步是走向民族化，發展該民族的文化和語言，培訓精英隊伍。這一步對於贏得非俄羅

斯族的民眾參與社會主義大家庭是必要的。「落後」的民族應該趕上先進民族經濟和文化的發展，黨的領導們認為，到了共產主義發展的後期，民族將共同消亡。

由於這樣的民族化政策，1920年代民族文化非常繁榮。很多沒有特定民族或種族的人都成了俄羅斯族、烏克蘭族或哈薩克族。蘇聯政府派出學者和黨的幹部給各個民族下定義。[17]根據安德烈亞斯・開普勒的研究，民族化政策使烏克蘭民族和語言的概念1920年代開始在城市產生廣泛的影響。[18]在沙俄時期，學校只用俄語授課，但在1929年烏克蘭97%的小學用烏克蘭語授課。各個加盟共和國黨內的民族化也取得了進展。1924到1933年，黨內烏克蘭黨員的比例從33%上升至60%。[19]特里・馬丁 (Terry Martin) 在他經典的研究中提出，蘇聯是作為一個「平權法案帝國」而建立的，平權法案政策是美國1960年代開始的防止歧視非裔美國人的一系列政策。馬丁著作的標題是「帝國」，副標題是「蘇聯的民族國家與各民族」。我認為，蘇聯既不是傳統意義上的帝國，也不是一個民族國家。尤里・斯萊茲金 (Yuri Slezkine) 將蘇聯描述為一個「公寓」，各個加盟共和國和民族自治地區在這個公寓裏有各自「單獨的房間」。在1920年代和1930年代，國家鼓勵發展民族特殊性，而民族自治體的合法性是以政府批准的領土為基礎的。[20]俄羅斯族在其中發揮着尤為重要的作用，因為在所有較大的民族中，只有俄羅斯沒有自己單獨的共產黨組織。[21]

中國採納了蘇聯的民族政策

滿清王朝 (1644–1911) 將帝國的疆域擴大到新疆和中國其他非漢族地區。在中國古代，「少數民族」的概念並不存在，每一個中國人，不論是「夏」還是「夷」，都在社會體制中獲得一個適當的位置。[22]在大清帝國，主要區分是擅文字懂禮節的文明人和中心地區之外的蠻夷。清朝社會本質上說是多元化的，著名的皇帝乾隆 (1711–1799) 承認至少有五種不同民族的臣民：滿、蒙、藏、回、漢。在亞洲，清王朝用比較實用的方式統治着各個不同的民族。「具有影響力的清王朝開國元勛常常不願

對原有的社會作大的變動，部分原因是，很多朝廷官員相信不同民族的人具有不同的『特性』，所以應該分而制之，並且沿用當地原有的機制。因此，清王朝經常賦予當地精英以權力，它當然要對當地的政治機制做些變動，但是均在可承受的範圍內。比如，在蒙古和新疆，清王朝將傳統的地方法律吸收進司法實踐中。」[23] 對當地習俗和精英的容忍並不意味着在危機時期也不予干預，但是清王朝沒有像中國共產黨後來所實行的那樣試圖完全改變當地社會。

19世紀後期，西方的民族主義、種族主義和社會達爾文思想在中國知識分子中傳播開來。「民族」這個詞是從日文來的，1882年才第一次使用。[24] 儘管19世紀中葉開始有太平天國運動和西方帝國主義勢力的擴張，清王朝一直持續到1911年。1911年辛亥革命建立了共和國，民族主義者們在大清帝國的「地理疆域」中設想了共和國的邊界。[25] 實際上，革命黨人關於主權、劃定邊界、公民身份和建立中國人的民族認同（中華民族）等籲求都是根據西方現代民族國家的理念提出的。但革命黨人很快就意識到，如果他們想守住大清帝國的版圖，建立一個純漢族的民族國家是做不到的，新的國家應該成為包括五個民族的共和國（漢、滿、蒙、回、藏）。[26] 第一次世界大戰使哈布斯堡王朝和奧斯曼帝國瓦解，一些新的民族國家誕生。在1911年中華民國成立之後，好幾任中央政府都僅對漢族所在的中央地區行使控制，失去了對邊疆地區的掌控，這些地區落到軍閥（新疆）手中，後來被日本佔領（滿洲）。

中國共產黨對少數民族的態度在很大程度上受蘇聯的影響。在1920年代和1930年代初，中共根據1918年蘇維埃憲法的建國理念，推動建立由蒙、藏、新疆以民族自決權設立的自治共和國，加上其他少數民族自治區聯合一體的聯盟。但是在1937年日本入侵中國內地之後，黨的領導有意淡化聯邦和民族自決，強調各民族的「統一戰線」。[27]「民族自決」的口號為爭取少數民族有更多的自治所取代。只是在1949年中華人民共和國成立之後，西藏才「與祖國統一」，蘇聯也失去了在新疆的勢力。中國如今的版圖與清朝時基本一樣，只是外蒙古獨立出去了。中國共產黨決心不遺餘力捍衛共和國的疆界，分裂主義過去和現在都被認為是外國帝國主義削弱中國的工具。

　　1954年憲法宣告各民族一律平等、民族地區自治並享有語言和文化的自由，設立了蒙古族、維吾爾族及西藏(較晚一些)等少數民族自治區，在各省較大的民族聚集地設立了自治州、縣。這種結構還意味着自治區的幹部可以從少數民族中選拔。在1950年代，中央政府做出很大的努力來研究少數民族的文化和語言，進行民族識別、對傳統上沒有文字的語言加以開發。在這方面，中國共產黨沿用了蘇聯早期的民族化政策。有大約400個族群申請少數民族身份，但最後只有55個獲得了承認。很多西方學者認為，這種「創造」少數民族及將漢族定位為多數的做法具有存在主義的動機。[28]每一個公民都得有一個民族，要寫在戶口簿上。選擇漢族不必提供任何理由，如選擇少數民族則要提供證明。[29]可是，在那會兒，很多人還沒有明確的民族身份，如藏族、壯族或漢族。雷國俊(James Leibold)認為，中國共產黨的目標是將少數民族民族化，以將其納入「中華民族」這個單一的民族。這個說法過於簡單化了。[30]如果同質化是中心目標，為甚麼中國共產黨要去發現、定義和承認那麼多的少數民族，並且幫助其開發他們的語言、在1950年代支持任命少數民族幹部呢？[31]雷國俊主要看的是1930年代和1940年代，當時共產黨要建立反對日本侵略的各民族統一戰線。

　　從1951到1959年，西藏在新中國所有的少數民族中享有特別的地位。1913年，西藏正式宣佈獨立。梅爾文·戈爾斯坦(Melvyn Goldstein)認為，1911到1950年間，由於中國內戰和日本佔領，西藏享有實際上的獨立，但是沒有任何國家正式承認西藏為一個獨立的國家。[32]隨着北京的中央政府與拉薩地方政權「十七條協議」的簽訂及所謂的西藏「和平解放」，這個狀況改變了。[33]西藏地方政府首領、十四世達賴喇嘛承認西藏「與祖國的統一」。作為回報，中央政府同意在西藏仍然有傳統的神權掌控，在中國其他地區進行的大規模政治運動和改革不在西藏進行。1954年達賴喇嘛和班禪喇嘛甚至擔任了全國人大常委會的副主席。那時沒有其他任何少數民族得到中央政府如此的厚愛。這個階段中央同西藏的關係與大清帝國時期相當，即中央用當地的精英來統治邊遠地區，同時允許當地地方性法律和習俗的存在。中國共產黨不在這些地區推動社

會革命，不干涉地主和寺廟剝削農民。與清廷保守的官員不同，共產黨不相信，西藏社會具有無法改變的「本性」，因而不可改造，中國政府只是認為在少數民族地區，社會主義改造需要更長的時間。戈爾斯坦的看法是，毛澤東為西藏設計了一個漸進的戰略。他希望可以以和平的方式將西藏融入，而且藏人可以成為新中國多民族國家忠誠的公民。只要封建和宗教精英不組織武裝起義，他們便可以一直掌握權力。如果漸進戰略失敗，人民解放軍則整裝待發、粉碎暴動。[34] 1952年，毛澤東甚至說，與新疆不同，在西藏，三年內不要進行土地改革和農民減租，那裏沒有漢人可以支持中央的土改。[35] 但是中央與達賴喇嘛的安排僅僅持續了七年，1959年這一聯盟崩潰了，西藏發生了暴動，達賴喇嘛逃往印度。

農民與民族問題

蘇聯和中國在少數民族政策上仍然存在重大的不同。[36] 中國共產黨內從未成立過某一民族為基礎的黨組織，中國也從未有過少數民族的加盟共和國。很清楚，在蘇聯，俄羅斯族和非俄羅斯族從未被看作相同的民族。「蘇聯公民」從來就不是一個按種族定義的名詞。[37] 而對毛澤東和他周圍的同志們來說，少數民族是中華民族的一部分。全民族的自決只有在漢人領導下完成。[38] 在中國，共產黨可以很輕易地說，漢族是最先進的。在俄羅斯帝國，俄羅斯族不比波蘭人、德意志人和立陶宛人在經濟發展和教育上更先進。[39] 在1920年代，布爾什維克並不促進俄羅斯民族身份的建立，但是1930年代俄羅斯民族文化得以復蘇。俄羅斯人被看作「各族人民友好相處」概念中領先的民族。[40]

此外，在蘇聯，民族問題與農民問題連在一起。安得利亞‧格拉齊奧西 (Andrea Graziosi) 認為，對斯大林來說，這兩個問題完全糾纏在一起。[41] 在1925年關於南斯拉夫民族問題的演講中，斯大林指出：「……但是民族問題的基礎，它的內在實質仍然是農民問題，這也是毫無疑義的。這也就說明農民是民族運動的主力軍，沒有農民這支軍隊，就沒有

而且也不可能有聲勢浩大的民族運動。」[42]實際上，在烏克蘭城市裏，居民和工人語言上都高度俄羅斯化了，而農村的農民則操持各種不同的烏克蘭方言。民族主義知識分子把農民看作支撐烏克蘭文化的脊柱。[43]格拉齊奧西用烏克蘭民族問題與農民問題的相互關聯作為論證，來證明斯大林利用1931至1933年的饑荒一石擊二鳥。蘇聯政府有意將饑荒用於種族滅絕，既摧毀了烏克蘭的農民，又折斷了烏克蘭民族的脊梁。烏克蘭歷史學家斯坦尼斯拉夫‧庫切基奇 (Stanislav Kul'čyc'kyj) 也持類似的觀點，他認為斯大林此舉既打敗了抵抗糧食收購和集體化的農民，同時又打擊了潛在要求從蘇聯獨立的勢力。[44]（種族滅絕的理論將在第七章予以詳細的評述）問題仍然是烏克蘭農民的民族意識到底有多強。直到1917年之後，烏克蘭知識分子的民族運動才獲得了廣泛的支持。[45]在俄羅斯內戰期間，很多烏克蘭農民與民族主義者和無政府主義者站在一起，反對布爾什維克和城市。共產黨的領導們仍然將此作為「1919殘酷的教訓」銘記在心。[46]格拉齊奧西將這些反叛「活動議程」歸納為農民抵抗糧食徵購、組織村莊自治政府和尊重宗教信仰。[47]實際上，農民似乎對不讓外人拿走糧食和保衛他們的村莊比推動民族主義議程更感興趣。[48]我們應該看到，斯大林關於民族問題與農民問題相互關聯的説法是針對南斯拉夫的情況所説的，目的是讓南斯拉夫共產黨認識到，解決民族問題對社會主義革命的勝利至關重要。[49]

在中國，民族問題和農民問題沒有那麼緊密的聯繫。在有些地區，漢族和少數民族的衝突反映了農民和牧民的矛盾衝突。西藏1951年之前，只有極少的漢人住在小城市裏，藏族的上層完全沒有被漢化。下面我們會看到，與當地人的嚴重衝突起源於為人民解放軍提供糧食供應。

饑荒與民族化危機

在蘇聯和中國，民族政策都缺乏連續性。在早期，兩國共產黨都認為俄羅斯和漢族的大民族主義比地方民族主義有着更大的威脅性。這個看法因大躍進期間的政治激進化而改變。[50]在蘇聯，隨着1928至1929

年農業集體化，民族政策開始變得激進。由於大躍進和第一個五年計劃的實施，蘇聯的政治權力變得更加中央集權。饑荒之前幾年激進的集體化政策增加了與一些非俄羅斯民族的衝突，因為傳統的遊牧生活受到了挑戰。比如，牲畜的集體化造成了哈薩克牧民嚴重的饑荒，死亡率達35%，比蘇聯其他地區還要高，150萬因饑荒而死亡的人當中大部分是牧民。[51]在烏克蘭，農民土地私有的傳統強於黑土地的俄羅斯地區。一般說來，這裏對集體化的抵抗更強，在非俄羅斯和哥薩克地區抵抗要暴力得多。在1930年初抵抗最為激烈，45.1%的農民暴動發生在烏克蘭（其人口佔整個蘇聯的19.5%）。[52]政府對此的對策是將整個村子的人流放。到1930年代早期時，斯大林已經對各加盟共和國的「民族共產主義者」高度不信任，因為他們希望更多地獨立於莫斯科，特別是在烏克蘭蘇維埃共和國。斯大林的一個主要擔憂是，民族化政策會強化地方民族主義和反革命勢力。[53]此外，城市裏的產業工人則更多地融合於俄羅斯文化和語言。因此，黨內不少人反對「烏克蘭化」。

蘇聯在1931至1933年的饑荒中，儘管糧食產量下降，政府仍需收購糧食、供應城市，因此面臨極大的壓力。烏克蘭是主要糧食產區，對糧食供應體系具有極其重要的意義。馬丁認為，斯大林對糧食危機做出了帶有民族傾向的解釋。他認為政府錯誤的「烏克蘭化」政策和烏克蘭共產黨領導的政策，導致了1932年糧食徵購的指標未能完成。[54]此外，斯大林認為波蘭特務利用烏克蘭的「反革命勢力」破壞蘇維埃政權的穩定。1932年8月斯大林甚至說，「如果我們現在不努力改變烏克蘭的狀況，我們可能會失去烏克蘭。要記住，畢蘇斯基（Piłsudski）不是在做白日夢，他在烏克蘭的代理人比雷登斯（Redens）和柯西奧（Kosior）所想像的要強大得多。要記住，烏克蘭共產黨（50萬黨員，哈哈）中有不少（對，不在少數！）腐敗分子。」[55]斯大林是不是真的相信烏克蘭有失去的危險還是個有爭議的問題。他的這番話可能是為了接著而來的對「民族共產主義者」的清洗而辯護。民族化的政策雖然沒有結束，但是蘇共中央政治局1932年12月作出決定，對所有居住在俄羅斯蘇維埃共和國的烏克蘭人取消「烏克蘭化」。[56]反對「民族共產主義」運動的後果是，烏

克蘭蘇維埃共和國負責教育工作的人民委員米約克拉・斯克魯尼克 (Mykola Skrypnyk) 1933年7月7日自殺身亡，他曾以推動烏克蘭化而著稱。[57]很多烏克蘭領導人在「大清洗」(1936–1938) 中被處死。由於擔心非俄羅斯族在戰爭中不忠誠，蘇聯政府在1935至1938年期間將居住在東部和西部邊境地區至少九個非俄羅斯族的人 (波蘭人、日耳曼人、芬蘭人、愛沙尼亞人、立陶宛人、朝鮮人、華人、伊朗人和庫爾德人) 流放。[58]

在中國饑荒的早期，邊遠地區發生了暴動。西藏1959年3月的暴動是中華人民共和國歷史上最為嚴重的武裝暴動。我們不應忘記，1958年時，「民主改革」和人民公社都沒在西藏進行。中國共產黨認為，西藏是一個封建社會。「民主改革」意味着將土地由寺廟和貴族所有轉為農民所有。這個政策被看作民主革命而不是社會主義革命的一部分。1957年，中央政府決定六年裏不在西藏進行「民主改革」。[59]但是，其他省藏區激進的改革威脅到西藏的舊貴族。為了理解打破西藏的神權與大躍進和饑荒的關係，我們必須要將西藏之外的情況考慮進來。「民主改革」早在1950年代中期就在安多地區 (青海、甘肅和四川省的藏區) 和康區 (青海、四川和雲南省的藏區) 開始了。改革1956年在四川，1958年在甘肅引起了武裝暴亂。在四川理塘，人民解放軍甚至炸毀一座寺廟以平息反抗。[60]1958年夏青海少數民族地區發生了一起暴亂，人們對此比對1959年拉薩發生的起義知道得少多了。這場暴亂以所謂的「循化事件」開始於4月，發生在一個居住着撒拉族的縣城。武裝起義蔓延至6個自治地區、24個縣、307個寺廟。根據官方統計，有10萬人捲入，大約佔青海藏族人口的五分之一。[61]中央政府不得不派出軍隊鎮壓起義。軍隊和武裝牧民的武力對抗在一些地區持續了六個多月。根據官方出版的《當代青海簡史》一書，1958和1959年共有5,200人被捕。[62]這本書稱，暴動搜羅了很多支持者，因為「反動派」利用宗教和寺廟組織武裝力量。牧民們擁有大量的槍支、彈藥和長矛，暴亂得到了境內外「反動勢力」的支持。[63]在解放軍鎮壓這些起義之後，大量的叛軍和難民逃入西藏，拉薩成為反華活動的中心。[64]

起義同時也是對中央和省一級政府政策重大變化的反應。在大躍進之前，共產黨把少數民族地區作為特例對待，也瞭解激烈的社會變化可

能帶來甚麼樣的問題。[65]但是，大躍進使少數民族政策變得激進。隨着1958年8月人民公社的建立，「落後的習俗」開始受到攻擊。人們說，甘肅的藏族婦女複雜的頭飾影響了在田裏幹活的速度。[66]1958年共產黨在牧區發動階級鬥爭，動員貧苦牧民與牧主鬥爭。真真切切是一夜之間，一點也沒有合作化運動經驗的少數民族地區農民「一步」邁進了人民公社。[67]新型的多民族公社打破了村莊的界線，增加了民族融合的壓力。

1958年6月大躍進早期，青海省政府開始了一個開墾荒地、變草原為農田的雄心勃勃的運動。1959年4月，省黨委甚至設立一個目標，要求各縣在兩年內糧食、蔬菜和飼料均自給自足。[68]根據官方歷史記載，這個運動嚴重破壞了草原，農民和牧民的衝突因此而增加。新開發的土地上糧食產量仍然很低。[69]直到1958年青海都沒有在少數民族地區進行合作化運動，但是大躍進把土地和牲畜都集體化了。讓牧民定居和農牧結合的政策導致災難性的後果，大量的家畜死掉了。根據官方統計，家畜從1957年的1,500萬頭下降為1958年的1,080萬頭，1960年僅有930萬頭了。[70]

給牧民的肉供應減少，而用以平衡缺失的糧食又很缺乏。按李江琳的說法，青海的起義與饑餓有關。在青海的一些地區，1958年上半年就出現了餓死人的現象。[71]到年底，該省的牧區遭遇饑荒。如同蘇聯1931年對待哈薩克人一樣，解放軍把逃難的饑民當做「叛匪」對待。[72]合作化引起的衝突演變成了與漢人的衝突。因為「民主改革」，寺廟的數量大為減少，因為宗教機構失去了土地，僧侶們都得參加勞動。根據官方統計的數據，到1958年底，青海的859座寺廟關閉了731座，54,287個僧侶和尼姑中24,613人被迫加入了農業合作社。[73]1962年，中央政府調整了少數民族政策，認真審查了關閉或摧毀寺廟的做法。一份官方的報告稱，青海省原有的寺廟僅有1%得以保存，甘肅2%、四川4%、西藏6.5%的寺廟保存了下來。[74]這些數據表明，關閉寺廟在文化大革命前很多年就開始了。

中國政府很清楚，青海的動亂會蔓延至西藏。1958年6月，毛澤東批准了青海省領導強硬的處理辦法，並說：「在西藏要準備對付可能的全域叛亂。亂子愈大愈好。只要西藏的反動派敢於發動全域叛亂，那裏

的勞動人民就可以早日獲得解放。」[75]戈爾斯坦認為，這個講話並不能説明由於青海發生了動亂，中央政府已經放棄了在西藏的漸進戰略。7月14日，中共中央提出，西藏的「反動派」可能要發動武裝叛亂，如果出現這個情況，解放軍將平叛。但是，中央政府沒有改變在西藏推遲改革的決定，並表示希望西藏地方政府能夠支持這個戰略。[76]

又過了九個月，西藏部分貴族和藏人才發動了毛澤東早就預見到的叛亂。當人們聽到解放軍要綁架達賴喇嘛的謠言時，大規模的抗議活動於1959年3月13日在拉薩爆發了。危機演變成了武裝叛亂。[77]人民解放軍用幾周時間平息了叛亂，幾周後，僅在邊遠山區仍有一些游擊隊的活動。因為中國的其他地區沒有出現社會或民族動亂，所以西藏的叛亂沒有對共產黨的統治形成大的威脅。但是黨的領導人非常清楚，西藏問題可能會引發與鄰國印度的衝突，兩國在喜馬拉雅山地區的衝突導致了1962年的邊界戰爭。蘇聯饑荒之後，斯大林用更強的中央集權和清洗「民族共產主義者」取代了比較溫和的在加盟共和國實行的民族化政策，而在中國，西藏的叛亂結束了藏族高層與中國共產黨的合作。叛亂後，中共在西藏也推行「民主改革」，將貴族和寺廟的土地分給農民。共產黨開天闢地第一次開始吸納大量的貧苦藏民擔任黨的幹部。[78]隨着西藏政教合一被粉碎，中國政府或多或少在西藏建立了直接的統治。具有諷刺意味的是，1965年建立西藏自治區後，中央政府對這個地區行使了更多而不是更少的控制。

1959年夏，青海省政府承認在鎮壓叛亂中犯了錯誤。有些幹部和部隊單位為了給犧牲的戰友報仇，殺害了被抓捕的叛亂人員。有些單位參與了劫掠。5月省委下令對這些案子予以調查，並向失去牲畜的人發放補償。[79]省領導批評一些幹部沒有區分敵我矛盾和人民內部矛盾。44,000人因無罪或罪行較小被釋放。[80]這個數字表明共產黨和藏人在青海的衝突在大躍進期間已經升級到嚴重的程度。

青海是缺糧區，1953到1964年之間要從外省調進糧食。[81]如同中國其他地區，青海的城市人口在大躍進期間也急速地增長。1957至1960年間，城鎮人口從39.8萬增加到82.46萬。[82]1960年多至100.93萬人靠

商品糧生存，達到了極大的數量，就是説，這些人要接受定量供應。這個數字是當時青海總人口的40%。[83]政府隨後進行了經濟調整，1963年城鎮人口減少了一半。吃商品糧的人1961年減少了30.1萬，1962年減少了18萬，[84]這既減輕了農業生產的負擔，也減輕了國家的負擔。此外，人民公社成立時收繳了牧民的牲畜也發給予了補償。牧民的稅收由10%下降為1.5%。1962年國家增加了10萬噸糧食調運。[85]饑荒最終是結束了，但是共產黨和青海藏人的關係則嚴重地受到了損害。

在蘇聯和中國，新的革命政權繼承了沙俄和清王朝多民族的遺產。在建立政權的第一個十年裏，他們還希望「民族化」的政策可以幫助他們贏得少數民族對社會主義事業的支持。從烏克蘭和西藏的情況看，斯大林和毛澤東可能覺得溫和的民族政策得不償失，當地的權貴「恩將仇報」。大躍進是一個轉折點。蘇聯共產黨和中國共產黨結束了溫和的民族化政策，中央加強了對邊遠地區的控制。1958年在青海激進的改革和饑荒導致了血腥的動亂。共產黨可能做出了保衞邊遠地區主要城市的決定，以守住前帝國的「地理疆域」。從歷史上來看，新的統治者都知道，要守住舊的帝國，必須要有強大的中央，要能夠防止邊遠地區從事分裂運動或建立「獨立王國」。分散中央的權力會危及全國的統一。多米尼克・列文（Dominic Lieven）針對俄國的情況寫道：「在俄羅斯這樣的中央帝國，權力總是集中在俄羅斯人的首都，聖彼得堡或莫斯科。在最壞的情況下，政府仍控制着權力和鐵路，可以在邊遠地區重新建立權力，沙皇1905至1907年、布爾什維克1918至1923年都是這樣做的。只有在俄國捲入了一場歐洲戰爭或者俄羅斯心臟地區發生暴亂，非俄羅斯民族主義者才會對其構成危險。這個情況在1914至1917年出現了。」[86]

在1931至1933年的饑荒中，蘇聯政府能夠在主要城市維持穩定。邊遠地區的叛亂沒有蔓延到中心地區。第二次世界大戰期間，莫斯科和列寧格勒保衞戰的勝利極大地加強了蘇聯人繼續戰爭的信心。在中國民國時期，控制中心地區並不能保證對邊遠地區的統治。在1930年代，國民黨只是控制了重要的城市，並沒有控制深入腹地的農村和邊疆地區如新疆、內蒙和西藏。不過，共產黨奪取政權之後，國家變得強大多

了。解放軍粉碎了1958年在青海和1959年在西藏發生的大規模叛亂，
這些沒有給共產黨的統治帶來嚴重的威脅。但是，我們必須看到，饑荒
和民族化政策的危機使得西藏和烏克蘭和平、非強制性地融入新成立的
國家的希望破滅了。饑荒所帶來的災難性經歷為民族主義者撰寫另一版
本的歷史提供了現成的素材，對共產黨編撰的官方歷史形成挑戰。

註 釋

1.　Albrecht Martiny, "Nationalitäten und Nationalitätenpolitik" [Nationalities and
　　Nationality Policies], in *Handbuch der Geschichte Russlands*, vol. 3: *1856–1945:*
　　Von den autokratischen Reformen zum Sowjetstaat, part 2, ed. Gottfried Schramm
　　(Stuttgart: Anton Hiersemann, 1992), 1772; 路遇編：《新中國人口五十年》(北
　　京：中國人口出版社，2004)，卷2，頁769。

2.　Peter C. Perdue, "Erasing the Empire, Re-Racing the Nation: Racialism and
　　Culturalism in Imperial China," in *Imperial Formations*, ed. Ann Laura Stoler, Carole
　　McGranahan, and Peter C. Perdue (Santa Fe, NM: New SAR Press, 2007), 141.

3.　對於俄羅斯情況一個很好的概括見Ronald G. Suny, "The Empire Strikes Out:
　　Imperial Russia, National Identity, and Theories of Empire," in *A State of Nations:*
　　Empire and Nation-Making in the Age of Lenin and Stalin, ed. Ronald G. Suny and
　　Terry Martin, 23–66 (Oxford: Oxford University Press, 2001); Karen Barkey and
　　Mark von Hagen, eds., *After Empire: Multiethnic Societies and Nation-Building*
　　(Boulder, CO: Westview Press, 1997). 有關中國的情況見Helwig Schmidt-
　　Glintzer, *China: Vielvölkerreich und Einheitsstaat* [China: The Multi-Ethnic Empire
　　and the United State] (Munich: Beck, 1997); Joseph W. Esherick, "How the Qing
　　Became China," in *Empire to Nation: Historical Perspectives on the Making of the
　　Modern World*, ed. Joseph Esherick, Hasan Kayali, and Eric Van Young (Lanham,
　　MD: Rowman and Littlefield, 2006), 229–259.

4.　Suny, "The Empire Strikes Out," 23.

5.　參見Adeeb Khalid, "The Soviet Union as an Imperial Foundation: A View from
　　Central Asia," in Stoler, McGranahan, and Perdue, *Imperial Formations*, 113–139.

6.　Ross Terrill 將中國看做一個新的帝國，見 *The New Chinese Empire and What It
　　Means for the United States* (New York: Basic Books, 2003).

7.　查爾斯·提利 (Charles Tilly) 所下的定義是：「帝國是一個由中央權力間接

統治的政治體。中央對帝國疆域中的主要部分行使軍事和財政上的控制，但是對兩個方面容忍非直接的統治：1、與每個部分的政府保留或建立特別的、與別人有所不同的契約；2、通過中間人行使管轄，後者在其所在地享有相當程度的自治，以這種方式換取這些地區對中央權力的遵從、朝貢和軍事合作。」Charles Tilly, "How Empires End," in Barkey and von Hagen, *After Empire*, 3.

8.　Susanne Weigelin-Schwiedrzik, "Zentrale und Peripherie in China und Ostasien (1600–1900)" [Center and Periphery in China and East Asia, 1600–1900], in *Ostasien 1600–1900* [East Asia, 1600–1900], ed. Sepp Linhart and Susanne Weigelin-Schwiedrzik (Vienna: Promedia, 2004), 82. 魏格林的這個觀點針對的是漢人的邊遠地區，而非「少數民族」地區。

9.　Theodore. R. Weeks, *Across the Revolutionary Divide: Russia and the USSR, 1861–1945* (Oxford: Wiley-Blackwell, 2010), 89.

10.　Andreas Kappeler, *Rußland als Vielvölkerreich: Entstehung, Geschichte, Zerfall* [Russia as Multi-Ethnic Empire: Origin, History, and Decline] (Munich: Verlag C. H. Beck, 2008), 68–69.

11.　同上，頁258。

12.　詳見Benedict Anderson, *Imagined Communities: Reflections on the Origins and Spread of Nationalism* (London: Verso, 2006).

13.　有關這個辯論的概況見David Moon, "Late Imperial Peasants," in *Late Imperial Russia: Problems and Prospects*, ed. Ian D. Thatcher, 120–145 (Manchester: Manchester University Press, 2005). Moon argues that the difference between the integration of the French and Russian peasants into the nation has been overstated in the past (pp. 140–141).

14.　Ronald G. Suny, "The Russian Empire," in Barkey and von Hagen, *After Empire*, 143.

15.　Terry Martin, *The Affirmative Action Empire: Nations and Nationalism in the Soviet Union, 1923–1939* (Ithaca, NY: Cornell University Press, 2001), 1.

16.　Josef Stalin, "Marxism and the Nation Question," in *J. V. Stalin Collected Works*, (Moscow: Foreign Languages Publishing House, 1953), 2: 307.

17.　詳見Francine Hirsch, *Empire of Nations: Ethnographic Knowledge and the Making of the Soviet Union* (Ithaca, NY: Cornell University Press, 2005).

18.　Kappeler, *Rußland als Vielvölkerreich*, 305.

19. Serhy Yekelchyk, "The Western Republics: Ukraine, Belarus, Moldova and the Baltics," in *The Cambridge History of Russia*, vol. 3: *The Twentieth Century*, ed. Ronald Grigor Suny (Cambridge: Cambridge University Press, 2006), 536.

20. Yuri Slezkine, "The USSR as a Communal Apartment, or How a Socialist State Promoted Ethnic Particularism," *Slavic Review* 53, no. 2 (1994): 445.

21. Terry Martin, "An Affirmative Action Empire: The Soviet Union as the Highest Form of Imperialism," in Suny and Martin, *A State of Nations*, 80.

22. James Leibold, *Reconfiguring Chinese Nationalism: How the Qing Frontier and Its Indigenes Became Chinese* (Basingstoke: Palgrave Macmillan, 2007), 11.

23. Patterson Giersch, "'Grieving for Tibet': Conceiving the Modern State in Late-Qing Inner Asia," *China Perspectives*, no. 3 (2008): 7.

24. Colin Mackerras, "Conclusion: Some Major Issues in Ethnic Classification," *China Information* 18, no. 2 (2004): 311.

25. Leibold, *Reconfiguring Chinese Nationalism*, 2–3.

26. 同上，頁 39。

27. Zhou Minglang, "The Fate of the Soviet Model of Multinational National State Building in the People's Republic of China," in *China Learns from the Soviet Union, 1949–Present*, ed. Thomas Bernstein and Li Huayu (Lanham, MD: Lexington Books, 2010), 480.

28. 關於定義種族類別之困難見 Thomas Mullaney, *Coming to Terms with the Nation: Ethnic Classification in Modern China* (Berkeley: University of California Press, 2011); 亦見 Dru C. Gladney, "Representing Nationality in China: Refiguring Majority/Minority Identities," *Journal of Asian Studies* 53, no. 1 (1994): 92–123.

29. Ingo Nentwig, "Nationalitäten und Nationalitätenpolitik in der VR China" [Nationalities and Nationality Policy in the PRC], *Marxistische Blätter* 4 (2008): 70.

30. Leibold, *Reconfiguring Chinese Nationalism*, 150.

31. 採用存在主義方式的一個例子是壯族的創建。See Katherine Palmer Kaup, *Creating the Zhuang: Ethnic Politics in China* (Boulder, CO: Rienner, 2000).

32. Melvyn C. Goldstein, *The Snow Lion and the Dragon: China, Tibet, and the Dalai Lama* (Berkeley: University of California Press, 1997), 33–34.

33. 該協議的網絡版見"The Agreement of the Central People's Government and the Local Government of Tibet on Measures for the Peaceful Liberation of Tibet"; http://www.china.org.cn/english/zhuanti/tibet%20 facts/163877.htm; accessed May 3, 2010.

34. Melvyn Goldstein, *A History of Modern Tibet 1951–1955: The Calm before the Storm* (Berkeley: University of California Press, 2007), 37–38.

35. 毛澤東：〈關於西藏工作的方針〉(1952年4月6日)，中共中央文獻研究室編：《毛澤東西藏工作文獻》(北京：中央文獻出版社，2008)，頁62。

36. 墨磊寧 (Thomas S. Mullaney) 認為，中國的人類學家在認定少數民族時沒有完全採用斯大林關於種族群體的定義。他們沒有像斯大林那樣嚴格區分作為資本主義發展階段的民族和前現代的部族，因為如果做這樣的區分，只有很少的群體可以符合種族的定義。Thomas S. Mullaney, "Ethnic Classification Writ Large: The 1954 Yunnan Province Ethnic Classifications Project and Its Foundation in Republican-Era Taxonomic Thought," *China Information* 18, no. 2 (2004): 227.

37. Slezkine, "The USSR as a Communal Apartment," 435.

38. Leibold, *Reconfiguring Chinese Nationalism*, 181, 106.

39. Kappeler, *Rußland als Vielvölkerreich*, 136.

40. Martin, *The Affirmative Action Empire*, 461.

41. Andrea Graziosi, *Stalinism, Collectivization and the Great Famine* (Cambridge, MA: Ukrainian Studies Fund, 2009), 2–3.

42. Josef Stalin, "Concerning the National Question in Yugoslavia," in *J. V. Stalin Collected Works* (Moscow: Foreign Language Publishing House, 1954), 7: 71–72.

43. Graziosi, *Stalinism, Collectivization and the Great Famine*, 76, 81.

44. Stanislav Kul'čyc'kyj, "Terror als Methode: Der Hungergenozid in der Ukraine 1933" [Terror as Method: The Hunger Genocide in Ukraine 1933], Osteuropa 54, no. 12 (2004): 69–70.

45. Kappeler, *Rußland als Vielvölkerreich*, 188.

46. Martin, *The Affirmative Action Empire*, 293.

47. Graziosi, *Stalinism, Collectivization and the Great Famine*, 23.

48. 羅伯特·康奎斯特 (Robert Conquest) 和安得利亞·格拉齊奧西 (Andrea Graziosi) 都引用了斯大林1925年關於民族問題的講話，並將此證明斯大林在1932至1933年組織饑荒對付農民以挫敗烏克蘭的民族主義。康奎斯特寫道：「斯大林似乎意識到，只有對全民——即農民——實施大規模的恐怖才能使這個國家屈服。他對民族性與農民的關係說的很清楚：『民族問題說到底是農民問題。』」Robert Conquest, *The Harvest of Sorrow: Soviet Collectivization and the Terror-Famine* (Oxford: Oxford University Press, 1986), 219. 康奎斯特沒有告訴讀者的是，斯大林的這番話是針對別的問題所說的。

49. Stalin, "Concerning the National Question in Yugoslavia," 72.

50. 對於蘇聯的情況見Martin, *The Affirmative Action Empire*, 240. 對於中國的情況見June T. Dreyer, *China's Forty Millions: Minority Nationalities and National Integration in the People's Republic of China* (Cambridge, MA: Harvard University Press, 1976), 170–171.

51. Robert Kindler, "Auf der Flucht: Die kasachischen Nomaden und die Hungersnot von 1930–1934" [On the Run: The Kazakh Nomads and the Famine of 1930–1934], in *Hunger, Ernährung und Rationierungssysteme unter dem Staatsso-zialismus* [Hunger, Nutrition and Rationing under State Socialism], ed. Matthias Middell and Felix Wemheuer (Frankfurt [M]: Peter Lang, 2011), 35.

52. Martin, *The Affirmative Action Empire*, 293.

53. 同上，頁303。

54. 同上。

55. 引自Martin, *The Affirmative Action Empire*, 298. 約瑟夫·克萊門斯·畢蘇斯基 (Józef Klemens Piłsudski，1867–1935) 是波蘭第二共和國的獨裁領導人。斯坦尼斯拉夫·雷登斯 (Stanislav Redens，1892–1940) 是烏克蘭蘇維埃共和國秘密警察的負責人。斯坦尼斯拉夫·柯西奧 (Stanislav Kosior，1889–1939) 1932至1938年任烏克蘭共產黨第一書記，在大清洗中被處決。

56. 同上，頁307。

57. 關於斯克魯尼克 (Mykola Skrypnyk) 詳見James E. Mace, *Communism and the Dilemmas of National Liberation: National Communism in Soviet Ukraine, 1918–1933* (Cambridge, MA: Harvard Ukrainian Research Institute, monograph series, 1983), 192–231.

58. Martin, *The Affirmative Action Empire*, 311.

59. 〈中共中央對西藏進行民主改革和收縮方針的指示〉，中共中央文獻研究室編輯：《西藏工作文獻選編》(北京：中央文獻出版社，2005)，頁199。

60. 詳見Tsering Shakya (茨仁夏加)，*The Dragon in the Land of Snows: A History of Modern Tibet since 1947* (London: Pimlico, 1999), 136–144.

61. 李江琳：《1959拉薩！》(香港：新世紀出版及傳媒有限公司，2010)，頁79。

62. 陳雲峰主編：《當代青海簡史》(北京：當代中國出版社，1996)，頁163。

63. 同上，頁157。

64. 1956到1958年，大約六萬藏人從青海、甘肅、四川和雲南逃到西藏。Wang Lixiong, "Reflections on Tibet," *New Left Review*, no. 14 (2002): 87.

65. Dreyer, *China's Forty Millions*, 158.

66. 同上，頁 161。

67. 比如《民族團結》上一篇關於甘肅藏區的文章題為〈一步邁入人民公社〉，見友聯研究所編寫：《西藏（1950–1967）》（香港：友聯研究所，1968），頁 330–333。

68. 青海省地方誌編撰委員會編輯：《青海省誌・14・畜牧誌》（合肥：黃山書社，1998）。

69. 陳雲峰：《當代青海簡史》，頁 138。

70. 青海省地方誌編撰委員會編輯：《青海省誌・14・畜牧誌》，頁 48。

71. 李江琳：《1959 拉薩！》，頁 77–79。

72. 同上，頁 79。

73. 同上，頁 82。

74. 〈中共中央批轉「關於民族工作會議的報告」〉（1962 年 6 月 20 日），中共中央文獻研究室編輯：《建國以來中央文獻選編》（北京：中央文獻出版社，1997），卷 15，頁 521–522。

75. 毛澤東：〈轉發青海省委關於鎮壓叛亂問題的報告的批語〉（1958 年 6 月 24 日），中共中央文獻研究室編輯：《建國以來毛澤東文稿》（北京：中央文獻出版社，1992），卷 7，頁 286。

76. 與梅爾文・戈爾斯坦 2011 年 1 月 25 日的電子郵件通信。

77. 詳見 Shakya, *The Dragon in the Land of Snows*, 186–211。

78. 王力雄：《西藏問題的反思》，頁 90。

79. 陳雲峰：《當代青海簡史》，頁 163。

80. 同上，頁 164。

81. 商業部當代中國糧食工作編輯部編輯：《當代中國糧食工作史料》（保定：河北省供銷社保定印刷廠印刷，1989），卷 2，頁 1882–1883。

82. 陳雲峰：《當代青海簡史》，頁 175。

83. 同上，頁 140。

83. 同上，頁 164。

85. 同上，頁 167。

86. Dominic Lieven, "Russia as Empire and Periphery," in *The Cambridge History of Russia*, vol. 2: *1689–1917*, ed. Dominic Lieven (Cambridge: Cambridge University Press, 2006), 23.

第六章

「為解放西藏抓地鼠充饑」：
中國官方歷史記載中的饑荒

　　本章將討論中國共產黨如何用饑餓問題作為一個論據來講述「解放西藏」。[1]關注的重點是，饑餓在人們記憶中和在官方歷史中的不同概念給饑荒問題的研究增加了另一個層面。對於所有的中國人來説，西藏是中國的一部分。共產黨宣稱要捍衛祖國各民族的統一，中國少數民族的歷史都是在這個框架中撰寫的。共產黨至少在言辭上反對大漢族主義，在媒體上，漢族被展示為最先進的民族，他們幫助其他「兄弟」民族發展。約翰·鮑威爾（John Powers）稱，中國與駐紮在印度的西藏流亡政府在歷史的編寫上進行過一場宣傳戰。[2]中國歷史學家研究的重點不是藏族人的饑餓問題，而是論述中國政府如何制定政策保證西藏的糧食供應。本章將談及佔主導地位歷史觀的創建如何與糧食政策相互交織。首先，我要分析官方的歷史觀，根據這個觀點，英勇的人民解放軍戰士為了解放藏族同胞願意抓地鼠充饑。其次，我要展示，中國的歷史學家們選擇資料，用以證明中國政府努力為西藏提供糧食的壯舉，這些資料給人們的印象是，西藏沒有受到嚴重饑荒的影響。第三，我要談及中國學者淡化西藏饑荒中極高死亡率的問題。本章最後討論的問題是，在西藏養活數量巨大的僧侶是一個負擔，中國共產黨以此為由，為其在「民主改革」中打擊佔統治地位的宗教人士進行辯解。本章還要談到，人們用糧食問題來間接地批評西藏人傳統的生活方式。

中國官方歷史中的西藏

在中國官方看來，西藏從13世紀開始就是中國的一部分。中國的歷史學家努力尋找，證明西藏是中國的一部分，而西藏流亡政府一直試圖強調兩種文化在本質上的不同。毛澤東去世以後，中國官方歷史學經歷了重大的變化。但是他們對於西藏現代史看法的連續性是令人吃驚的，我將在本章中對此予以展示。如果我們把1950年代早期建設新公路的宣傳冊與現在修建金嘴—拉薩鐵路的宣傳做個比較，我們會看到，所傳遞的信息十分相似：與內地的相連將給西藏帶來發展、繁榮、教育、現代設施和衛生保健。而西藏過去是、現在是、將來仍然是中國的一個部分，這是不容置疑的核心信息。[3] 1950至1959年間中國共產黨與藏族高層曾建立聯盟。自從1978年改革開放以來，討論的問題更多地集中於西藏所取得的成就，而不是1960年代初「民主改革」和文化大革命中的錯誤。

儘管文化大革命中對少數民族的的政策被看作是災難性的，在關於西藏的官方歷史敘述中，「左傾錯誤」僅僅偶爾提及。近年來，一些中國出版的論著謹慎地對官方關於土地改革（1947–1953）過程中階級鬥爭的敘事提出問題，但是關於西藏剝削農奴的描述沒有任何改變。[4]藏族人兩次得到解放的說法一次又一次地重複——一次是1951年從帝國主義統治下，一次是1959年從農奴主的統治下得到解放。一個比較好的例證是官方發表的《白皮書：西藏50年民主改革》。[5] 1990年代以後出版的論著中，中國學者更多地談到西方學者的有關研究，尤其是像譚・戈倫夫（Tom Grunfeld）和梅爾文・戈爾斯坦這樣的學者，中國人認為他們比較客觀，他們的著作也譯成了中文。[6]

中方研究的一個目的是反駁十四世達賴喇嘛的觀點。西藏問題是中國最敏感的政治問題之一，即使是在香港出版的關於大躍進或文化大革命的學術論著，雖然比較具有批評性，但也不敢涉及這些運動在西藏的影響。有兩部中國大陸學者在香港出版的關於大躍進的重要著作，它們都略去了西藏地區的饑荒問題。[7]缺乏人口統計的數據和史料可能只是一個原因。儘管缺乏對西藏地區饑荒問題的研究，但糧食和饑餓問題還

是經常出現在中國官方的論述中。然而，關於饑餓問題的描述與西藏流亡政府的描述完全不同，下面我將要講到這個問題。

中國人民解放軍戰士關於饑餓的敍事

在西藏流亡者的描述中，進藏的解放軍部隊對當地藏人是一個極大的負擔。實際上，為進藏的人民解放軍提供糧食是中國政府在「和平解放」西藏時最大的挑戰之一。[8]解放軍官兵騎着馬和驢經過長途跋涉於1951年下半年到達拉薩。1984年出版的官方教科書描述了解放軍官兵的苦難經歷，他們只攜帶了7天的糧食：「廣大幹部、戰士都勒緊腰帶；即使這樣，有時仍然是一天連兩頓稀飯都喝不上。看到這種情況，許多老百姓和愛國人士都十分心痛。有時，便在夜裏把一袋袋的青稞送到子弟兵的駐地。」[9]教科書中人民解放軍官兵的回憶強調的是戰士們為了祖國的統一在這個「長征」中經歷的艱難困苦。因為道路不通暢，幾乎不可能從中國內地運送大量的糧食。據兩個經高原從甘孜行進到拉薩的戰士回憶，找糧食是當時一項主要的工作。這本回憶錄是2001年紀念西藏「和平解放」50周年出版的系列叢書中的一本。作者王貴和黃道群描述戰士們如何勒緊褲腰帶，不給當地藏胞帶來麻煩。毛澤東曾經下令，進藏的解放軍不得吃當地的糧食，由於甘孜糧食產量很低，當地沒有糧食可以徵購。戰士們一天只有400克口糧，同時還要承擔重體力活兒，為運糧的飛機修跑道。為了充饑，戰士們吃遍了各種野菜。戰士們抓地鼠充饑的故事在《血對西藏說》一書中有詳細的描述，這個故事也寫進了2007年出版的《西藏自治區糧食誌》中。[10]當地老百姓看到戰士們餓着肚子在修路，都來幫着修建飛機跑道。王貴和黃道群在書中寫道，「在糧食極端困難的條件下，我們沒有向地方購一粒糧。寧願部隊挨餓，也不去增加當地藏胞負擔。」[11]飛機跑道投入使用之後，戰士們的營養狀況改善了。

進藏時，部隊有命令，部隊各部門和個人都不得在市場上和小商店買糧食，糧食的徵購和分配由部隊的財政和商業部門統一管理。儘管有

命令,有的戰士餓極了,還是違抗命令,在拉薩的小餐館或茶館買了吃的。[12]王貴和黃道群還寫了飲食習慣上的文化衝突。起初戰士們覺得酥油聞起來噁心,也不會做糌粑和奶茶,藏胞教他們怎麼用酥油、怎麼做糌粑,慢慢的漢族戰士也習慣了。[13]在王貴和黃道群的描述中,糧食問題是用來體現解放軍戰士怎樣適應新的環境和藏族的風俗習慣的。下面我們可以看到,流亡的藏人則根據飲食習慣的不同將自己與漢人在種族上相區別。

打破「糧食抵制」供應解放軍

1951年拉薩的人口大約有三萬。駐紮在薩拉的解放軍有八萬,他們每年需要2,850噸口糧,部隊的馬匹需要650噸飼料。[14]根據「十七條協議」,西藏噶廈(西藏地方政府)應該協助購買和運輸糧食。中央政府知道,從西藏人那裏徵用或購買糧食會引起動盪。1952年4月,毛澤東為解決這個問題制定了一個綱要。一方面,解放軍要發展生產、自力更生。另一方面,毛澤東擔心西藏上層的反動勢力會利用糧食危機來攻擊解放軍,他希望不降低藏族人的生活水平。因此需要建造公路,以便將大量的糧食從中國內地和印度運過來。毛澤東警告說:「將來有一天萬一印度不給糧物我軍也能活下去。」[15]後來毛澤東的政策都有這樣的內容,即進藏的部隊不吃地方的糧食。[16]1950年代早期,人民解放軍自力更生更多的只是一個目標,而不是現實。根據中方的一個資料,1952年解放軍耕種了943公頃土地,他們可以提供自己所需的所有蔬菜和30%的糧食。[17]這意味着,他們還要從藏族貴族和寺廟購買糧食和大米。中國經印度政府同意,從廣東省用船經西班加羅向西藏運送了2,800萬磅大米。[18]運輸中大米得用騾子、牦牛和馬車經印度的帕里運往拉薩。1952年,中國政府組織了一個大型的陸地運輸項目,從四川啟運。項目動用了66,900多頭牲畜和15,600多個勞動力。可以想像,這種運輸代價極高,因此建設青藏和康藏公路成為解放軍需要完成的主要項目,這兩條公路1954年最終完工。中國政府出版了幾本書,讚揚戰士們和藏族

施工隊工人在公路建設項目中英雄主義的業績和他們為祖國做出的犧牲。[19] 公路雖然完工了，但藏族游擊隊的襲擊偶爾還會中斷這兩條公路的運行，直到 1960 年代初期，這一情況才有了改變。

即使有了新建的公路，運來的糧食加上部隊自己種植的糧食也不夠滿足駐藏部隊的需求。由於西藏的糧食儲存掌控在寺廟和貴族的手中，中央政府不得不依賴當地精英的合作。中國官方的教科書自 1984 年（如上所述）一直指責西藏上層的「反動勢力」組織了糧食罷工。西藏上層的反動分子和噶廈與愛國的藏族老百姓不同，他們對解放軍缺糧「幸災樂禍」。這些反動分子樂意看到漢族戰士被餓死，他們拒絕賣糧食給解放軍，因為他們相信「趕不走解放軍，餓也得把他們餓走」。[20] 在中國官方的敘述中，饑餓問題上也有敵我界限。在解放軍戰士為了祖國忍饑挨餓時，藏族老百姓支援解放軍，而反動派則用饑餓作為武器逼解放軍離開。官方出版的《西藏自治區糧食誌》報道，西藏上層的反動集團實行糧食封閉、製造糧荒。[21]

平措汪傑（Bapa Phüntso Wangye / Phünwang）在他的回憶錄中寫到了糧食罷工的威脅。平措汪傑是共產黨員，是西藏工委裏唯一的藏族，這個委員會是中央政府在西藏的代表，工委書記是進藏解放軍的司令員張國華。在西方學者出版的回憶他的書籍中，平措汪傑自稱為具有批評精神的藏族共產黨員，為了建設社會主義西藏，不怕與中央政府發生衝突。據他的回憶，西藏貴族、噶廈司曹魯康娃（Lukhangwa）對進藏的解放軍第十八軍一個高級指揮官王其美説：「好啊，你打敗了我們的軍隊，進了拉薩，被提拔成『王司令員』了。可是，我們這兒的人是不容易被征服的。拋開其他的不説，你們士兵的口糧就持續不了多久。」[22] 反抗漢人的魯康娃 1952 年被解職。

西藏的貴族可能有計劃組織針對解放軍的糧食罷工，但是沒有證據表明有大規模的罷工發生。根據平措汪傑的回憶，真正的問題不是糧食短缺本身，而是缺乏行之有效的將農村餘糧運往拉薩的供應系統。[23] 為了克服糧食短缺，同時也為了控制通貨膨脹，解放軍支持西藏噶廈建立聯合糧食管理機構，由平措汪傑擔任副主任。中央政府提供幾十萬銀元

來落實這個指示並徵購糧食。但徵購糧食不是一項容易的工作。當漢人發現布達拉宮下面的糧倉藏了50年的14萬斤糧食，已經腐爛，不能食用，他們感到震驚。[24] 藏族的農民在挨餓，僧侶們卻讓山一樣成堆的糧食爛掉，1959年之後共產黨出版的關於西藏的書籍中對於階級鬥爭的描述與此正相吻合。在布達拉宮發現了14萬斤腐爛的糧食是《西藏自治區糧食誌》大事記中提及的1951年發生的唯一事件。[25] 總而言之，中國官方的說法強調的是，為了避免給藏族同胞增加負擔，中央政府作出了巨大的努力，儘管運送糧食十分危險而且成本昂貴。

向西藏提供糧食並保證西藏的安全

1954年通向中國內地的公路建成以後，西藏的糧食情況有了改善。根據中方的資料，此後部隊和幹部用糧沒有再從西藏當地購買，大量的糧食從中國內地運來。[26] 此外，一本官方出版的關於西藏歷史地位的書籍談到，1954和1955年水災時，中國政府為災民提供了救濟和低息貸款，在江孜和柏良地區691人和8,000頭牲口被洪水捲走，在水中奄奄一息，[27] 人民解放軍戰士奮力從大水中救出藏族農民，部隊並將20萬斤糧食發放給了災民。這本書說，雖然部隊極力幫助藏民，西藏上層的反動勢力仍然散佈謠言說解放軍侵吞了大量的救災糧。這本書還說，1954至1955年洪水之後，由於建立了有效的救災系統，西藏再也沒有因自然災害而死過人。[28]

《西藏自治區糧食誌》還談到，1956年中央從內地向西藏運送了大量的糧食以穩定市場、抑制通貨膨脹。[29] 但是，這個資料沒有提到的是，通貨膨脹的主要原因是他們為進藏的漢族幹部從藏族貴族手中購買了很多住房。1957年，政府開始給漢族和藏族工人、幹部和學生提供口糧。供應給漢族的是大米和白麵，給藏族的則主要是大麥。1959年3月的西藏動亂和隨之而來的「民主改革」帶來了糧食供應體制的轉型。同情西藏反叛的印度政府停止向中國出口糧食，並且關閉了中國經印度向西藏運送糧食的公路。作為應對，西藏工委決定取消糧食自由貿易，由

國家實行糧食的統購統銷。[30]如同1953年在中國其他地方開始的做法一樣，西藏從1960年開始實行糧食統購統銷。同一年，給城鎮所有居民發放了糧食供應證。

從1959年開始，西藏農民必須付「愛國糧食稅」。稅收的比例是每一個農戶農業收入的8%。1961年，西藏工委決定將此後五年的稅率定為7%。[31]與中國內地相比，這個稅率很低，因為在中國內地，雖然發生了大躍進饑荒，農民交納糧食稅的負擔還增加了。此外，中央政府允許西藏發生過暴動的中心地區在一定時間內緩交糧食稅，因為中央希望穩定這些地區。

1962年，中央政府批評了將農業與畜牧業一體化的政策。在有些地區，大量的草場變成了農田，造成大面積草場被毀，牲畜數量急劇減少。中央政府決定，草場應該首先用於畜牧業的發展。[32]官方出版的《西藏工作重要文件彙編》長達七百多頁，但只有中央政府關注西藏糧食供應的內容，完全沒有提及饑荒。1961年1月，鄧小平提出，國家應該少從西藏徵購糧食，應該避免過去所犯的「左的錯誤」，應該允許農戶自己存糧、自養奶牛和綿羊。[33]三個月以後，中央委員會決定，此後三到五年內，部隊和漢族工程師的口糧應從內地運來的糧食中供應，只有個別區縣為數不多的幹部仍吃地方糧。要求部隊建立國家農場，力爭在糧食供應上自力更生，以減輕國家調運糧食的負擔。中央委員會指出，因為路況很差，如果發生大的災荒，很難從內地調運救災糧。[34]在這份中央文件中，饑荒的威脅只是用來強調解放軍很快需要在糧食供應上實現自力更生。《西藏工作重要文件彙編》反映了官方文件彙編的選擇性。1958年以後的文件和文化大革命第一階段1966至1973年的文件均沒有收編。有關青海、甘肅、四川和雲南藏族地區的決定文件均失缺，大躍進中針對牧民和寺廟「極左」政策亦均未收入此彙編中。

中方的資料稱，「民主改革」後農民開始在分得的田裏耕種，第一年和第二年收成不錯。[35]《西藏自治區糧食誌》給人的印象是，中國政府在西藏推行比較溫和的政策，沒有發生過饑荒。《糧食誌》的作者也沒有提及康區和安多地區，1960年中國內地大規模饑餓的高峰期，仍然有大量

的糧食運到西藏供應部隊、保障動亂後西藏的安全。根據官方的記載，藏族農民交納的稅率比較低，得到國家供應口糧的藏族人數也增加了。《糧食誌》裏的說法和數據是不是僅僅為了宣傳中國政府不遺餘力幫助藏族人、給他們提供糧食呢？其他省如河南省的《糧食誌》還顯示出，1959年糧食稅急劇上升給農民造成負擔，使農業生產大幅度減產。[36] 西藏的情況可能是，中國政府不願或者不能從西藏向中國的其他城市或省份運送糧食。內部出版的《當代中國糧食工作史料》提供了中國各省糧食淨運出和運入的數據，但有關西藏只有1960年及其以後的數據。根據這些統計數據，西藏是糧食淨接受區，從其他省份運進糧食。（1960年從其省運入糧食23,000噸，1961年16,000噸，1962和1963年11,000噸）。1966年之後，每年都繼續向西藏運入糧食。[37]

　　直到1960年代初期，才開始在西藏大範圍地實施有關糧食政策（集體生產、建立國有糧倉和戶籍登記），糧食統購統銷也是1960年開始在西藏實施的。「民主改革」剛開始的時候，西藏工委和西藏自治區籌備委員會沒有自己的糧倉。所以他們對寺廟的糧倉依賴特別大。1962年拉薩和林芝地區儲存在寺廟的種子糧39%、存在私人手中的種子糧也有26%。[38] 直至1966年他們才建立了獨立的糧倉。對於當局來說，在當地守護糧倉是一項艱巨的工作，因為反漢人的游擊隊和「反動派」襲擊焚燒糧倉或者偷盜儲存的糧食。1963年，20,083公斤糧食被盜或在糧倉內腐爛。[39] 隨後政府建立了一套糧食儲存由地方負責監管的制度。

　　直至1964年，政府才在西藏開始建立戶籍制度，[40] 人民公社在西藏建立於1968至1973年之間。中國領導人十分清楚西藏在戰略上的重要性，比如，西藏暴動僅僅三年後，1962年就爆發了中國與印度的邊境戰。

西藏真的沒有發生過饑荒嗎？
審視中國統計數據後的故事

　　《糧食誌》沒有提及饑荒。但如果我們去看一看人口統計就知道，很明顯，西藏一定發生過異乎尋常的事情。

1953到1964年間，所有各地區的藏族人口加在一起下降了9.9%，減少的人數超過27萬（見圖表6.1）。西藏地區的藏人減少了66,000人。全中國1959至1961年間人口減少了1,348萬。[41]但是統計數據表明，1953年第一次全國人口普查和1964年第二次全國人口普查之間，人口還有所增加，而西藏的情況不是這樣。與其他地區不同，西藏這個時期的出生和死亡都缺乏統計數據，但是藏族是極少的幾個在那個時間段裏人口減少的民族之一，其他比較大的少數民族如蒙古族、回族、苗族和維吾爾族的人口都在增加。[42]實際情況是，各省的藏族人口都有所下降，只有四川省除外，而四川是因為省界劃分的原因，因為有着很多藏族人的西康省1956年被取消併入了四川省。

表6.1　中國藏族人口增長情況（1953–1982）

	1953	1964	1982
總數	2,753,000	2,501,000	3,874,000
省份			
西藏	1,275,000	1,209,000	2,190,000
雲南	67,000	65,000	96,000
四川	234,000	607,000	922,000
青海	494,000	423,000	754,000
甘肅	205,000	193,000	305,000

資料來源：楊魁孚：《中國少數民族人口》（北京：中國人口出版社，1995），頁21。

中國如何解釋藏族人口的減少呢？中國學者劉娟認為「經濟困難時期」（1959–1961）一定對藏族人口發展也產生了影響。[43]但是，她沒有解釋，西藏並沒有進行大躍進，而人口卻減少了。她提出，1964年的數字證明西藏之外的藏族人口增加更快是因為「民主改革」在這些地區開始得更早，當地的生活水平更高。她暗示，西藏人口的減少與藏族精英統治下的營養不良和衛生條件差有關。學者馬戎對統計數據的準確提出質疑。1953年西藏地方政府負責人口普查，當時還沒有實行戶籍管理。馬戎認為，1953年的數字可能只是一個估計，並且估計得過高。他對1964年的數字也表示懷疑，因為那年戶籍制度尚未完全建立。[44]此外，

1959年鎮壓暴亂之後，成千上萬的藏族人移居東南亞也是藏族人口減少的一個因素。有澳洲專業訓練背景的人口統計學家嚴浩統計的數字是，1953至1964年間，西藏減少了152,000人，這個數字也包括隨達賴喇嘛逃到印度的和移居其他地方的藏人。因此僅有六萬人的死亡與饑荒、政治迫害以及暴動有關。[45]嚴浩估計在整個饑荒期間藏族死亡的人口不超過三萬。

嚴浩似乎在以官方提供的數字進行學術上的人口統計和研究。但是，他淡化餓死人數量的觀點顯示他對大躍進的歷史背景缺乏瞭解。他認為迄今藏族人口的一半以上由自給自足的牧民構成。他們的日常生活很少需要外部提供的糧食。他忽略了一個情況，那就是，大躍進期間在安多和康藏地區牧民都進了人民公社，被迫實行「農牧結合」。有些人還被迫放棄遊牧的生活方式、定居了下來。1962年以後的中央文件記載了這一政策特別是在草原地區產生的惡劣後果，並對其予以批判。[46]甘肅和青海省藏族人口的下降表明牧民並不能在饑荒中幸免於難。嚴浩還質疑用大卡車將大量農牧產品運出西藏的說法。他認為，當時政府為西藏自治區的藏族農民免除了所有的農業稅。可是，官方出版的《糧食誌》表明，1959年開始向農業單位和個體農民徵收「愛國糧食稅」，[47]這實際上否定了嚴的觀點。

嚴浩說：「有甚麼必要用小卡車裝着大麥，沿着海拔3,000米高的崎嶇山路送到人口眾多、以大米為主食的一千多英里以外的四川？當時蘇聯停止了石油供應，汽油在中國還十分緊缺。」[48]沒有用卡車將糧食運出西藏可能是實情，但是對嚴浩的解釋需要進行進一步的探討。一個藏族難民引用了一個中國官員1960年代初所作的非常類似的解釋：「最近反動派散佈惡意的謠言，說我們把大麥運往中國內地。漢人不吃糌粑，我們要大麥幹甚麼？卡車裝的大麥是運給北方的牧民的。」[49]為甚麼四川餓得奄奄一息的農民寧願餓死也不吃大麥？「吃大米的」漢人與「吃大麥的」藏人文化上那麼不同，以至於漢人不能食用西藏的糧食？仔細閱讀嚴浩的文章，我們會發現，他的人口學觀點背後有故事。

藏族人的疾苦被排除在外的原因是，在西藏歷史的討論中，饑荒問

題是一個禁忌。由於這個禁忌，同時還有統計數據的缺乏，使研究西藏地區的饑餓問題十分困難。[50]根據中國的資料，我們對西藏饑荒的範圍只能作個估計。而關於其他省饑荒情況的數據，以及關於大躍進的多種書籍和回憶錄，則讓我們可以對中國內地發生的事件作更詳細的描述。

誰應為所有的僧侶提供口糧？
生活方式的衝突

「民主改革」使西藏的經濟和政治系統革命化。在本章討論的框架中，有必要指出，西藏政教合一體制的結束改變了僧侶的口糧供應。達賴喇嘛在他的自傳中說，中國政府的政策相當於種族滅絕，因為這些政策要毀滅藏傳佛教。[51]中國政府從來沒有公開反對宗教自由，但是隨着「民主改革」在西藏的開始，共產黨開始抨擊西藏政教合一的制度。將寺廟的土地分給農民削弱了宗教勢力，使寺廟無法養活數量巨大的喇嘛和覺姆。這一做法可以看做是一種將西藏社會世俗化的努力，這一做法還試圖取消宗教機構在日常生活中的經濟和政治權力。

藏傳佛教的一個特點是僧侶在人口中佔有極高的比例，這一點與其他佛教國家如泰國、緬甸或老撾不同。根據中國方面的資料，1950年代初期西藏整個人口的10%是僧侶，在城市則高達50%。[52]中國出版的書籍資料常常強調，寺廟中男性比例很高是一夫多妻傳統及大量未婚婦女養育非婚生子女的一個原因。[53]如果不剝削農民，寺廟就無法養活僧侶。如在1958年，2,771座喇嘛廟裏有114,130個喇嘛，1959年拉薩三個最大的喇嘛廟擁有147,000畝土地和11.1萬頭牲畜，另有四萬個農奴隸屬於寺廟。1960年370座寺廟中有18,104個喇嘛。[54]「民主改革」使喇嘛和寺廟的數字大為減少，很多喇嘛和覺姆被送到農村或者強迫參加勞動。1961年1月毛澤東在與班禪喇嘛談話時說，只應允許幾千個喇嘛不參加勞動：「……過去西藏一百二十萬人口中間有十一萬多人當喇嘛，養活不了這麼多，太多了，對生產的發展和老百姓都是有害的。」[55]

早在漢族地區開始土地改革時，共產黨就提出了一種說法，提供祭

祀的供品是一種浪費。著名的電影《白毛女》(1950) 是一部宣傳片，其中就有這樣的情節，一個姑娘因反抗地主的壓迫和姦污逃到山裏，為了不被餓死，她偷食了廟裏的供品。電影《農奴》(1963) 內容相同，只是背景是西藏。這個故事裏，一個餓極了的西藏農奴偷吃了佛台上的供品，喇嘛要割掉他的舌頭來懲罰他偷吃「佛食」。共產黨認為，讓僧侶工作，用自己的雙手自食其力是對他們進行改造的一部分，他們以前過的是寄生的生活，應該讓他們過社會主義式的生活。[56]正如在土改中一樣，共產黨根據糧食的擁有情況在寺廟裏劃分階級，將他們分為「封建」高級僧侶和貧窮的普通僧侶，鼓勵窮苦的喇嘛和覺姆「訴苦」。美國記者安娜‧路易斯‧斯特朗 (Anna Louise Strong) 是中國共產黨的同情者，她在1959年暴動被鎮壓後去過西藏，參加了一些「訴苦會」和「鬥爭會」。她的報道非常接近當時中國共產黨官方的調子，而她的整個行程也是共產黨安排的。如農民一樣，寺廟裏的普通喇嘛和農奴學着「訴苦」，談解放前怎麼挨餓。有一個農奴告訴斯特朗：「他 (大喇嘛) 只給我吃餿了的糌粑，一天還就這麼兩小碗。我從來就沒吃飽過。要是出了甚麼錯，我還要挨打。」[57]斯特朗寫道，小喇嘛告訴她，最好的口糧都是給大喇嘛的，他們只能吃到加糠麩的口糧，而且每天必須有的「四碗奶茶」也都只有水而不是茶。斯特朗說，雖然新設立了一個委員會，沒收了寺廟的糧庫，但還是要養活所有的僧侶。共產黨通過「民主改革」可以同時實現好幾個目標：既減輕了農民的負擔，又減少了寺廟裏「不勞而獲的食客」。因為僧侶在宗教上、經濟上和政治上的權力是相互關聯的，現在可以一舉消除這樣的權力。

中國關於現代西藏的書籍中，不僅有僧侶「不勞而獲」靠農民養活的說法，還有西藏地方政府依靠中央政府資助的說法。1952至1959年，北京給予的資助佔西藏地方政府收入的89%，1990年代初期則更多。[58]這類書籍還指出，達賴喇嘛領導下的政府將一半以上的預算用於宗教事務。這些說法實際上是對「不勞而獲」生活方式的批判：共產黨不是去養活那些「不勞而獲」的人、沒有組織浪費錢財的宗教節日、或為宗教儀式燃耗牛油，而是將資源用於現代化、教育和推動西藏的社會

進步。這種觀點是批評西藏傳統社會的主要論點，飲食作為一個比喻是這種批評中的重要內容。

　　饑餓問題是西藏發生衝突的一個重要的原因。在中國官方的說法中，對饑餓的回憶被用來編撰關於解放的歷史。中方的資料強調解放軍在解放西藏時所經歷的苦難，強調中國政府竭盡全力為部隊和當地藏民提供糧食。西藏自治區以外藏區的社會發展和暴亂沒有列入官方撰寫的西藏歷史。在官方的話語中，藏族人沒有經歷饑荒，人民解放軍解放了受壓迫的人民。即使在1978年改革開放之後出版的書籍中，地主與「農奴」之間階級鬥爭的説法仍然佔主導地位。這些書指責舊西藏的精英和寺廟藏匿糧食，要餓死解放軍。此外，僧侶被描述為「不勞而獲的食客」，他們對饑餓的農民是極大的負擔，1959年之後的土地改革讓農民卸下了這個負擔。與僧侶靠農民生活説法相連的，是西藏地方政府高度依賴北京的財政資助。這是對「不勞而獲」的西藏傳統生活方式的總的看法。此外，中國學者淡化1953到1964年期間藏族人口減少和西藏是否發生過嚴重饑荒這兩個問題，可是，人口的減少在官方的統計中是顯而易見的。目前，根據已有的資料，我們不可能確定1960年代西藏是否發生過嚴重的饑荒。這與有關中國大躍進的研究截然不同。因為即使是官方的出版物和統計（如學術研究可以查到的人口統計）也承認大躍進饑荒中有大量人口死亡。此外，新一代的學者質疑黨和農民之間存在着天然的聯盟關係，也質疑關於農村階級鬥爭的敘述。[59]然而，中國政府很難承認「解放」很長時間以後，西藏農民仍然很貧窮，糧食短缺多次發生。這個問題非常敏感，因為藏族和漢族之間關係很緊張，對中國歷史學家來說，仍沿用老的説法，不去觸動西藏發生饑荒問題的禁忌更加保險。

註 釋

1. 我沒有在這裏分析斯大林之後的蘇聯官方如何談論1931至1933年在烏克蘭發生的饑荒，因為只要蘇聯仍然存在，歷史學家就把那時的「經濟困難」看做全國性危機的一部分。似乎蘇聯歷史學家在證明烏克蘭是蘇聯的一部分問題上的壓力要小於中國學者。中國學者直到今天仍然在竭力證實西藏是中國的一部分。關於蘇聯歷史學家對饑荒問題的看法詳見 Felix Wemheuer, "Regime Changes of Memories: Creating Official History of the Ukrainian and Chinese Famines under State Socialism and after the Cold War," *Kritika: Explorations in Russian and Eurasian History* 10, no. 1 (2009): 34–39.

2. John Powers, *History as Propaganda: Tibetan Exiles versus the People's Republic of China* (Oxford: Oxford University Press, 2004).

3. 參見謝蔚明：《康藏公路紀行》（上海：上海出版公司，1955）；龔思雪：《新中國的新西藏》（北京：中國青年出版社，1955）。

4. 參見羅平漢：《土地改革運動史》（福州：福建人民出版社，2005）和西藏自治區概況編寫組編：《西藏自治區概況》（拉薩：西藏人民出版社，1984）。

5. Information Office of the State Council of the People's Republic of China, "White Paper: 50 Years of Democratic Reform in Tibet" (Beijing, 2009); http:// www.china-un.org/eng/gdxw/t539939.htm; accessed October 6, 2010.

6. 如見梅爾文・戈爾斯坦：《喇嘛王國的覆滅》（北京：時事出版社，1994）。

7. 楊繼繩：《墓碑：中國六十年代大饑荒紀實》（香港：天地圖書有限公司，2008）；曹樹基：《大饑荒》（香港：時代國際出版有限公司，2005）。

8. 梅爾文・戈爾斯坦就1951至1952年的糧食危機撰寫了整整一章，見Melvyn Goldstein, *A History of Modern Tibet 1951–1955: The Calm before the Storm* (Berkeley: University of California Press, 2007), 245–263.

9. 西藏自治區概況編寫組：《西藏自治區概況》，頁582。

10. 王貴、黃道群：《十八軍先遣偵察科進藏紀實》（北京：中國藏學出版社，1993），頁36–43；西藏自治區地方誌編纂委員會編輯：《西藏自治區糧食誌》（北京：中國藏學出版社，2007），頁21。

11. 王貴、黃道群：《十八軍先遣偵察科進藏紀實》，頁34。

12. 同上，頁158；亦請見Goldstein, *A History of Modern Tibet 1951–1955*, 256.

13. 糌粑是西藏中部地區的傳統主食，一般用大麥烤製而成，可以加帶鹹味的黃油。王貴、黃道群：《十八軍先遣偵察科進藏紀實》，頁53。

14. Goldstein, *A History of Modern Tibet 1951–1955*, 245.

15. 毛澤東：〈關於西藏工作的方針〉(1952年4月6日)，中共中央文獻研究室編：《毛澤東西藏工作文選》(北京：中央文獻出版社，2008)，頁62。

16. 燕燕：《血對西藏說》，頁32。

17. Goldstein, *A History of Modern Tibet 1951–1955*, 257.

18. 同上，頁260。

19. 持這種說法的一個例子見謝蔚明：《康藏公路紀行》。

20. 西藏自治區概況編寫組：《西藏自治區概況》，頁583–584。

21. 西藏自治區地方誌編撰委員會編：《西藏自治區糧食誌》，頁2。

22. 引自 Melvyn C. Goldstein, ed., *A Tibetan Revolutionary: The Political Life and Times of Bapa Phüntso Wangye* (Berkeley: University of California Press, 2004), 161

23. 同上，頁173。

24. Goldstein, *A History of Modern Tibet 1951–1955*, 250.

25. 西藏自治區地方誌編纂委員會編：《西藏自治區糧食誌》，頁293。

26. 同上，頁2。

27. 王貴：《西藏歷史地位辯》(北京：民族出版社，2003)，頁518。

28. 同上，頁519。

29. 西藏自治區地方誌編撰委員會編：《西藏自治區糧食誌》，頁3。

30. 同上，頁22。

31. 同上，頁9。

32. 〈中共中央批轉「關於民族工作會議的報告」〉(1962年5月15日)，中共中央文獻研究室編：《建國以來中央文獻選編》(北京：中央文獻出版社，1997)，卷15，頁525。

33. 鄧小平：〈在西藏的政策要防「左」防激，要穩〉(1961年1月5日)，中共中央文獻研究室編：《西藏工作文獻選編》(北京：中央文獻出版社，2005)，頁243。

34. 〈中共中央關於西藏工作方針的指示〉(1961年4月21日)，中共中央文獻研究室編：《西藏工作文獻選編》，頁256。

35. 西藏自治區地方誌編纂委員會編：《西藏自治區糧食誌》，頁207。

36. 河南省誌地方史誌編纂委員會編：《河南省誌：糧油貿易》(鄭州：河南人民出版社，1993)，頁40。

37. 商業部當代中國糧食工作編輯部編輯：《當代中國糧食工作史料》(保定：河北省供銷社保定印刷廠印刷，1989)，卷2，頁1882–1883；西藏自治區地方誌編纂委員會編：《西藏自治區糧食誌》，頁213。

38. 西藏自治區地方誌編纂委員會編：《西藏自治區糧食誌》，頁 277。

39. 同上，頁 92。

40. 馬戎：《西藏的人口與社會》（北京：同心出版社，1996），頁 34。

41. 楊魁孚：《中國少數民族人口》（北京：中國人口出版社，1995），頁 21。

42. 沈林：《散雜居少數民族統計與分析》（北京：民族出版社，2003），頁 28。

43. 劉娟的分析見楊魁孚《中國少數民族人口》，頁 21。

44. 馬戎：《西藏的人口與社會》，頁 35。

45. Yan Hao, "Tibetan Population in China: Myths and Facts Re-Examined," *Asian Ethnicity* 1, no. 1, (2000): 24–25. 根據西藏流亡政府 1976 年的一個聲明，五千到一萬人在暴亂中喪生。一本後來遭禁的中文書稱，1959 至 1961 年間，西藏中心地區叛軍中被殺、受傷或被監禁的共有 93,000 人；Anne-Marie Blondeau and Katia Buffetrille, eds., *Authenticating Tibet: Answers to China's 100 Questions* (Berkeley: University of California Press, 2008), 105.

46. 〈中共中央批轉「關於民族工作會議的報告」〉，頁 525。

47. 西藏自治區地方誌編纂委員會編：《西藏自治區糧食誌》，頁 9。

48. Yan Hao, "Tibetan Population in China," 21.

49. 難民的評論見 Information Office of H. H. the Dalai Lama, ed., *Tibet under Chinese Communist Rule: A Compilation of Refugee Statements 1958–1975* (Dharamsala: Information Office of H. H. the Dalai Lama, 1976), 89.

50. 文化大革命期間西藏的口糧情況則更鮮有披露。梅爾文·戈爾斯坦在他最新的一部論著中談及 1969 年的尼木農民暴動事件，這個流血事件發生於文化大革命中，背景是文革中派系爭鬥，目標是減少沉重的稅收。尼木是拉薩附近的一個縣，毛派的 Gyenlo 小組襲擊了糧倉，並允諾農民每人每年口糧從 12 藏克（168 公斤，460 克一天）增至 18 藏克。Melvyn Goldstein, Ben Jiao, and Tanzen Lhundrup, *On the Cultural Revolution in Tibet: The Nyemo Incident of 1969* (Berkeley: University of California Press, 2009), 61–64. 戈爾斯坦從一個新的角度分析文革中最為血腥的一個事件，他認為這個事件不僅是漢人和藏人的衝突，也是藏族人之間的血洗。

51. Dalai Lama, *My Land and My People* (New York: McGraw-Hill, 1962), 223.

52. 馬戎：《西藏的人口與社會》，頁 177。

53. Yan Hao, "Tibetan Population in China," 17.

54. 馬戎：《西藏的人口與社會》，頁 174、184；應班禪喇嘛的請求，「民主改革」前 2,500 座寺廟中保留了 11 萬喇嘛和 2,500 個覺姆，後來減為 70 座寺

廟、大約7,000個僧侶，減少了93%。見Panchen Lama, *A Poisoned Arrow: The Secret Report of the 10th Panchen Lama; the Full Text of the Panchen Lama's 70,000 Character Petition of 1962, Together with a Selection of Supporting Historical Documents* (London: Tibet Information Network, 1997), 52.

55. 〈同班禪額爾德尼的談話〉，中共中央文獻研究室編：《西藏工作文獻選編》，頁247。

56. 〈喇嘛必須走社會主義道路〉，友聯研究所編寫：《西藏（1950–1967）》（香港：友聯研究所，1968），頁232–234。

57. 引用於Anna Louise Strong, *When the Serfs Stood Up in Tibet* (Beijing: New World Press, 1965), 241.

58. 馬戎：《西藏的人口與社會》，頁199。

59. 詳見魏格林 "Re-Imagining the Chinese Peasant: The Historiography on the Great Leap Forward," in *Eating Bitterness: New Perspectives on China's Great Leap Forward and Famine*, ed. Kimberley Manning and Felix Wemheuer (Vancouver: University of British Columbia Press, 2011), 42–46.

第七章

「種族滅絕」：西藏和烏克蘭
民族主義者的反敘事

　　饑荒結束了社會主義政府與當地精英合作的蜜月期，也結束了對「民族化」最為寬容的時期。這個危機為民族主義者挑戰社會主義國家官方歷史敘事提供了論據。在烏克蘭和西藏，都有政治家和歷史學家聲稱，饑荒是佔領者有意製造的，由於有饑荒的經歷，他們有必要要求獨立。有的甚至將饑荒定義為「種族滅絕」或「種族大屠殺」，稱其為外國佔領者毀滅當地民族文化計劃的一個部分。援引「種族滅絕」或「種族大屠殺」的概念使他們能夠根據集體受害而不是民族英雄行為或民族成就來創建某種民族認同。[1] 各種不同的關於糧食問題的研究表明，一個民族和社會身份的建立在某種程度上往往由其飲食習慣來決定：「吃甚麼決定你是誰。」歐洲和拉丁美洲民族飲食的興起與18和19世紀該地區民族獨立是一個同步發展的進程。[2] 但是，我們對饑荒與民族認同的關係卻所知甚少。

　　本章首先要論證，民族主義與饑荒的經歷是相互關聯的。在愛爾蘭土豆大饑荒（1846–1850）中，愛爾蘭民族主義者稱，英國政府用饑餓來摧毀愛爾蘭民族。後來在烏克蘭和西藏，人們也用這個說法。其次，本章要討論，西藏流亡政府如何和為甚麼在歷史敘述中重視饑餓問題的作用。十四世達賴喇嘛和西藏流亡者聲稱舊西藏沒有發生過饑荒，以此來攻擊漢人的統治。本章將分析他們用英語出版的回憶錄和西藏流亡政府的官方網頁。第三，本章要討論1980年代以來在美國的烏克蘭僑界關於「對烏克蘭進行種族滅絕」這一說法的興起。儘管西方學術界對此持

強烈的批評態度，1991年烏克蘭獨立後，這種說法成了烏克蘭官方歷史的一部分。最後，本章要探討為甚麼人們選擇負面的事件來創建集體記憶。本章旨在幫助理解社會主義制度下饑餓問題的政治化，並在民族認同問題上去神秘化。

饑餓問題的政治化和民族主義

歷史學家詹姆斯・維農認為，我們不應該對饑荒的受害者給予當然的同情。他在《饑餓：當代的歷史》(*Hunger: A Modern History*)一書中說，英國維多利亞時代後期，馬爾薩斯認定饑荒是資源有限而人口不斷增長的自然結果，大部分人接受這種看法。而且，宗教上認為饑荒是上帝對人類罪惡的懲罰。當時，要走出馬爾薩斯的框架是不容易的，但是現代媒體把饑餓呈現為新聞，尤其是對於英國中產階級讀者來說更是這樣。饑餓成為以數字表達的人道主義關切只是19世紀最後幾十年裏的事。此外，民族主義加強了饑餓問題的政治化。「饑荒成了愛爾蘭和印度民族主義者用來指責英國統治者不人道和無能的武器：英國承諾的是自由貿易、繁榮昌盛、文明發展，而帶來的卻是饑荒和瘟疫……饑荒強化了那些遭遇者的道義資本；殖民時期無法解釋的饑荒是對貌似存在的全球性古典政治經濟的嘲弄。民族主義利用饑荒批評殖民統治變成了一種主權訴求：他們用文件記載集體遭遇的方式，創建一個民族的存在。」[3] 1879至1902年之間，在大英帝國的統治下，1,220萬至2,930萬印度人死於饑餓。[4]當時，英國官員如印度總督喬治・納塔尼亞・寇松 (George Nathaniel Curzon) 就聲稱，印度自然災害頻繁、人口增長過速，發生饑荒是不可避免的。但印度經濟界的智囊們反駁這種說法，並且在辯論中獲勝。對貧困和饑荒問題的辯論從自然條件愈來愈多地轉向政治經濟方面。[5]最近，歷史學家麥克・戴維斯甚至發展為稱這些饑荒為「維多利亞時代後期的大屠殺」，將其歸咎於英國放任的自由主義政策，及在19世紀後期對艾爾尼諾現象所造成的氣候變化無能為力。[6]戴維斯的書對殖民主義和新自由主義都提出了論戰。

最突出的一個例子是對1846至1850年愛爾蘭饑荒的民族主義式的解釋。這個饑荒是幾年的土豆病蟲害和糧食欠收引起的。當時，愛爾蘭大部分勞動階層的日常飲食幾乎完全依賴土豆。如在很多其他情況下一樣，饑荒是否會造成大規模餓死人現象以及成千上萬人死亡，政府的反應是關鍵的因素。饑荒發生時，愛爾蘭已經沒有了自己的議會，由設在西敏寺的英國政府統治。英國政府饑荒期間還從愛爾蘭向英格蘭出口糧食，同時又從印度進口玉米供應愛爾蘭挨餓的老百姓。可是，習慣吃土豆的愛爾蘭農民不知道怎麼能最好地食用印度的玉米。[7] 英國政府的救災援助項目集中於提供就業的公共工程，臭名昭著的工廠被用作養活和「教育」窮人的場所。事實證明這個機制無效之後，為了防止大批人餓死，以約翰‧羅素爵士 (Sir John Russell) 為首的英國政府在1847年3月設立了「供湯廚房」，為300萬愛爾蘭人提供飲食。那一年的秋天，英國政府宣佈饑荒高峰期已過，關閉了所有的「廚房」。當時，傳染病已經開始蔓延。英國報章將救災援助描述為無底的黑洞，政府的高級官員將饑荒的發生歸咎於愛爾蘭農民懶惰、愛爾蘭地主不願把農莊現代化。提出愛爾蘭應該能夠主要依靠自救。[8] 英國政府雖然沒有忽略饑荒，但是沒有把救災列為優先項目。英國政府用於救災的資金淨額為700萬英鎊。與拯救饑餓的愛爾蘭人相比，1830年代英國政府為取消西印度的奴隸制，向奴隸主支付的補償費則是2,000萬英鎊。[9] 饑荒使愛爾蘭人口減少了20%至25%，在1845至1851年間，110萬到150萬人死亡，另有210萬人移民海外。[10]

對愛爾蘭人敘述的研究表明，饑荒之後在很多國家，人們以及天主教的牧師們把這個饑荒解釋為「上帝的意旨」。[11] 但是，愛爾蘭民族主義者把饑荒政治化，這個事件在他們的敘事中有着突出的作用。[12] 比如，一位著名的愛爾蘭民族主義者約翰‧米切爾 (John Mitchel) 在他流放美國期間撰寫、1861年出版的書籍《聖戰時期和對愛爾蘭最後的征服》(*The Crusade of the Period and Last Conquest of Ireland (Perhaps)*) 中，把英國政府描述成無知、無能，並認為英國政府把饑荒作為征服愛爾蘭民族的武器。當時愛爾蘭的牲畜和小麥都在向英國出口，而英國政府從印度向愛爾蘭

運進玉米只是為了掩蓋英國仍然一如既往從愛爾蘭抽取進貢的事實。米切爾估計死亡人數為150萬。他得出那個著名的結論：「他們（指愛爾蘭人）在自己親手創造的富裕中餓死……我稱其為人為的饑荒，就是説，這個饑荒使一個富裕而肥沃的島嶼變得荒涼，而這個島曾年年物產豐盛，養育着它所有的人民以及其他人……不錯，造物主送來了土豆病蟲害，但是英國人製造了饑荒。」[13]這段充滿激情的話變得流行起來，因為它使人們的遭遇有了某種意義。愛爾蘭民族主義者將注意力集中於加害者之類的外部因素，而不是愛爾蘭社會秩序的崩潰和所有其他災難性的後果，如犯罪率增高、賣淫氾濫和自相殘殺。以這樣的説法劃線，將信奉天主教的愛爾蘭説成受害者，信奉新教的英格蘭説成加害者，而不是去瞭解真相，即很多信奉天主教的地主和主要佃戶也利用饑荒掠奪貧窮農民的土地。此外，烏爾斯特附近的新教地區也遭遇了饑荒。歐‧格拉達認為，在饑荒時期沒有甚麼人是清白的，因為自己的生存就意味着他人的犧牲，一般來説犧牲的是社會上的弱者。[14]除了這些矛盾之處之外，正如彼得‧格雷 (Peter Gray) 所説，饑荒是人為製造的敘事，「滿足了饑荒後新生代的心理和政治需求」。[15]尤其是對移居美國的愛爾蘭難民來説，民族主義敘事可以讓他們在敵對的環境中保持愛爾蘭人和天主教徒的身份認同。民族主義者指責信奉基督教的英格蘭強迫他們背井離鄉。流行歌曲和民謠號召人們高舉綠色大旗，為大規模餓死人事件與英國人鬥爭，以報仇雪恨。[16]愛爾蘭後來所有的民族主義運動都嚴重依賴旅美愛爾蘭僑民的支持與資助。雖然到第一次世界大戰前夕，大部分饑荒的親歷者都已過世，但是歌曲、民謠和報刊文章使在美的450萬愛爾蘭僑民保留了對饑荒的集體記憶。[17]

20世紀初以後，對饑荒的集體記憶在愛爾蘭的重要性下降了。但是，1995年紀念饑荒150周年時，愛爾蘭政府資助成立了國家饑荒紀念委員會，這時，趨勢又開始變化。[18]北愛爾蘭親英的黨派和英格蘭的保守派擔心紀念饑荒的活動會有助於愛爾蘭共和軍。托尼‧布萊爾 (Tony Blair) 首相在饑荒150周年紀念活動時承認英國政府在饑荒中的作用並正式表示遺憾，這在英國和愛爾蘭受到廣泛批評，人們認為此舉大可不

必。[19]愛爾蘭總統瑪麗‧羅賓遜（Mary Robinson）夫人在紀念活動的講話中沒有用饑荒挑起反英情緒，而是強調愛爾蘭人應該因自己的經歷同情發展中國家正在經受饑餓的人們和難民。[20]

　　我之所以提到愛爾蘭饑荒對民族主義者的重要性，是因為這與烏克蘭和西藏的情況有着驚人的相似之處。這兩個社群的旅外僑民都形成了這樣一種敘事，即佔領者有意製造饑荒，以打擊和毀滅他們的民族。饑餓的經歷被用作劃分種族的界限，以表明有必要爭取民族獨立，防止這種災難再次發生。在所有這三種情況下，民族知識分子主導了集體記憶的構建，而不是農民。

圖7.1　西藏流亡政府劃定的西藏疆域

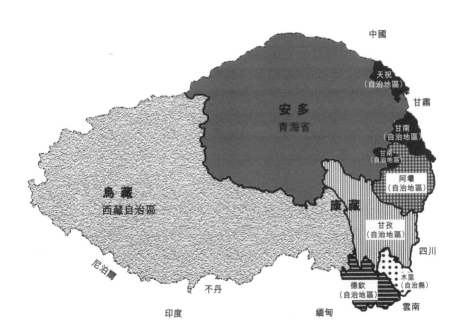

饑餓與西藏的民族主義

西藏流亡者和中國政府都利用撰寫歷史來建構民族身份。隨着1980年代以來西藏問題的國際化，學術論著的目標是面向西方讀者，旨在為西藏獨立爭取支持。自1988年，十四世達賴喇嘛一直在推動建立與中國具有聯合關係的西藏自治，但達賴喇嘛所要求的自治迄今未被中國政府接受。[21] 為了促進這一目標的實現，達賴喇嘛創建了一種反駁中國官方版歷史的民族主義的說法，西方媒體常常不作任何審核地對此加以引用。

十四世達賴喇嘛在印度達蘭薩拉設立了西藏流亡政府。很多學者認為，西藏人在1951年以前並不認為自己是一個民族，民族主義是在流亡期間發展起來的。「按班萊迪克特·安德森 (Benedict Anderson) 的說法，漢人進入西藏、藏人在漢人統治下共同的遭遇以及被迫流亡的經歷使他們『想像』自己是西藏人，而不是康巴人、安多人、果洛人等等，而且這也使他們能夠把西藏高原上其他遙遠地區的人們看作同胞。」[22] 西藏流亡政府建構了具有宗教象徵的世俗的民族主義。每年流亡政府都要在3月10日，即1959年起義的日子，組織一個全民族的紀念活動。在學校以雪山獅子旗等象徵為基礎進行民族主義教育，強制唱頌西藏國歌。推動民族主義的行為還包括指定西藏中部拉薩方言為官方語言，推動族內通婚和高生育率。同時，流亡政府不鼓勵藏人與印度當地人同化。[23]

西藏流亡政府對西藏的定義與中國政府的定義大相徑庭。中國政府將西藏定義為1965年成立的西藏自治區。西藏流亡政府稱這個地區為「烏思藏」（又稱「前藏」，中國清朝以後稱該地區為「衛藏」——譯者註），是傳統的拉薩和達賴喇嘛的封地。（以下所用「西藏」一詞指的是西藏自治區。）與北京不同，西藏流亡政府所定義的西藏是所有有藏人居住的地區或者叫「大藏區」，包括康區和安多地區。這兩個地區位於青海、甘肅、四川和雲南等省。「大藏區」佔全中國約四分之一的領土，在這個地區，藏族人不到全部人口的一半。康區在清朝時已於1728年併入了四川。[24] 但西藏流亡政府杜撰了一個故事，即共產黨為了打擊藏族

人將西藏分成了五個省。流亡政府所宣傳的「中國統治」的受害者包括安多和康區的藏人。與烏克蘭饑荒的情況一樣，銘記所有藏人的遭遇是為了建構一個民族以及民族身份。

主要的敘事：「漢人來到之前西藏沒有過饑荒」

在西藏民族主義者建構的歷史中，「漢人統治」之下西藏人所經受的遭遇是一個重要的部分。這種敘事的中心內容是十四世達賴喇嘛在他1962年的自傳《我的土地，我的人民》中所提出的觀點。這本書關鍵的論點是，西藏人簽訂「十七條協議」及與漢人合作是被迫的。在該書所稱的「非法佔領」後，西藏成了中國的殖民地。達賴喇嘛在流亡的政治生涯中指責中國政府進行「大屠殺」、「種族滅絕」、「強姦西藏」和「文化種族滅絕」。[25]他認為發生在烏思藏、康區和安多地區的饑荒是種族滅絕的一部分。西藏流亡政府的官方統計是，在1949至1979年間，中國的「佔領」造成120多萬西藏人死亡，其中342,970人餓死。具體的統計數據是，烏思藏餓死131,072人、康區89,916人、安多地區121,982人。[26]並聲稱另有68萬藏人死在抵抗漢人的戰鬥中或者被處決，這個數字也無法核實。而根據中國官方後來公佈並在出版文獻中加以引用的數據，1959至1961年，只有93,000個藏族「叛亂分子」死傷或被捕。[27]當時西藏地方政府仍然有自己的軍隊，有幾千個游擊隊員在山上堅持戰鬥。

在1962年的自傳中，達賴寫道：「首先，儘管我們的領土很遼闊，但只有700萬到800萬西藏人，而漢人有6億……他們常常有饑荒，需要西藏來擴大他們的生存空間。實際上，他們已經在西藏安置了很多漢族農民。我毫不懷疑，他們指望將來有一天在西藏，藏族會成為無足輕重的少數民族。與此同時，藏族農民的生活水平也在下降，比佔領者——漢族農民的條件差。在西藏有記載的歷史中從來沒有過饑荒，但現在發生饑荒了。」[28]而與此相反，中國的統計數據則顯示，1953年全中國藏族人口只有275.3萬，1964年為250.1萬。[29]達賴喇嘛使用的語言讓人想到冷戰中預言「黃禍」將滲入並征服歐美大陸的反共語調。儘

管漢人向西藏城市的移民有增加，但1951年以後中國政府從來沒有允許大批的漢族農民定居西藏、耕田種地，「他們需要我們的土地來養活饑餓的農民」的說法沒有任何歷史根據。然而，西藏以前從未發生過饑荒的說法一再重複。在西藏流亡政府的官方網頁上我們可以看到這樣的語言：「中國政府年復一年地宣稱西藏的經濟發展，農業豐收、工業發展、基礎設施條件改進等等。即便在西藏經歷了歷史上從未有過的饑荒時（1961–1964年和1968–1973年）也這樣宣稱。…… 1961至1964和1968至1973年期間，饑荒擴展到西藏牧區。成千上萬的西藏人不得不吃老鼠等嚙齒動物、狗、蟲和所有能充饑活命的東西。」[30]如同愛爾蘭饑荒，流亡藏人認為佔領者強迫他們吃羞辱他們的東西。西藏人被降低為「乞討糌粑的人」。

這份報告還聲稱：「以前在獨立的西藏，我們從來沒有聽說過饑荒和餓死人。當然有收成不好和欠收的年份，但是人們可以很容易從地方政府的緩衝庫存、寺廟、貴族和富農的倉庫裏借糧……從1950年開始，在藏的漢人軍隊和其他人員都依賴我們緩衝庫存的糧食，他們強迫藏人以最低價向他們出售私人存有的糧食。」[31]聲稱西藏人挨餓是因為他們要養活解放軍是西藏流亡者經常使用的另一個論點。托馬斯·萊德（Thomas Laird）在《西藏的故事：與達賴喇嘛的對話》（*The Story of Tibet: Conversations with His Holiness the Dalai Lama*）一書中甚至聲稱，解放軍1951年進軍拉薩後，從未為其徵收的糧食付費，並且對所有的徵用都不償付。[32]與萊德的說法相反，中國稱，為了不給西藏老百姓增加負擔，他們甚至通過印度向西藏運進糧食供應解放軍。

西藏傳統社會從未發生過饑荒的說法早在1962年就出現於西藏關於大躍進饑荒問題最重要的文件中，即十世班禪喇嘛致中央政府的「七萬言書」。這個文件1997年在倫敦首次全文發表，這是中國高級官員最開誠佈公的談及饑荒的文件之一。[33]1959年達賴喇嘛出逃印度後，班禪喇嘛被任命為西藏自治區籌備委員會主席。與達賴喇嘛不同，班禪喇嘛公開歡迎解放軍平叛，支持後來的「民主改革」。為此，很多流亡的藏人在很長時間內把班禪看作「漢人的傀儡」。大躍進之後，班禪喇嘛對四川、青海、雲南和甘肅的藏語區進行了一次巡視。西藏（烏斯藏）沒有

進行過大躍進，與此不同的是，安多和康區的藏人經歷了所有的政治運動，如人民公社、公共食堂、大煉鋼鐵。班禪喇嘛的報告很小心地使用了官方的語言。報告雖然表明糧食供應情況有了改進，西藏的稅率也比較低，但是報告描述了大批人挨餓和「兄弟省」政治迫害的恐怖畫面。[34] 農民們告訴班禪，他們一個月只有五公斤甚至更少的口糧。人們吃樹根、草籽，並且吃馬和驢的飼料。「他們將這些東西加工後，和那點糧食摻和起來，做成像豬食一樣的稀糊糊給人們吃，就是這也還有限，不能果腹。由於這種藏族歷史上從來沒有過的、人們做夢也想不到會有如此嚴重的饑餓之痛苦，人民群眾抵抗不住這種殘酷的折磨。」[35] 這個講話意味着，西藏的農牧民難以應對饑荒，因為他們以前從未經歷過這樣的饑餓。班禪喇嘛警告說，「一個時期，由於那裏的群眾生活非常貧窮悲慘，以老幼為主的不少人被餓死或者由於體力非常衰弱，連小病也不能抵抗以致死亡⋯⋯由此致使現在藏族人口明顯地大幅度減少。」這個發展「不但有害於我們藏族的繁榮，而且對藏族的存在有極大的危險，而陷入氣息奄奄的境地」。[36] 這個報告將饑荒與對西藏民族及其文化的威脅連在一起。雖然沒有使用這個詞彙，但這個描述已經接近於種族滅絕的定義了。

喝不到奶茶：流亡藏人記憶中的食物

在流亡藏人的記憶中，食物和饑餓有着極為重要的作用。為此，我要分析四個回憶錄中的有關描述：噶西 · 次仁多吉 (Tsering Dorje Gashi)《新西藏：一個北京民族學院畢業生的回憶》；達瓦諾布 (Dawa Norbu)《紅星照耀下的西藏》；敦珠曲珍 (Dhondup Choedon)《生活在人民公社的紅旗下》；圖登噶尊 (Tubten Khetsun)《回憶在中國統治之下的拉薩生活》。前三位親歷者曾在中國政府工作，文化大革命時逃到了印度。他們的回憶錄譯成了英文，是面向西方讀者的，十多年前出版於西藏問題國際化之前，也在達賴喇嘛成為全球性知名人物之前。最後一位的回憶錄出版於2008年。

噶西 · 次仁多吉在他的書中描述了50年代中期在訓練少數民族幹

部的中央民族學院改變飲食習慣的經歷。在他剛到北京時，高年級的學生給他一杯熱水，對他開玩笑地說，「現在我們不再像以前在西藏那樣用好多油把自己弄得髒髒的了，我們也不是非得享用奶茶。」[37]在共產黨的宣傳中，享用奶茶和在宗教儀式中點牦牛油是傳統的西藏社會浪費和腐敗的象徵。有的學生反對宗教，他們說：「宗教是毒草。宗教既不能帶來吃的，也不能帶來喝的。把糌粑和黃油供給泥和銅做的塑像是浪費。」[38]達瓦諾布在回憶錄中描述了1959年日喀則附近「民主改革」之後農村合作社的情況。茶都成了黑的、苦的。他說，他們不能再喝「青稞酒」，因為那是「搞對抗祖國的破壞」。[39]西藏人得學會對他們「浪費」的習慣進行自我批評。一個農村婦女進行自我批評說：「我都沒有黃油放茶裏了，還要用黃油點燈供在神台上，我多愚蠢、多落後呀。」[40]達瓦諾布解釋說，西藏過去的習慣是，工人只是在特殊的日子裏才喝很稠、加了黃油的茶和很濃的青稞酒。可是現在情況更糟了，「漢族統治者」讓藏族工人絕望、挨餓。與中國官方的宣傳不同，在西藏人的描述中，在奶茶問題上的批評態度和減少糧食定量使他們挨餓是相連的兩個問題。達瓦諾布提到關於「兩個減少」（根據中國共產黨的決定，同時減少貸款和降低利息率）的玩笑，說「兩個減少」變成了同時減少青稞酒和茶。

敦珠曲珍曾是農奴，後來在農村合作社當幹部，她講述了1965年建立人民公社後如何引入一套節省糧食的做法。他們給農民的口糧太低，無法讓全家人吃飽。「漢人會問：按這個口糧你們怎麼安排一日三餐？我們就得說：吃稀不吃乾，就是說不吃糌粑，而是喝糌粑粥；以綠代糧—少吃糧食多吃蔬菜；不喝青稞酒、不吃烤麥餅。因為漢人說，這些不是必需的糧食，因此是浪費。」[41]這些描述來自於《中國共產黨統治下的西藏：1958–1975年西藏難民言論集》一書。這本書由西藏流亡政府出版，書中還有丹增（Tesum）的敘述，他是1961年從西藏逃到加德滿都的乞丐。他講述的是，富人家的頭人死亡後，人們分了救濟品，然後40個藏人在他家門外煮麵湯；漢人說他們在用「落後的」習俗浪費糧食。[42]

改變飲食習慣，為國家的現代化節約資源是整個毛澤東時代特有的

現象。共產黨提出了「少吃建國」的口號，希望每一個人都為這個目標作出努力，並且發動了好幾個節約糧食的運動。比如，在1960年大躍進饑荒中，政府號召老百姓節約糧食。另一個有名的運動是「備戰備荒為人民」，運動中教育老百姓防止浪費糧食。敦珠曲珍把節約和為國家做出犧牲的方法說成具有種族含義，說漢人強迫西藏人改變飲食習慣，喝粥、吃蔬菜是為了剝削西藏人。

現在讓我們來看看流亡藏人對饑荒的回憶。噶西‧次仁多吉在北京親身經歷了大躍進饑荒。到1959年底，原來比較充裕的糧食供應減少到一個月的糧食只夠25天吃的。(中央民族學院)院方對學生說，國家正處於困難時期，必須減少口糧、增強意志，國家才能度過困難時期。他們讓學生銘記長征的艱難困苦，那時紅軍戰士不得不以死馬、死狗等死屍充饑。[43] 雖然官方不可能披露食人肉的情況，但上述說法與1951年進藏的解放軍戰士的敘述是一致的：為了祖國的統一，他們得勒緊褲腰帶、抓食地鼠。1961年冬天藏族學生被送回西藏後，噶西‧次仁多吉看到農村的情況要糟糕得多。四川省府成都的火車站擠滿了挨餓的人，沒人給他們吃的或是互相幫助。離開他工作的《西藏日報》後，他回到了家鄉，南藏印度邊境的帕里鎮。在瞭解政治迫害和很差的生活水平之後，他對新西藏的憧憬逐漸破滅了。雖然他的家人糧食定量難以糊口，他還是覺得帕里鎮的情況比西藏其他地方要好得多，因為在邊境地區，各家的自留地多一些，而且不必交「愛國糧食稅」和「餘糧銷售稅」。[44] 1966年噶西‧次仁多吉逃到印度。和噶西‧次仁多吉一樣，達瓦諾布在回憶錄中也沒有提到餓死人的情況，但他詳細描述了挨餓的情景。根據他的描述，1959年的收成非常好，但農民還挨餓。過去，農民可以從貴族和富人那裏借糧，但是在「民主改革」中，這種做法受到批判，因為借貸的利息太高了。他還記得，農民要求漢人允許他們從人民糧倉中借糧，但被拒絕了。他用一種接近於馬克思主義的論點表示，他支持土地改革和殺富濟貧，但是他覺得「西藏的無產階級得到的主要是沒用的東西，而真正的財富都被漢人帶走了。」[45] 他的結論是，漢人要「盤剝」西藏。

　　敦珠曲珍的回憶錄也充滿對口糧定量低和挨餓的抱怨。和達瓦諾布一樣，她也認為，儘管1959年後農業產量提高了，但漢人沒有讓人吃飽。她詳細描述了1965年成立的紅旗人民公社的工作和生活狀況。「因為肉、黃油和油之類身體所需的主要食物很缺乏，我們得吃更多的糧食來滿足身體的需要。可是從哪兒弄到更多的糧食呢？特別是在夏天和秋天，我們就得減少口糧，吃野菜充饑。因為吃不飽，人們常常面帶菜色，讓人見到都認不出來了。很多人病倒，臉是浮腫的，很多人餓死了。」[46]她也像中國官方的宣傳一樣，對過去和當時的糧食供應情況做了個比較。與官方的說法不同，她用糧食定量的數據表明西藏人在「民主改革」和人民公社成立之後口糧減少了。與此矛盾的是，漢人組織「憶苦會」，藏人被迫在會上「回憶」過去挨餓的情況。「他們甚至在西藏各地推廣喝『憶苦粥』——一種很稀的糌粑粥，不加鹽，讓所有的藏人喝……這時候，有的年輕人會問長者：你們在舊社會真的喝這種東西嗎？老人得說：窮苦老百姓只有這種糌粑吃，因為農奴主在盛宴上把好的都吃光了。」[47]為了在農村發動階級鬥爭，共產黨在土地改革運動中開始搞「憶苦會」，根據敦珠曲珍的介紹，幹部們甚至為展示「舊社會」的苦難生活準備了稀粥。

　　圖登噶尊關於拉薩和農村生活的回憶錄是在上面提到的幾本書出版二十多年後面世的，但說法基本相同，饑餓也是其中的重筆。他在書中說，由於漢人當局的剝削，許多西藏農民得半年餓肚子。饑餓、重體力勞動和缺乏醫療設施造成很大比例的農村人過早離世。年輕人常常看上去像五十多歲的人。[48]圖登噶尊還描述了如何打擊「階級敵人」在藏曆新年慶典時做傳統的祭祀。他甚至說，文化大革命中，漢人給拉薩居民分發不新鮮的糌粑，毒死了藏人。有時那種怪味瀰漫了全城。「因為長期食用不新鮮的糌粑，很多人胃疼，不少人因此到醫院看病。要是把當時各種生病的情況列個單子，吃了不新鮮的糌粑是所有病因中最主要的，可是沒人敢說這就是病因。」[49]

　　噶西‧次仁多吉、達瓦諾布、敦珠曲珍和圖登噶尊的回憶從某種程度上成為達賴喇嘛自傳中的主要內容，也就是稱漢人佔領了西藏、為了

他們自己的利益對西藏進行掠奪、藏人生活水平降低以致於挨餓。確實，噶西．次仁多吉和敦珠曲珍的書是達賴喇嘛的新聞辦公室出版的，其內容與西藏流亡者現在的敘述有些不同。這兩本書作者討論的關注點不是侵犯人權和種族滅絕問題，而是西藏人所經受的苦難及與饑餓的抗爭。對「漢人統治者」的主要指責是他們背棄了自己的理想，沒有改善西藏的生活條件，噶西．次仁多吉、達瓦諾布、敦珠曲珍都強調他們曾相信漢人會帶來現代化，這使得他們的說法更具說服力。

記者傑斯帕．貝克 (Jasper Becker) 採訪了一些大躍進饑荒的親歷者，並與愛爾蘭的饑荒進行了對比。根據貝克的採訪，在安多地區，(漢族) 幹部不僅強迫藏族牧民定居，而且還強迫他們食用不習慣、不合適的糧食，而不是糌粑。「愛爾蘭農民在土豆欠收進口麵粉後，不會用麵粉做麵包，和他們一樣，西藏人特別是牧民不知道怎麼食用麵粉和玉米。很多漢族農民有經驗應對饑荒，而對藏族人來說，他們確實沒有經歷過這樣的困難。」[50]貝克一方面重複了西藏流亡者的說法（「西藏獨立時期沒發生過饑荒」和「他們強迫我們吃不習慣的東西」），另一方面，他也提到，如果漢族移民沒有教藏族人怎麼食用野菜和野草，藏族人會餓死更多。根據貝克的調查，甘肅、青海和四川的漢人與藏人一樣遭難，這個看法與西藏流亡者所說的藏人與「漢人統治者」的待遇不同形成對照。儘管饑荒是所有各民族的共同經歷，但藏族人用飲食習慣和饑餓問題來區分種族的不同。

饑餓被用作一種武器？
後社會主義時期關於烏克蘭饑荒的敘述

對烏克蘭饑荒的記憶在烏克蘭歷史學中比西藏更加重要。直至今天，1931 至 1933 年的饑荒仍然是俄羅斯和烏克蘭之間有爭議的問題。俄羅斯歷史學家和政治家堅持認為，這個悲劇是農業集體化之後蘇聯饑荒的一部分，而很多烏克蘭歷史學家和西方學術界種族滅絕理論的支持者則試圖將這個事件與蘇聯歷史分割開來，將其融入烏克蘭民族歷史當

中。本章中，我要分析饑荒是有計劃的種族滅絕的說法是如何發展起來
的，以及為甚麼在蘇聯解體後的烏克蘭這個說法變得如此重要。

斯大林在世時，饑荒問題在蘇聯是一個禁忌，談論這個問題會受到
嚴厲的鎮壓，1941年納粹德國佔領烏克蘭期間，這個題目解禁了，烏克
蘭民族主義者開始利用這個事件進行反俄和反猶的宣傳。[51] 1950年代早
期冷戰環境下，生活在西方國家的烏克蘭僑民出版了一部兩卷本的書
《克里姆林宮的卑劣行為》(The Black Deeds of the Kremlin)。[52] 那時，人們
對饑荒所知甚少，使用的一些資料來自納粹佔領者及其合作者。在很長
時間內，即使是西方學者也把饑荒當做蘇聯歷史中處於次要地位的事
件。[53] 對1929年之後農業集體化造成的牲畜損失比對人員損失的討論更
詳細。直到1980年代，這個災難才作為「發生在烏克蘭的種族滅絕」成
為一個國際性議題。1985年，美國國會任命了一個以詹姆斯·E·麥斯
(James E. Mace)為主席的委員會調查這個事件，可能因為列根總統希望
挑起烏克蘭民族主義力量反對蘇聯。烏克蘭僑民在將饑荒問題列上議程
發揮了重要的作用。[54] 通過烏克蘭僑民社團的捐款和國會院外集團的努
力，哈佛大學烏克蘭研究學院 (1972) 和阿爾貝塔大學烏克蘭學研究院
(1976) 設立，使烏克蘭歷史和僑民的觀點得到更多的重視。僑民中的
學者還為烏克蘭饑荒創造了一個新詞 Holodomor。這個詞最貼近的英
文翻譯是「饑餓陰謀」，對西方人來說，它聽起來像納粹的「大屠殺」
(Holocaust)。

1987年歷史學家羅伯特·康奎斯特出版《收穫悲哀》(The Harvest of
Sorrow) 一書，在國際上引起了關注。康奎斯特推動「饑餓大屠殺」
("hunger holocaust") 和「饑荒恐怖」("terror famine") 兩詞的使用。根據他
的中心命題，斯大林有意製造了饑荒以粉碎烏克蘭人對蘇聯壓迫的反
抗。在這本書的前言中，康奎斯特將烏克蘭的饑荒與伯根貝爾森的饑荒
進行比較，在那場饑荒中，吃得飽飽的衛兵親眼觀看當地人在挨餓。斯
大林明明知道有人在挨餓，他仍然不打開糧倉分糧，而是繼續儲存大量
的糧食。[55] 1933年奧拓·席勒 (Otto Schiller) 就提出了斯大林有意製造饑
荒來懲罰烏克蘭農民的說法，他是德國駐莫斯科大使館的農業專家。[56]

康奎斯特在書中提出蘇聯的政策是否符合有關種族滅絕定義標準的問題。1948 年，聯合國通過了《防止和懲治種族滅絕罪公約》，該公約將種族滅絕罪定義為：「滅絕種族系指蓄意全部或局部消滅某一民族、人種、種族或宗教團體之罪行。」[57]

1988 年美國國會調查烏克蘭饑荒問題的麥斯委員會向國會提交了報告。報告對該問題的研究現狀做了一個回顧，總結了「非蘇聯學者的研究」、「後斯大林時期的蘇聯史學」的研究和「蘇聯關於饑荒的杜撰」，同時還包括採訪幸存者的口述歷史。雖然各個章節的撰寫用的是學術語言，但概述以概括總結的方式作出了政治性的結論。委員會認為，1932 至 1933 年烏克蘭發生了一場造成幾百萬人死亡的饑荒，這是蘇聯政府發動的一場人為的饑荒。該報告更重要的命題是，斯大林有意製造了這場饑荒：「（報告）第 8 點：1932 年秋，斯大林利用烏克蘭的『徵購危機』為藉口收緊對烏克蘭的控制，進一步加強了糧食徵購……第 11 點：斯大林 1932 年底已經知道烏克蘭餓死人了。」[58] 報告的撰寫人認為，饑荒發生在伏爾加河谷地區和北高加索地區，但斯大林的干預僅僅發生在烏克蘭人居住區。報告第 16 點指出，「約瑟夫‧斯大林和他的幕僚們在 1932 至 1933 年犯下了種族滅絕罪」。報告的最後一點是指責美國政府及新聞媒體在那時忽略了這場饑荒。我認為，報告不能作出斯大林犯了種族滅絕罪的結論。與康奎斯特的書不同，這個報告主要引用蘇聯的資料。可能報告的撰寫人沒有意識到，報告與赫魯曉夫時代的歷史學家作出了類似的結論，即不是指責共產黨和蘇聯政府，而是將罪過放在斯大林身上，並且對赫魯曉夫的反對者莫洛托夫 (Vyacheslav Molotov) 和拉扎爾‧卡岡諾維奇作負面的評論。

似乎在 1988 年時，這場饑荒是不是應該被稱為種族滅絕並不像後來那樣變成了中心問題。詹姆斯‧麥斯指出，從國際認可的種族滅絕定義來看，這場饑荒帶來了特別的問題，「因為饑荒的關注點是地理區域，而不是針對某一地區某些特別群體的歧視做法，很明顯，饑荒不是為了摧毀某一社群的所有人」，[59] 而只是針對主要的受害者烏克蘭人的嚴厲措施。

種族滅絕的定義迄今仍有爭議。R‧J‧魯梅爾 (R. J. Rummel) 主張使用「國內滅絕」一詞來描述一國政府為了完成一個指標或徵派任務以殺戮為方式殺戮一個人或一個族群。[60] 庫特‧喬納森 (Kurt Jonassohn) 則區別兩種人為的饑荒,一種是非有意的經濟、政治和社會進程所造成的後果,另一種是國際上早已使用的以饑餓作為一種衝突或戰爭手段。[61]

諾曼‧M‧奈馬克 (Norman M. Naimark) 認為用1948年聯合國通過的種族滅絕定義來討論斯大林統治下的種族滅絕是有問題的。他認為,那個定義沒有涉及社會和政治群體,因為當時聯合國集中關注納粹當局的反種族罪行,同時也由於蘇聯政府施加了壓力。[62] 有必要運用廣義的「種族滅絕」定義,而不是局限於聯合國的決議。如果殺害一個群體的一部分威脅到了整個群體的生存,那麼它應該被看做是種族滅絕。比如設在海牙的國際刑事法庭判定1995年波斯尼亞塞爾維亞族游擊隊在斯雷布雷尼察屠殺了八千穆斯林為種族滅絕。奈馬克意識到,目前很難找到斯大林親自命令發動嚴重饑荒的證據。[63] 因此,不可能在他在世時將他送交國際刑事法庭。但是,這並不是說,這個事件本身不能被認定為種族滅絕。奈馬克認為,雖然斯大林沒有想殺害所有的烏克蘭人,但是他想毀掉烏克蘭民族。他周圍的幕僚認為那些把自己看做是烏克蘭人的農民應該去死。斯雷布雷尼察一案表明,即使沒有證據證明特定的人對罪行負有責任,也可以將一個大屠殺認定為種族滅絕。

另一個問題是,以法律形式禁止以饑餓作為戰爭手段是比較近期的事。1974年,在羅馬召開的世界糧食大會通過決議禁止將饑餓作為戰爭手段,而這種手段是非洲很多衝突中都使用的戰術。根據聯合國的定義,種族滅絕的標準是,只有一個政府有意結束一個民族或群體的全部才可以稱為種族滅絕。戴維‧馬庫斯 (David Marcus) 認為,現有的國際法不夠靈活,不能處理饑荒罪:對於餓死平民的具體禁止條款只是在1977年之後才出現在日內瓦公約中,而且只針對戰爭狀態。[64]

對於支持種族滅絕說的人來說,困難在於定義饑荒是烏克蘭民族歷史中特有的事件。他們的論點有多種多樣。有些人認為,整個的饑荒是蘇聯政府有意組織的種族滅絕行為。其他學者,如馬庫斯,則承認聯合

國有關種族滅絕的定義對烏克蘭饑荒不適用，應該改變種族滅絕的定義。詹姆斯·麥斯、安得利亞·格拉齊奧西和提莫西·辛德 (Timothy Snyder) 等學者則認為 1931 年的饑荒是農業集體化和錯誤政策的後果，它影響了整個蘇聯，而且不是有意安排的。但是饑荒爆發之後，斯大林利用饑餓殺害了幾百萬烏克蘭農民。[65] 他們認為，蘇聯的饑荒在 1932 年轉變為烏克蘭「大屠殺」。麥斯在他早期的論著中認為：「1933 年對所有蘇聯農民來說都很難熬，但是大批餓死人的現象僅僅發生在烏克蘭、北高加索邊疆地區和部分伏爾加地區，在伏爾加地區可能是為了削弱那裏的德意志人。沿着俄羅斯主體部分 (不同於庫班) 與其他地區的邊界線，饑荒似乎就終止在邊界線上。」[66] 現在我們知道，很多俄羅斯農民也餓死了。[67] 與 1932 年相比，1933 年在主要是俄羅斯人居住的地區如伏爾加河下游、伏爾加河中部和中部黑土地區死亡率快速上升。[68] 因為這是不可否認的事實，一些主張種族滅絕說的學者稱，蘇聯當局對未完成糧食徵購進行非常殘酷的懲罰，如糧食禁運和經濟制裁，而且僅僅在烏克蘭人居住的地區，特別是庫班地區。這個地區當時是俄羅斯加盟共和俄羅斯。比如，羅曼·瑟賓 (Roman Serbyn) 注意到，斯大林命令關閉俄羅斯和烏克蘭的邊界，將逃難的農民遣送回他們的村莊。[69] 辛德認為，1932 年末及 1933 年初，非常殘酷的政策僅僅或主要在烏克蘭加盟共和國實施。這些政策包括，如果糧食徵購任務沒有完成就增收肉食稅。按辛德的說法，蘇聯當局 1932 年 11 月開啟了「黑名單」制度，在黑名單上的村子無權買賣糧食，也不能接受從外部調運來的糧食。[70]

如前所述，種族滅絕說在學術界並不是沒有受到質疑，反對這一提法的學者起碼與支持者勢均力敵。戴維斯、維特克羅夫特和泰格認為這場饑荒是波及整個蘇聯而不僅僅是烏克蘭。[71] 他們不相信，1932 至 1933 年的這場饑荒是用來針對烏克蘭人的種族滅絕行為。總的說來，一方面，饑荒的受害者不僅僅是烏克蘭人，還有哈薩克人、俄羅斯人和德意志人。另一方面，在當地，烏克蘭人常常扮演糧食獵取者和加害者的角色，[72] 而且並不是所有的蘇聯領導人都是俄羅斯人。斯大林是格魯吉亞人，卡岡諾維奇出身於烏克蘭的猶太家庭。這個情況使人們很難以種族

來劃分俄羅斯加害者和烏克蘭受害者。維特克羅夫特指出，烏克蘭比較晚成為主要的糧食徵購地，是在1931年豐收之後。[73] 1928年糧食危機開始時，斯大林選擇了西伯利亞使用「特別措施」(指強力措施) 從農民那裏徵收糧食。在那場危機中，烏克蘭在糧食欠收之後從別的加盟共和國得到了糧食援助。[74] 1931年的饑荒中，餓死人最多的是哈薩克草原。1930年代初，不僅烏克蘭而是蘇聯所有加盟共和國都經歷了針對「民族共產主義分子」的大清洗。黑宮廣昭認為，不能認為1933年關閉俄羅斯與烏克蘭和北高加索邊界是針對烏克蘭民族，因為邊界的兩邊都有烏克蘭和俄羅斯族人。因為沒有用於國內的身份證，邊防警衛很難區分俄羅斯族還是烏克蘭族。我們可以說，烏克蘭和北高加索地區受到了懲罰，但是迄今尚無確切證據表明在民族混居的地區烏克蘭族人比非烏克蘭人有更壞的遭遇。[75]

很有意思的是，種族滅絕說的支持者將屠殺烏克蘭民族的日期放到1932年後期至1933年上半年。這個時候，蘇聯政府已經幾次降低了向烏克蘭加盟共和國徵購糧食的指標。1932年5月公佈的糧食徵購指標比1931年低了20%。8月，蘇聯政府大幅度削減了北高加索和烏克蘭的徵購指標。[76] 1933年1月，政治局決定再做讓步，降低了烏克蘭的生產指標。[77] 不過，值得一提的是，徵購指標對面臨饑餓的烏克蘭農村來說仍然太高了。由於已經降低了的目標仍然不能完成，斯大林和蘇聯政府非常不滿，他們開始將問題歸結於「反革命」勢力的破壞。結果，在減輕農民負擔的措施之後，接着就是一波又一波的迫害，包括遣散全村的人、處決未完成任務的地方幹部和逮捕大批的農民。此外，在烏克蘭和北高加索一律禁止集體農莊進行糧食貿易，因為糧食徵購任務沒有完成。[78] 但是，戴維斯和維特克羅夫特指出，在俄羅斯伏爾加中部地區一些村莊也被列入「黑名單」受到懲罰。而且這個措施早在1929年秋徵糧運動中就開始實施了。[79] 戴維斯和維特克羅夫特認為，這種針對農民的普遍性做法不能被看做是對烏克蘭人的種族滅絕行為。

辛德將1933年初在烏克蘭的糧食徵收看作對300萬人的大屠殺。而泰格則認為，如果對饑荒進行嚴肅的討論，必須考慮到糧食供應體系所

涉及的所有人，而不僅僅是農民和政府。[80] 很多種族滅絕說的支持者忽略了蘇聯政府需要向迅速增長的城市人口提供糧食的情況，包括烏克蘭的城市。辛德也談到城市遭遇的情況，但他似乎沒有將農村的糧食徵購與城市的糧食供應聯繫起來。上面已經談到，蘇聯政府更加重視城市的穩定而不是農民的福祉。如果斯大林的目標是盡可能多地消滅烏克蘭農民，為甚麼他要降低糧食徵購指標、在集體農莊進行改革，允許農民擁有自留地，並重開自由市場呢？

學術界的討論常常影響不了其他人對歷史的看法。儘管種族滅絕說在1980年代不是中心議題，而且受到很多學者的質疑，斯大林有意進行種族滅絕的說法仍然成了蘇聯解體後建構烏克蘭民族身份的一部分。

記憶的更迭：烏克蘭後社會主義史學中的大屠殺及種族滅絕

在蘇聯最後的危機中，隨着烏克蘭1991年的獨立，饑荒問題變成了一個重要的問題。在1990年的一個研討會上，一些政治家、歷史學家和藝術家通過了一個決議，將饑荒認定為對烏克蘭人的種族滅絕。[81] 突出的是，反對蘇聯官方歷史學的政治家和知識分子和共產黨一樣，用決議來確定「事實」。

在後來的一些年裏，又提出了一個將大屠殺視為種族滅絕的新說法。烏克蘭第一任當選總統列昂尼德·M·克拉夫丘克（Leonid M. Kravchuk）1992年宣稱，與其他種族相比，烏克蘭人在斯大林體制下受害最深。由於有種族滅絕說，烏克蘭人可以被看做是斯大林主義最大的受害者。從1998年開始，11月的第四個星期日在烏克蘭成為公眾紀念大饑荒日。

饑荒70周年紀念使紀念活動達到一個新的高潮。2002至2003年，烏克蘭外交部在國際上發動了一場爭取將這場饑荒認定為種族滅絕的運動。雖然這場運動沒有達到預期的全部目標，但聯合國26個成員國包括俄羅斯通過了一個將這場饑荒定義為致使蘇聯700萬至1,000萬人死

亡的民族災難。美國國會通過了一個題為「烏克蘭1932–1933年人為饑荒」的決議,並提及種族滅絕,加拿大參議院通過了「烏克蘭饑荒/種族滅絕」決議。[82]

雖然烏克蘭人並不是唯一遭受饑荒的人群,但是在俄羅斯和哈薩克,饑荒並不是辯論的中心議題。維爾弗里德·基爾格(Wilfried Jilge)認為,烏克蘭的大屠殺問題之所以能成為烏克蘭歷史學中的關鍵議題,是因為它使得烏克蘭國家的統一及從蘇聯的分離和獨立合法化。一些政治家以此為由要求新聞自由和重返私有制,提出自由和私制可以防止饑荒的發生。[83]獨立以後,切爾諾貝利核電站事件也被用作烏克蘭在蘇聯統治下受害的象徵。「饑荒殘酷地殺害了農民,而切爾諾貝利則污染了土地。對於一個農業為主的國家,這意味着摧毀了這個民族和其『靈魂』。」[84]卡塔琳娜·瓦納(Catherine Wanner)因此認為,對共同經歷加以情緒化的敘述可以用於在高度多樣化和被剝奪公民權的人口中創建新的身份。[85]

安德烈亞斯·開普勒提出,除了加利西亞地區以外,烏克蘭沒有很強的俄羅斯屬性。[86]除了官方將饑荒定義為種族滅絕之外,在記憶問題上,烏克蘭在政治上劃分為親歐洲的西部和親俄羅斯的東部。維克多·尤先科(Victor Yushchenko)總統在2005至2010年的任期裏推動以立法將饑荒定義為種族滅絕。尤先科的群眾基礎和政治實力來源於烏克蘭的中西部。烏克蘭議會2006年通過了這個法律。與此相反,前總理和尤先科總統的黨派則反對這個議案,稱饑荒是一個「悲劇」。此外,基輔社會研究院所做的一個民意測驗表明,烏克蘭西部地區認為饑荒是蘇聯政府有意組織的人比東部地區要高得多。更為令人吃驚的是,對種族滅絕說支持最強的是基本上沒有經歷那場饑荒的蘇聯。[87]當時在烏克蘭也有俄羅斯人、德意志人和波蘭人餓死了,而且當地的加害者主要是烏克蘭人,這些情況沒有人提及。[88]烏克蘭民族主義者營造了一個受害者群體所構成的民族,他們是居住在民族國家疆域內的烏克蘭人,烏克蘭政府試圖將多種族邊界地區的歷史重寫為烏克蘭民族歷史。大屠殺在此有着重要的作用。

關於種族滅絕的討論源自於國外。1980年代在美國和加拿大關於

烏克蘭饑荒問題的研究和辯論為獨立的烏克蘭新的歷史學設定了框架。這種說法因超越了學術辯論而成立。種族滅絕說能夠取材於烏克蘭農村和私人家庭。此外，將饑荒定義為種族滅絕或大屠殺與國際上關於人權的討論聯繫在一起。列維（Daniel Levy）和施耐德（Natan Sznaider）自1990年代以來一直推動將大屠殺列為各個不同的受害群體記憶中的統一內容。隨着大屠殺的國際化和美國化，這個事件超出了德國和歐洲歷史的框架，成為一種罪惡的代名詞。由於這種對於大屠殺統一記憶的道義制高點，所有的受害人都絕對是清白的。[89]第一次現代化的歷史敘事歌頌英雄和他們為民族作出的犧牲，而第二次現代化則代之以使用受害身份來構建自身的歷史。「再也不允許發生這樣的事」成為一種道義上至高無上的禁令，禁止一國政府屠殺自己的人民。在1995至1999年巴爾幹戰爭中，美國和德國政府用大屠殺問題來證明發動對南斯拉夫戰爭的公正性。[90]

　　烏克蘭的例子表明，將饑荒類比為種族滅絕和大屠殺有助於建構民族歷史或者說民族主義的歷史敘事。將對饑荒的記憶與國際上有關人權的討論掛起鈎來不一定能形成一種全世界一致的歷史觀。我認為，列維和施耐德忽略了一些國家濫用國際上人們對大屠殺的看法，也忽略了將這些都與大屠殺掛鈎的危險性。烏克蘭在民族身份的建構中利用大屠殺議題是有問題的，因為主要來自加利西亞的烏克蘭族加害者在第二次世界大戰中積極參與了追捕和殺害猶太人。約翰·迪奇（Johan Dietsch）談到當今烏克蘭學校的歷史教材中如何闡述這個問題。在教科書談及烏克蘭歷史部分，對猶太人的大屠殺幾乎沒有提及，大屠殺成了烏克蘭的民族遭遇。似乎納粹統治下的主要受害者是烏克蘭人。而在世界歷史部分，教科書談及大屠殺，如此這般，似乎猶太人的悲慘遭遇發生在所有德國佔領地區，但烏克蘭除外。[91]在大屠殺的章節和烏克蘭大屠殺的各章節，烏克蘭人都不是加害者。這些教科書都沒有提到，很多烏克蘭人在1932至1933年的饑荒中參與了囤積糧食。[92]烏克蘭官方版的歷史就這樣給烏克蘭民族的遭遇賦予了意義。在這種情況下，尤先科派的政治家能夠將此與國際上紀念大屠殺的活動掛鈎，並同時推動以烏克蘭大屠殺為基礎建構民族歷史就不足為奇了。

圖7.2　兩次世界大戰期間的烏克蘭國土

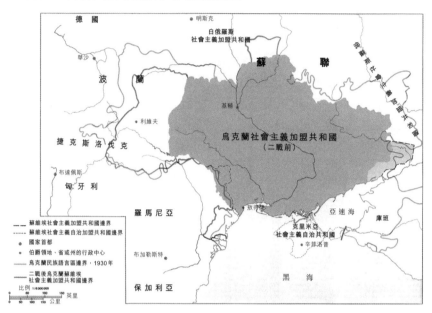

　　烏克蘭前總統尤先科十分積極地推動將饑荒中死亡1,000萬作為官方關於死亡的數字。[93]這個數字也常常用來證實，在烏克蘭的大屠殺比在對猶太人的大屠殺中死了更多的人，烏克蘭饑荒是人類歷史上最大規模的屠殺之一。與尤先科的說法不同，烏克蘭人口學家的統計是，烏克蘭在饑荒中餓死及因與饑餓相關而死亡的人數是390萬。法國人口學家雅克·瓦林（Jacques Valin）及他的同事估計這個饑荒死亡的人數是260萬。[94]這個數字不包括烏克蘭加盟共和國之外庫班地區死亡的烏克蘭人。他們還認為，一些烏克蘭民族主義者所稱1932至1933年饑荒中所死亡的烏克蘭人多於德國佔領期間（1941–1945）死亡人數的説法也是不對的。從上面的論述我們看到，在西藏問題上，將計算受害者人數和確定民族的定義聯繫起來非他們「設想的藏族社群」。因此，西藏流亡政府所計算的因「漢人佔領」所造成的死亡人數就大大高於基於西藏自治區的統計。把獨立的烏克蘭民族國家之外的烏克蘭人也算進來可以將烏克

蘭社群擴大到邊界之外，而且可以得出更高的受害者數字。

饑荒的經歷對烏克蘭和西藏流亡者建立民族主義的歷史敘事非常重要。在烏克蘭和西藏，民族主義者都聲稱敵人有意要餓死「我們」，只有獨立才能結束饑餓。僅僅憑飲食習慣不能建構民族身份，僅僅依據饑餓問題，以及饑荒中得到食物的情況同樣也不能，但後者被看做對他們民族的羞辱。在社會主義制度結束之後的烏克蘭，對饑荒的記憶已經成為新的民族神話和民族認同的一個部分。把整個烏克蘭民族描述成受害者，可以將農民對遭遇的敘述和後社會主義時期知識分子關於種族滅絕的說法聯繫起來。由於對饑荒負有責任的是一個外來勢力即斯大林統治下的俄羅斯，因此對這個災難性事件的記憶可以將不同文化、種族和政治集團聯合起來。在西藏流亡者的描述中，饑荒是漢族佔領者種族滅絕措施的一部分。儘管饑荒造成了社會秩序和社會道德的崩潰，但民族主義的歷史學家們描繪了一幅黑白分明的圖畫：「其他」民族（英格蘭、俄羅斯、漢人）是加害者，他們自己是無辜的受害者。與中國共產黨的說法相反，上面談到的幾本書的藏族作者以民族主義的視角看待社會主義制度下飲食習慣的改變：「吃米飯的人」剝削「吃糌粑的人」，漢人逼着藏人吃羞辱他們人格的東西。西藏流亡政府利用饑荒勾劃出西藏的民族版圖，將康區和安多也劃入西藏。對雙方來說，對饑餓的描述都增加了內涵，這種描述揭示了漢族與少數民族關係的歷史如何與饑餓及饑荒的經歷連在一起。

確實，烏克蘭和西藏人的歷史敘事沒有集中在民族英雄和民族成就上。他們對饑荒的記憶是傑佛利·C·亞歷山大（Jeffrey C. Alexander）和榮·艾曼（Ron Eyerman）所定義的文化創傷。這意味着，一個新的民族身份可以創建於過去負面和災難性事件的基礎上。[95] 例如，艾曼指出，在取消奴隸制時，被奴役並不是非裔美國人最主要的記憶。100年之後，1960年代民權運動用被奴役的記憶來創建新的非裔美國人身份，這時，奴役發揮了關鍵的作用。[96] 親歷者是這些記憶的承載人，但他們往往無法進入公共領域，他們需要知識分子、藝術家、電影製片人或民權運動活動家幫助將這些記憶傳達給社會。如同塞爾維亞人被突厥人在科索沃戰場打敗，或者猶太人遭受的大屠殺，這種傳達的記憶可以成為一

種文化認同的一部分，即使有些人沒有親身經歷，或者那時根本沒有出生。對烏克蘭來說，甚至那些僅僅在二戰後才成為蘇聯一部分地區的人也支持種族滅絕說，因為這可以把他們自己與受害的民族連在一起。艾曼的研究提醒我們，集體記憶是根據一個群體的需求由社會來創建的。然後，每一個烏克蘭人都分享了種族滅絕的創傷，儘管他（她）根本沒有任何親人從饑荒中幸存或死於饑荒。

烏克蘭的饑荒波及了城市。[97]同時，蘇聯政府結束了溫和的「烏克蘭化」政策，並且開始了對「烏克蘭民族主義」的血腥清洗。在烏克蘭農民挨餓幾個月之後，烏克蘭籍的黨的幹部、教師、藝術家和其他知識分子也受到了清洗。[98]儘管這些人比農民分到更多的食物，但同時期的遭遇可以作為新的痛苦的歷史敘事的基礎。只有從更高層次的道義和政治角度加以推動，加上1991年後政府的支持，種族滅絕說才能影響烏克蘭社會群體的認同。其他正面的事件不可能取代饑荒這樣的災難來建構身份，因為在現代烏克蘭歷史上，這樣正面的事件太少了。[99]比如，1991年的政權更迭與自下而上的和平革命沒有關係。與愛沙尼亞、格魯吉亞和立陶宛不同，烏克蘭沒有必要為獨立而戰。因此，在民族神話的建構中缺乏1990至1991年期間進行了民族解放鬥爭這樣的內容。[100]同樣，1940年代和1950年代對蘇聯進行暴力抵抗也因烏克蘭人與納粹德國的合作和反猶而漏洞百出。儘管如此，烏克蘭還是有人努力將（與德國人合作，並反蘇、反猶的）烏克蘭游擊隊成員美化成民族英雄。

現代西藏歷史中也缺乏正面的、可以建立民族神話的事件。十三世達賴喇嘛（1876–1933）進行的第一次現代化的改革遇到僧侶們強烈的抵抗，最終失敗了。1959、1969和1989年反抗中國當局的起義被粉碎了。十四世達賴喇嘛尋找和平的「中間道路」在國際上得到很多支持，但他沒有得到中國政府作出的任何重大讓步。西藏流亡政府官方歷史的書寫集中於中國共產黨如何迫害藏人。實際上，饑荒最嚴重的省份都是漢人集中居住的地區。因此，中國大躍進饑荒的故事不像烏克蘭饑荒那樣適合於建構民族獨立的敘事。

註 釋

1. Daniel Levy and Natan Sznaider, *Erinnerungen im globalen Zeitalter: Der Holocaust* [Memory in the Global Age: The Holocaust] (Frankfurt [M]: Suhrkamp, 2001), 150.

2. 關於糧食與民族建構問題見 Priscilla Parkhurst Ferguson, *Accounting for Taste: The Triumph of French Cuisine* (Chicago: University of Chicago Press, 2004), 和 Jeffrey M. Pilcher, *Que vivan los tamales! Food and the Making of Mexican Identity* (Albuquerque: University of New Mexico Press, 1998).

3. James Vernon, Hunger: *A Modern History* (Cambridge, MA: Belknap Press, 2007), 42–43.

4. Mike Davis, *Late Victorian Holocausts: El Niño Famines and the Making of the Third World* (London: Verso, 2001), 7.

5. Sugata Bose, "Pondering Poverty, Fighting Famines: Towards a New History of Economic Ideas," in *Arguments for a Better World: Essays in Honor of Amartya Sen*, ed. Kaushi Basu and Ravi Kanbur (Oxford: Oxford University Press, 2009), 2: 430.

6. Davis, *Late Victorian Holocausts*, 22.

7. Noel Kissane, *The Irish Famine: A Documentary History* (Dublin: Nation Library of Ireland, 1995), 38.

8. Cormac Ó Gráda, *Black '47 and Beyond: The Great Irish Famine in History, Economy, and Memory* (Princeton, NJ: Princeton University Press, 1999), 82.

9. Peter Gray, *The Irish Famine* (London: Harry N. Abrams, 1995), 95.

10. Kerby Miller, "'Revenge for Skibbereen': Irish Emigration and the Meaning of the Great Famine," in *The Great Famine and the Irish Diaspora in America*, ed. Arthur Gribben (Amherst: University of Massachusetts Press, 1999), 181.

11. 同上，頁181；亦見 Cathal Poirteir, *Famine Echoes* (Dublin: Gill and Macmillan, 1995), 5.

12. 關於愛爾蘭民族主義的討論見 Vernon, *Hunger*, 44–48.

13. John Mitchel, *The Crusade of the Period and Last Conquest of Ireland (Perhaps)* (New York: Lynch, Cole and Meehan, 1878), 323–324.

14. Cormac Ó Gráda, "Foreword," in Kathryn Edgerton-Tarpley, *Tears from Iron: Cultural Responses to Famine in Nineteenth-Century China* (Berkeley: University of California Press, 2008), xix.

15. Gray, *The Irish Famine*, 127.

16. Miller, "'Revenge for Skibbereen,'" 189, 181.

17. Mick Mulcrone, "The Famine and Collective Memory: The Role of the Irish-American Press in the Early Twentieth Century," in Gribben, *The Great Famine and the Irish Diaspora in America*, 234.

18. Christine Kinealy, *The Great Irish Famine: Impact, Ideology and Rebellion* (Basingstoke: Palgrave, 2002), 3.

19. 同上，頁14。

20. Kissane, *The Irish Famine*, 180.

21. 見 Barry Sautman, "Association, Federation and 'Genuine' Autonomy: The Dalai Lama's Proposals and Tibet Independence," *China Information* 14, no. 2 (2000): 46.

22. John Powers, *History as Propaganda: Tibetan Exiles versus the People's Republic of China* (Oxford: Oxford University Press, 2004), 156.

23. Stephanie Roemer, *The Tibetan Government-in-Exile: Politics at Large* (London: Routledge, 2008), 147.

24. Melvyn C. Goldstein, *The Snow Lion and the Dragon: China, Tibet, and the Dalai Lama* (Berkeley: University of California Press, 1997), 16.

25. Dalai Lama, *Freedom in Exile: The Autobiography of the Dalai Lama* (New York: Harper One, 1991), 165, 235, and 249. 1948年，聯合國制定了《防止和懲罰種族滅絕公約》，該公約明確了種族滅絕的定義。Jennifer Balint 和 Israel W. Charny 採用了這個定義，見 "Definitions of Genocide," in *Encyclopaedia of Genocide*, ed. Israel W. Charny (Denver: ABC-Clio, 1999), 1: 11, 我在本書以後的部分引用了這個定義。

26. "Tibet: Proving Truth from the Facts" (1996), 西藏政府的官方網站：http://www.tibet.net/en/index.php?id=149&rmenuid=11; accessed June 2, 2010.

27. Anne-Marie Blondeau and Katia Buffetrille, eds., *Authenticating Tibet: Answers to China's 100 Questions* (Berkeley: University of California Press, 2008), 89.

28. Dalai Lama, *My Land and My People* (New York: McGraw-Hill, 1962), 223.

29. 楊魁孚：《中國少數民族人口》（北京：中國人口出版社，1995），頁21。

30. "Tibet: Proving Truth from the Facts" (1996).

31. 同上。

32. Thomas Laird, *The Story of Tibet: Conversations with His Holiness the Dalai Lama* (New York: Groove Press, 2006), 315.

33. 開始時，中國共產黨領導層認為報告提出的批評很有價值。毛澤東甚至接見了班禪喇嘛，討論請願書。在1962年夏季批評了統戰工作部之後，情況發生了變化，報告被認定為「反社會主義」，是一支「毒箭」，特別是有關西藏民族已近滅亡的內容，毛澤東不能接受。1964年12月，班禪喇嘛被解除了西藏自治區籌委會主席的職務。文化大革命期間，他被幾次帶到北京接受紅衛兵批鬥，直到1977年才從監獄釋放。

34. Panchen Lama, *A Poisoned Arrow: The Secret Report of the 10th Panchen Lama; the Full Text of the Panchen Lama's 70,000 Character Petition of 1962, Together with a Selection of Supporting Historical Documents* (London: Tibet Information Network, 1997), 82.

35. 同上，頁 112。

36. 同上，頁 103。

37. Tsering Dorje Gashi, *New Tibet: Memoirs of a Graduate of the Peking Institute of National Minorities* (Dharamsala: Information Office of H. H. the Dalai Lama, 1980), 11.

38. 同上，頁 25 中引用。

39. Dawa Norbu, *Red Star over Tibet* (New York: Envoy Press, 1987), 208. *Chang* is a beer made of barley.

40. 同上，頁 216 中引用。

41. Dhondub Choedon, *Life in the Red Flag People's Commune* (Dharamsala: Information Office of H. H. the Dalai Lama, 1978), 37–38.

42. Information Office of H. H. the Dalai Lama, ed., *Tibet under Communist Rule: A Compilation of Refugee Statements 1958–1975* (Dharamsala: Information Office of H. H. the Dalai Lama, 1976), 73.

43. Tsering Dorje Gashi, *New Tibet*, 73.

44. 同上，頁 106。

45. Dawa Norbu, *Red Star over Tibet*, 212.

46. Dhondub Choedon, *Life in the Red Flag People's Commune*, 36.

47. 同上，頁 61–62。

48. Tubten Khetsun, *Memories of Life in Lhasa under Chinese Rule* (New York: Columbia University Press, 2008), 271.

49. 同上，頁 109。

50. Jasper Becker, *Hungry Ghosts: China's Secret Famine* (London: John Murray, 1996), 168.

51. 在同情蘇聯的書籍中可以找到一些例子：Douglas Tottle, *Fraud, Famine and Fascism: The Ukrainian Genocide Myth from Hitler to Harvard* (Toronto: Progress Books, 1987), 36–44.

52. Ukrainian Association of Victims of Russian Communist Terror, ed., *The Black Deeds of the Kremlin: A White Book* (Toronto, 1953–1955).

53. Frank Sysyn, "The Ukrainian Famine of 1932–3: The Role of the Ukrainian Diaspora in Research and Public Discussion," in *Studies in Comparative Genocide*, ed. Levon Chorbajian and George Shirinian (London: Macmillan, 1999), 184.

54. 詳見Johan Dietsch, *Making Sense of Suffering: Holocaust and Holodomor in Ukrainian Historical Culture* (Lund: Lund University Press, 2006), 122–146. Frank Sysyn 強烈反對饑荒問題完全是反蘇宣傳的一種臆造的說法，見 Sysyn, "The Ukrainian Famine of 1932–3," 201.

55. Robert Conquest, *The Harvest of Sorrow: Soviet Collectivization and the Terror-Famine* (Oxford: Oxford University Press, 1986), 3, 272.

56. Gerhard Simon, "Holodomor als Waffe: Stalinismus, Hunger und der ukrainische Nationalismus" [Holodomor as a Weapon: Stalinism, Hunger, and Ukrainian Nationalism], *Osteuropa* 54, no. 12 (2004): 49.

57. Quoted in Balint and Charny, "Definitions of Genocide," 1:11.

58. *Report to Congress: Commission on the Ukraine Famine* (Washington, D.C.: U.S. Government Printing Office, 1988), vii.

59. James E. Mace, "Ukrainian Genocide," in Charny, *Encyclopaedia of Genocide*, 2: 565.

60. R. J. Rummel, "The New Concept of Democide," in Charny, *Encyclopaedia of Genocide*, 1: 21.

61. Kurt Jonassohn, "Famine as a Method of Genocide," in Charny, *Encyclopaedia of Genocide*, 1: 226.

62. Norman M. Naimark, *Stalin und der Genozid* [Stalin's Genocides] (Frankfurt [M]: Suhrkamp, 2010), 28–29.

63. 同上，頁81–82。

64. David Marcus, "Famine Crimes in International Law," *American Journal of International Law* 97, no. 2 (2003): 267.

65. Andrea Graziosi, *Stalinism, Collectivization and the Great Famine* (Cambridge, MA: Ukrainian Studies Fund, 2009), 81. Timothy Snyder, *Bloodlands: Europe between Hitler and Stalin* (London: Bodley Head, 2010), 42. Snyder 在「蘇聯饑荒」的章節

中多次引用 Davies/Wheatcroft 和 Barbara Falk 的文章。這些學者不同意饑荒是有組織的種族滅絕的觀點。但是 Snyder 沒有向讀者交代，對於饑荒有不同的解釋。他只是抽出對他的觀點有用的材料。

66. James E. Mace, *Communism and the Dilemmas of National Liberation: National Communism in Soviet Ukraine, 1918–1933* (Cambridge, MA: Harvard Ukrainian Research Institute, 1983), 292.

67. 俄羅斯死亡的人數在 200 萬到 300 萬之間。Hiroaki Kuromiya, "The Soviet Famine of 1932–1933 Reconsidered," *Europe-Asia Studies* 60, no. 4 (2008): 667. 很難估計俄羅斯族的人死亡了多少，因為俄羅斯加盟共和國的很多地區多民族混居，庫班地區主要居住的是烏克蘭族人。

68. R. W. Davies and Stephen G. Wheatcroft, *The Years of Hunger: Soviet Agriculture, 1931–1933* (New York: Palgrave Macmillan, 2004), 415.

69. Roman Serbyn, "The Ukrainian Famine of 1932–1933 as Genocide in the Light of the UN Convention of 1948," *Ukrainian Quarterly* 62, no. 2 (2006): 200; http://www.archives.gov.ua/Sections/Famine/Serbyn-2006.php; accessed October 2, 2007.

70. Snyder, *Bloodlands*, 43.

71. 例見 Barbara B. Green, "Stalinist Terror and the Question of Genocide: The Great Famine," in *Is the Holocaust Unique? Perspectives on Comparative Genocide*, ed. Alan S. Rosenbaum (Boulder, CO: Westview Press, 1996), 137–161; Mark B. Tauger, "Le Livre Noire du Communisme on the Soviet Famine of 1932–1933" (1998), 2; http://www.as.wvu.edu/history/Faculty/Tauger/Tauger%20Chapter%20for%20 Roter%20Holocaust%20book%20b.pdf; accessed May 5, 2011.

72. Stephan Merl, "War die Hungersnot von 1932–1933 eine Folge der Zwangs- kollektivierung der Landwirtschaft oder wurde sie bewusst im Rahmen der Nationalitätenpolitik herbeigeführt?" [Was the Famine of 1932–1933 a Result of the Forced Collectivization of Agriculture or Was It Intentionally Organized in the Context of Nationality Policies?] in *Ukraine: Gegenwart und Geschichte eines neuen Staates*, ed. Guido Hausmann and Andreas Kappeler (Baden-Baden: Nomos, 1993), 157. Snyder 注意到，地方上很多獵取糧食的是年輕的烏克蘭人；Snyder, Bloodlands, 39. *Bloodlands* 一書不是代表烏克蘭民族主義的觀點，但支持了關於集權主義的説法。支持這一説法的學者一般認為饑荒被用於進行大規模的屠殺。

73. Stephen Wheatcroft, "Die sowjetische und die chinesische Hungersnot in

historischer Perspektive" [The Soviet and Chinese Famines in Historical Perspective], in *Hunger, Ernährung und Rationierungssysteme unter dem Staatssozialismus* [Hunger, Nutrition and Rationing under State Socialism], ed. Matthias Middell and Felix Wemheuer (Frankfurt [M]: Peter Lang, 2011), 118.

74. Mark B. Tauger, "Grain Crisis or Famine? The Ukrainian State Commission for Aid to Crop-Failure Victims and the Ukrainian Famine of 1928–29," in *Provincial Landscapes: Local Dimensions of Soviet Power 1917–1953*, ed. Donald J. Raleigh (Pittsburgh: University of Pittsburgh Press, 2001), 168.

75. Kuromiya, "The Soviet Famine of 1932–1933 Reconsidered," 668, 670.

76. Tauger, "Le Livre Noire du Communisme on the Soviet Famine of 1932–1933," 4–5.

77. Davies and Wheatcroft, *The Years of Hunger*, 200.

78. 同上，頁196。

79. 同上，頁169–179。

80. Snyder, *Bloodlands*, 44–45; Tauger, "Le Livre Noire du Communisme on the Soviet Famine of 1932–1933," 10–11.

81. Valarij Vasil'ev, "Zwischen Politisierung und Historisierung: Der Holodomor in der ukrainischen Historiographie" [Between Politicization and Historization: The Holodomor in Ukrainian Historiography], *Osteuropa* 54, no. 12 (2004): 168.

82. See Lubomyr Luciuk, ed., *Not Worthy: Walter Duranty's Pulitzer Prize and the New York Times* (Kingston, Ont.: Kashtan, 2004), 116–117, 142–145.

83. Wilfried Jilge, "Holodomor und Nation: Der Hunger im ukrainischen Geschichtsbild" [Holodomor and Nation: Hunger in the Ukrainian View of History], *Osteuropa* 54, no. 12 (2004): 153.

84. Catherine Wanner, *Burden of Dreams: History and Identity in Post-Soviet Ukraine* (University Park: Pennsylvania State University Press, 1998), 43.

85. 同上，頁 xxiv。

86. Andreas Kappeler, *Kleine Geschichte der Ukraine* [Short History of Ukraine] (Munich: C. H. Beck, 1994), 259.

87. John-Paul Himka, "Johan Dietsch, *Making Sense of Suffering: Holocaust and Holodomor in Ukrainian Historical Culture*" (review), *Kritika: Explorations in Russian and Eurasian History* 8, no. 3 (2007): 683–694.

88. Dietsch, *Making Sense of Suffering*, 222.

89. Levy and Sznaider, *Erinnerungen im globalen Zeitalter*, 150, 216.

90. See Alan E. Steinweis, "The Auschwitz Analogy: Holocaust Memory and American Debates over Intervention in Bosnia and Kosovo in the 1990s," *Holocaust and Genocide Studies* 19, no. 2 (2005): 276–289.

91. Dietsch, *Making Sense of Suffering*, 233.

92. 同上，頁 222。

93. 見 "President Yushchenko: Speeches on the Holodomor"; http://www.augb.co.uk/president-yushchenko-speeches.php; accessed June 10, 2011.

94. Jacques Vallin, France Mesle, Serguei Adamets, and Serhii Pyrozhkov, "A New Estimate of Ukrainian Population Losses during the Crises of the 1930s and 1940s," *Population Studies* 56, no. 3 (2002): 262; see also Snyder, Bloodlands, 53.

95. Jeffrey C. Alexander and Ron Eyerman, eds., *Cultural Trauma and Collective Identity* (Berkeley: University of California Press, 2004), 1.

96. Ron Eyerman, "Cultural Trauma: Slavery and the Formation of African American Identity," in Alexander and Eyerman, *Cultural Trauma and Collective Identity*, 75.

97. Davies and Wheatcroft, *The Years of Hunger*, 407.

98. Simon, "Holodomor als Waffe," 52.

99. 關於撰寫烏克蘭歷史的問題和挑戰見 "Discussion" in *Slavic Review* 54, no. 3 (1995): 658–723.

100. Kappeler, *Kleine Geschichte der Ukraine*, 252.

終章與結論

孟子對曰:「狗彘食人食而不知檢,
塗有餓莩而不知發;人死,則曰:
『非我也,歲也。』是何異於刺人而殺
之,曰:『非我也,兵也!』王無罪
歲,斯天下之民至焉。」

——《孟子·梁惠王上》

經驗教訓：蘇聯和中國如何避免饑荒

　　我們不僅應該提出為甚麼社會主義制度下發生新的饑荒及饑荒是怎樣發生的，還要瞭解社會主義國家後來如何避免了饑荒。因為實際的情況是，蘇聯1948年和中國1962年之後沒有再發生過嚴重的饑荒。由於中國曾經有過漫長的饑荒史，俄國和蘇聯歷史上於1891、1920至1922、1931至1933和1947年都發生過大饑荒，我們不能將饑荒的消失當作理所當然的事。這種現象確實需要有一個解釋，即共產黨如何重新建構農民與城市糧食消費者的關係。得瓦爾認為，在非洲是因為，各國政府採納了建議，為避免這類災難的發生與老百姓達成了共識，即一種政治上的協商一致。[1]饑荒造成的醜聞及饑荒的政治化幫助挨餓的老百姓給政府施加一種壓力。在民主社會比在非民主社會更容易建立這種共識。但是，如得瓦爾所指出的，如果沒有達成這樣的協商一致，民主權利並不能當然保證不發生饑荒。[2]他還強調，如果發生了饑荒，政府能公開承認饑荒十分重要。本章將討論蘇聯和毛澤東時代的中國如何避免饑荒。首先要討論的是，共產黨與老百姓是否建立了這樣的共識。然後我要介紹，這兩個國家都調整了與農民的關係。蘇聯成了世界上最大的糧食進口國，並且在農村建立了福利保障體系。在中國，政府看到防止城市化和實行計劃生育是避免饑荒的重要手段。最後，我要對亞瑪特亞．森關於民主對避免饑荒的重要性理論提出質疑。

防止饑荒的共識

　　共產黨有沒有與老百姓就防止饑荒達成了共識？裴宜理引用了近年出版的政府白皮書，並提出，直至現在，共產黨統治的合法性仍然建立在為老百姓提供「生存權」的保障之上。[3]為了應對西方話語討論所帶來的挑戰，共產黨強調對於中國農民來說，生存權比政治權利更加重要。但是在毛澤東時代，《人民日報》上找不到很多關於生存權的內容。[4]拉夫·塔克斯頓認為，共產黨的領導人未能就應對饑荒與百姓達成共識，因為1962年以後那些在大躍進中作惡的地方幹部仍然在位，農民不信任他們，不願與他們討論今後如何避免饑荒。塔克斯頓認為，如果要就應對饑荒達成某種認真的共識，各級領導必須承認他們曾犯了錯誤，而且要有更公開和透明，支配糧食的權利要交給容易遭遇饑荒的農民。[5]塔克斯頓指出，在他蹲點進行研究的河南省農村，一些農民從最嚴重的饑荒中生存了下來，不是因為有劉少奇、鄧小平那樣的改革者進行了「行政干預」，而是他們自己的生存戰略如偷竊和「吃青」。塔克斯頓認為，自從大躍進饑荒發生以來，中國社會主義制度的合法性一直處在長期的危機中。實際上，返銷糧食到農村和救災援助都不是結束災荒的重要因素，因為這些措施的效果都相當有限。1961年返銷量甚至從1960年饑荒高峰期的總量上降了下來。[6]

　　此外，蘇聯共產黨和中國共產黨在很長一段時間裏一直不承認1931至1933和1959至1961年發生了饑荒。在斯大林和毛澤東去世以後中蘇官方出版的教科書中，這些事件被淡化為農業合作化運動中的「缺點」和「左傾錯誤」，或者稱之為「三年自然災害」。[7]在這兩個國家，只要談論災難的真實範圍問題仍然是禁忌，就不可能由官方就應對未來的饑荒作出甚麼安排。在蘇聯，斯大林在世不可能就應對饑荒作出安排，因為1931至1933年的嚴重饑荒後，1947年又發生了一場全國性的災難。

　　不過中國1961年以後的新政策減少了農民的負擔，接下來的幾年裏，農村的生產恢復了。這些政策是自上而下，而不是自下而上實行的。塔克斯頓說只有很少的地方幹部因為其極端的做法受到懲罰，很多腐敗的幹部仍然掌權，他說的是對的。中央政府只是在表面上承擔大躍

進失敗的責任。[8]不言而喻，地方幹部不可能和農民就應對未來的饑荒達成某種共識。總的來說，塔克斯頓所談論的官民應對饑荒的一致安排對於一黨專制的國家可能時機還不成熟。與大躍進期間的報告相反，1962年之後，上級要求幹部提交比較實事求是的報告，「衛星田」之類的極度誇張曾導致大躍進高峰期間制定了極高的糧食徵購指標，這種現象後來再也沒有出現過，即使在文化大革命當中也沒出現過。農民支配糧食的權利沒有擴大，但是有了自留地，維持起碼生活有了保障。1961年之後，地方當局對糧食生產有了更大的控制權，因為基本核算單位是生產隊而不是公社。斯大林和毛澤東在有生之年都沒有在農村再發動另一場共產主義運動。「在大躍進遭到慘敗之後，毛澤東調整了他對社會主義農業的宏大遠景，直到去世他對農業問題都十分小心……他再也不會推動將所有制轉變為大隊或公社所有。毛不再推動農村的社會主義運動，而是推行農業機械化和其他技術措施來提高農業產量。」[9]農村混合所有制（集體所有而非國營所有，加上農民可有自留地）的做法未遭最高領導層的反對。[10]斯大林認為全國範圍的農業全面社會主義是共產主義的前提條件，但是他看到，這只能在遙遠的將來得以實現。[11]自1960年代初期，蘇聯和中國對農村的政策進行了根本性的變革。兩個國家都能夠避免饑荒的發生，這不僅僅是農業產量的提高能夠解釋的。

蘇聯應對未來饑荒的安排

　　1953年斯大林去世後，蘇聯政府提高了國家徵購農產品的價格，減少了農民稅收的負擔，甚至取消對自留份地徵稅。評估收成的辦法也改變了，取消了計算「生物產量」或者叫「作物根系的數量」計算產量的辦法，根據地裏莊稼最成熟時計算的產量要比穀子脫粒後計算的產量高得多，按照新方法計算的產量要比過去官方計算的產量低30%。這個改革在改善國家與農民的關係上發揮了重要的作用。[12]斯大林剛去世的幾年裏，農業生產從低谷開始上升。1954年糧食產量達到8,560萬噸，但仍然低於俄羅斯帝國1913年戰前的水平（8,600萬噸）。1953至1958年，

糧食和肉類人均產量增加了30%，牛奶增加了40%。[13] 1958年糧食產量增至1.347億噸。[14] 赫魯曉夫在哈薩克和西伯利亞推動一個野心勃勃的「新土地計劃」，希望新開墾土地可以減輕傳統供糧地區如烏克蘭和俄羅斯南部的負擔。在剛開始的幾年裏，「新土地」上的產量很不錯，但是接着就開始下降了。此外，集體化生產的生產力總體來說仍然很低。1960年和1961年糧食欠收使赫魯曉夫的農業政策出現危機。1962年6月，蘇聯政府決定將肉類和奶製品的銷售價格提高30%，以控制消費。在新切爾卡斯克，因提價發生動亂，工人舉行罷工。政府派出軍隊鎮壓抗議，20個工人被殺害。這些因提價而發生的動亂在蘇聯1953年後的歷史中是關鍵性的事件，因為蘇聯政府此後20年沒敢提高烘烤食物和奶製品的價格。[15] 而與此同時，糧食收購價提高了好幾次。收購和銷售價格之間的差距成了政府巨大的負擔。此外，在以後的幾十年裏，蘇聯政府在國際市場上收購了大量的糧食和肉類，以維持社會的穩定以及工人和城市居民的相安無事。

撒米爾‧拜倫（Samuel Baron）的書曾以「血腥的星期六」為書名，這個事件發生於新切爾卡斯克，赫魯曉夫對此甚是關心，但是1963年收成不好（1.075億噸）造成城市和農村糧食緊缺，也促使了赫魯曉夫第二年的倒台。土豆和蔬菜收成也很差，只達到了1955年的水平。左雷斯‧梅德韋傑夫（Zhores Medvedev）認為，1963年可以上市的糧食比1955年多，但是城市人口那時已經增加了3,000萬，所以糧食仍然不能滿足全國的需求。[16] 儘管供應高質量的食品存在問題，但沒有受到嚴重饑荒的威脅。梅德韋傑夫這樣評價赫魯曉夫時代的糧食供應：「全國沒有任何地方出現饑荒的跡象肯定是一個成就。麵包很便宜，且唾手可得，但是這對一個現代化的工業國家來說是不夠的。」[17]

在赫魯曉夫時期，儘管農業生產所導致的結果是多重的，但國家對待農民的態度改變了。提高農村的生活水平成為政府政策的一個重要目標。發生這個變化的一個因素是農村向城市的移民。在中國，共產黨在饑荒之後推行計劃生育政策以控制人口的增長，而蘇聯在二次世界大戰之後農村勞動力嚴重短缺。1941至1945年，大約2,600萬人死於戰爭，

其中大部分是農民。1945至1947年，農村入伍的士兵中退伍後只有不到一半回到了農村。[18]在烏克蘭直到1958年才從戰爭的損失中恢復過來，白俄羅斯加盟共和國則到1971年才恢復。由於不斷發展的城市化，蘇聯西部地區的出生率在1950年代已經達到了世界上城市的平均水平。1950至1971年，城市人口從6,940萬增加到1.388億。[19]此外，蘇聯中亞地區，這個糧食消費地區的出生率遠遠高於西部地區。

　　由於大量人員離開農村，蘇聯領導人感到必須改進農村消費和基礎設施。「從1950年代後期開始，改善人民的生活水平成為蘇聯領導人努力營造新的社會關係的一個中心內容，而增加食物供應又是提高生活水平的關鍵內容。」[20]赫魯曉夫知道，不能再擠壓農村了。只有將農村納入社會網絡之內，農業才能提高生產率，農村的城市化是改善農村生活水平的重要方式。赫魯曉夫希望，如果國家提供現代化的住房、商店、劇場和公共設施，農民會放棄自留地。[21]而且，赫魯曉夫時的領導層取消了強制性的糧食分配，讓農民有改換工作的自由。集體農莊的農業工人工資也有了極大的提高。[22]從1960年代起，蘇聯開始補貼農業。1964年赫魯曉夫倒台後，列昂尼德·勃列日涅夫 (Leonid Brezhnev) 領導的新政府希望對農業經濟進行大量的投資可以增加產量，但實際上投資帶來的生產率的提高非常有限。[23]1976至1986年間，總的來說，糧食的增長趕不上人口的增長，[24]但國家沒有讓消費者勒緊褲腰帶。在勃列日涅夫時代，進口了更多的糧食。1960至1973年，從國外進口糧食由4,260萬噸增加至9,920萬噸，國內糧食消費增長了40%。[25]即使進口糧主要用於城市人口和牲畜，這也減少了農民的負擔。農村不再是國家擠奶的奶牛，但農業生產率仍然很低，農業補貼成了國家預算的一個負擔。國家建立了社會福利制度，為農業人口提供工資保障，到了1970和1980年代，農村人開始可以享受整個月的假期、112天的帶工資產假、老年退休金，這些都是很明顯的獲益。雖然一般認為勃列日涅夫時代是一個停滯不前的時代，但從1960年代中期到1970年代中期，農村還是出現了社會變化和經濟增長。[26]1976年之後，農村也發放了身份證。這使農村人行動更便利，也增加了提高農村生活水平、防止人口流入城市的壓

力。[27]在勃列日涅夫的領導下,共產黨與農民在自留地問題上相安無事,農業集體化幾十年之後,農村人所消費的食物一半以上來自於自留地。1975年,全國59%的土豆、34%的蔬菜和31%的肉類來自私人耕種的土地。[28]國家允許經營自留地是國家對農民的主要讓步。

總而言之,斯大林去世後,蘇聯農業取得了一些進展,饑荒的威脅消失了。對很多親歷了1931至1933、1941至1945和1947年饑荒的蘇聯農民和城市居民來說,戰勝饑餓是一個相當大的成就。但是,我們必須提到,蘇聯政府之所以能夠保障供應,是因為有大量的糧食進口和對銷售價格的高額補貼。梅德韋傑夫對斯大林時期和1970年後期的食物供應做了一個有趣的比較。1927至1929年,斯大林動用「特殊措施」從農民那裏徵購了1,500至1,600萬噸糧食供應軍隊和2,870萬城市人口。而1979至1985年,國家平均每年從市場上購得7,000萬噸糧食。這個數字看上去是一個極大的改進,糧食徵購比1929年增加了450%,但到1986年城市人口增加了650%。此外工業也消費更多的市場收購糧。這些因素可以幫助我們理解為甚麼蘇聯每年要進口3,000萬到5,000萬噸糧食。梅德韋傑夫認為:「沒有這些進口糧食,蘇聯城市普通老百姓的飲食狀況要比1920年代還要糟糕。」[29]即使到了1980年代初,不挨餓、食品不匱乏也不是一定有保障的事。

糧食問題和計劃生育

整個毛澤東時代(1949–1976)都在為了工業的發展「擠壓」農民,手段是統購統銷、維持低糧價。[30]應該提到的是,糧食生產有了大幅度的提高,從1954年的1.69億噸增加到1976年的2.86億噸。但是生產的成就被人口的快速增長消耗殆盡。1954至1976年間,全國人口從6億增加到9.3億。其結果是,1970年代農村的平均糧食消費幾乎與1950年代初期相同。到毛時代結束時,農民享用的細糧如大米和麵粉比二十年前更少,他們吃更多的粗糧。[31]文化大革命初期的混亂沒有導致嚴重的饑荒。派系鬥爭影響了農業生產和糧食儲存,但是農業管理沒有落入黨內激進派的手裏。周恩來總理1966至1967年通過各種規定指示,紅衛兵

和造反派不得擾亂工農業生產。[32]中央委員會發佈決定，禁止農民參加武鬥，[33]但是大規模的殺戮在農村還是發生過。[34]雖然各個派系之間的鬥爭與內戰不相上下，但黨的領導以「抓革命、促生產」的口號防止國家經濟的崩潰。實際上，文化大革命期間是農業生產相對穩定的階段，糧食徵購率保持在平均每年22%（見表8.1），是1953年統購統銷政策實施以後最低的。農民的稅收也維持穩定，與1950年代和大躍進期間相比是比較少的。[35]這是農村所取得的勝利，但是給國家供應城市帶來了問題。

　我認為，執行認真的計劃生育開始於1963年，這與饑荒和糧食問題相互關聯。[36]早在1950年代中期，黨的領導就討論過控制和計劃人口的必要性。這一點領導人甚至毛澤東本人都看到，人口不受控制的增長會給未來糧食供應帶來問題。[37]但是，由於大躍進野心勃勃的工業化目標，宏大的建築項目和水利工程需要大量的勞動力。最後，毛澤東在1958年終止了這場討論。[38]接着而來的饑荒打破了農業生產可以在大躍進中得到提高、糧食問題可以在不久的將來得到解決的幻想。

　儘管饑荒中死掉了千百萬人，但中國總人口僅僅短時間內有所下降。1963和1964年，在經濟復蘇後中國出現了生育高峰。1964年人口達到6.91億，而1958年只有6.59億。就在這段時間內，中國政府開始執行計劃生育政策。1964年，國務院設立了計劃生育委員會。有意思的是，1963年在城市但沒有在農村執行計劃生育。先在城市開始，然後在農村推行試點。國務院領導如周恩來認為，新的政策在城市容易執行一些，因為城市婦女教育程度高一些、衛生保健條件好一些。[39]天津是執行自願絕育和流產政策的模範。城市執行計劃生育可以減少農民的負擔是一個重要的理由。[40]比如，城市工作會議的一份文件就談到「控制城市人口增長；減少農民負擔；緩解日常供應以及住房、就讀和其他城市管理設施的緊張。」[41]1963年7月，周恩來發表一篇講話，認為有必要提出社會主義人口理論。他支持計劃生育的第一個理由是，1957年至1960年城市人口不受控制的增長給國家帶來了巨大的負擔。[42]第二年，計劃生育推廣到人口密集的農村地區。公開發佈的計劃生育文件裏從未提及饑荒，但是提到了糧食問題。[43]

表8.1　中國的糧食生產與銷售（1966–1979）（噸）

年份	產量	銷售 （總噸量）	銷售 （淨噸量）	佔產量 比例（總）	佔產量 比例（淨）
1966	214,000,000	51,580,000	38,240,000	24.1	17.9
1967	217,800,000	49,355,000	37,740,000	22.7	17.3
1968	209,050,000	48,695,000	37,865,000	23.3	18.1
1969	210,950,000	46,675,000	33,825,000	22.1	16.0
1970	239,950,000	54,435,000	42,020,000	22.7	17.5
1971	250,150,000	53,020,000	39,820,000	21.2	15.9
1972	240,500,000	48,295,000	33,920,000	20.1	14.1
1973	264,950,000	56,120,000	41,005,000	21.2	15.5
1974	275,250,000	58,070,000	43,975,000	21.1	16.0
1975	284,500,000	60,860,000	43,945,000	21.4	15.4
1976	286,300,000	58,250,000	40,720,000	20.3	14.2
1977	282,750,000	56,615,000	37,560,000	20.0	13.3
1978	304,750,000	61,740,000	42,710,000	20.3	14.0
1979	332,100,000	71,985,000	51,700,000	21.7	15.6

資料來源：中華人民共和國農業部計劃司編輯：《中國農村經濟統計大全（1949–1986）》（北京：農業出版社，1989），頁410–411。

　　自1964年，出生率和人口自然增長開始下降。城市的這兩個數字1949年之後第一次低於農村。[44]文化大革命動亂的第一年新政策的執行受到干擾，但1970年代初，計劃生育政策再次強化。實際上，毛澤東時代的「軟性」計劃生育（提倡晚婚晚育、絕育和節育）僅僅減緩了人口的發展。總的來說，中國人口仍然在增長，從1964年的6.94億增加到1978年的9.62億，[45]其中一個原因是計劃生育政策在農村沒有在城市成功。1964至1976年，每個城市婦女平均生育小孩的數量從4.3下降到1.6，在農村從6.5下降到3.5。[46]

防止城市化

　　根據大饑荒的經驗教訓，1962年至1980年代初，中國共產黨嚴格執行戶籍制度，以防止不受控制的城市化。領導們相信，城鎮享有糧食供應的人口過速增長加重了農民的負擔、對大躍進期間饑荒的發生起了

推動的作用。中國的城市化因此停止了幾乎二十年。從1962年到改革開放開始的1978年，城市化僅從17.3%上升至17.92%。減緩城市化的成功歸咎於多項政策的執行，包括嚴格執行戶籍制度、限制從農村僱用工人、計劃生育和「知識青年上山下鄉」運動。然而，由於總人口在增長，在那段時間裏，城市人口仍然從1.16億增加到1.72億。[47]

　　1961至1963年2,600萬人「下放」之後，政府在文化大革命中深化了「上山下鄉」運動。學術界仍然在討論這場運動究竟是出於意識形態的動機，還是為了減輕國家提供教育、就業、住房和糧食供應的負擔等經濟原因。[48]按照宣傳上的說法，知青可以幫助農村和邊遠地區發展，同時他們可以接受貧下中農的再教育。在激進的高潮時期，人們稱這個運動是縮小「三大差別」(城鄉差別、工農差別、腦力勞動和體力勞動的差別)的一個途徑。知青「下鄉」也是遣散難以控制的激進的紅衛兵組織和造反派的有效方式，1966至1967年政府曾對這些組織失去了控制。在這本書中，我將主要討論這場運動對糧食問題的影響。

　　很多「下鄉」的城市青年以前從來不知道農村這麼貧困，這些情況讓他們對革命失去了信心，他們希望回到城市、逃避艱苦的生活。但是嚴格的戶籍制度讓他們沒辦法獲得批准離開農村。文化大革命中「下鄉」的1,600萬知青，有800萬隨後得以離開農村去上大學、參軍或回城工作，其他人在毛澤東去世後才返回城市。[49]有意思的是，三個最大的城市，北京、天津和上海，下鄉知青也最多。[50]在饑荒期間，這三個城市和其增長的人口都是依靠農村提供的糧食，現在幾百萬城市青年失去了「鐵飯碗」。共產黨當時沒有公開承認，1,600萬知青下鄉與城市糧食供應困難有關，但提到了城市為初中和高中畢業生提供就業的困難。[51]1950年代，國家希望知青在農村可以參加農業生產，糧食自給。[52]實際情況是，大部分知青不會做農活，但同時需要住房和田地。政府需要給他們發安置費，包括住房、醫療、交通、學習用具和農用工具。1967至1972年間，中央政府為這些項目支付了17億至18億元人民幣，但補助仍然太低，不能解決日常生活的困難。[53]知青在農村的收入常常比當地人低得多，因為農民可以通過其他的經濟活動獲得額外收入，而且有好

得多的自留地。很多知青的父母都要支援在農村的孩子，定期給他們寄錢。糧食欠收時，當地幹部總要盡可能地降低知青的口糧標準。[54]大部分農民認為知青對生產隊是一個負擔。

由於農村的衝突和知青抗議事件不斷增加，1973年中央政府召開了全國知識青年問題工作會議，決定提高給予知青的補助。另外，如果知青的口糧低於未婚青年的一般水平，或者一個生產隊口糧標準過低，知青可以從國家商品糧中得到額外的補貼。根據《中國知青史》一書的説法，中央做出這個決定之後，農民對下鄉知青的態度改變了，因為政府給予更高的補貼減輕了農村的負擔。[55]知青不是與農民在一個生產隊勞動，而是組成自己單獨的生產隊。而且，政府指示農村給知青同樣質量的自留地。[56]前面談到，國家要為「下鄉」項目撥款，還要將國家的商品糧部分用於補貼知青。儘管如此，1962至1979年還是有1,776萬城市知青下鄉到農村。因為，政府不再需要給他們提供每天508到900克的全額城市糧食定量。毫不奇怪，《當代中國糧食工作》承認「下放」有助於減緩城市人口的增長，有助於穩定糧食供應系統，同時有助於國家的收支平衡。[57]比如，上海城市和郊區糧食供應量在文化大革命期間就相對穩定，因為「下鄉」減少了人口。[58]總之，上山下鄉運動為國家節省了糧食。但是，節省的幅度沒有想像的那麼大，因為同時又需要比原計劃招聘更多的農民到工廠工作。

文化大革命期間實行反城市化的政策，但是認定根本沒有城鄉間的人口流動是錯誤的。城鎮國營企業和集體企業的職工增加了2,700萬，其中1,400萬來自農村，這給糧食供應體系造成了很重的負擔。[59]儘管文化大革命期間糧食產量總體上增加了，但1971和1977年糧食產量下降時，中國還是遇到了糧食供應危機和食品短缺。1971年，周恩來負責糧食供應，他警告説，工人數量增加了，國家發的工資也增加了。1971和1972年，工人增加了980萬，至少500萬是超出計劃的。[60]為了給這部分人供應糧食，必須使用糧食庫存。1972年11月，國務院發佈一份「糧食問題報告」，要求減少城市人口和工人數量。因此，1973至1976年，享受糧食定量供應的城鎮人口年增加量減為200萬，而此前1971至

1972是平均每年增加400萬至500萬。[61] 1977年發生供應危機時，政府的反應是相同的，即強調必須嚴格控制農村向城市的人口流動、所謂的「黑戶口」（即非法城市居民）必須送回農村。[62] 接下來的幾年裏，返城知青給城鎮糧食供應帶來了巨大的壓力。

尋找平衡

與大躍進時的做法相反，1960年代，中國政府努力在各省之間進行平衡，並進行糧食調運。北方的很多省需要依賴從南方運來糧食。1971至1976年間，以前糧食富裕的省份，如四川、內蒙、貴州和新疆變成了無餘糧省，而這些省以前都是向災區提供糧食的重要地區。北京、天津和上海依靠進口大豆來平衡短缺。1975年，四川省黨委書記李井泉給國務院寫了一封信，在大躍進期間，他曾願意為國家的糧食供應犧牲四川的幾百萬農民。他在信中稱，如果政府不關注這個問題，1959年的錯誤會再現。中央政府的反應是減少在四川的徵購，並在第二年向四川運送了50萬噸糧食。[63] 儘管聲稱要自力更生，中國政府繼續進口糧食。從1967到1976年，中國每年平均淨進口211萬噸糧食，在饑荒之後的1961到1966年每年進口為418萬噸，1977到1984年為每年1,045萬噸。[64] 1950年代的以出口農產品來資助進口工業品的體制在饑荒期間崩潰了，因為不可能為此從農村徵購足夠的糧食。

由於蘇聯的戰爭威脅，中國共產黨領導人制定了糧食儲存的新政策。毛澤東發動了「備戰、備荒、為人民」運動，鼓勵地方當局和農民建立地方糧倉，甚至在家裏儲存糧食。分散的人民戰爭戰略要求組織更多的地方儲備，北方對南方糧食的依賴被視為嚴重的問題。[65] 雖然沒有提及大躍進，但認為人民公社時比1959年能更好地應對饑荒。1975年的新憲法提到「備戰、備荒、為人民」，並且允許農民在保證人民公社集體經濟佔絕對優勢的條件下擁有自留地和自留畜（第7條）。[66]

改革後的資料表明，沒有文化大革命，農業生產的情況會好得多。這可能是對的。但是文化大革命期間年平均糧食產量高於1950年代初

期，也高於調整時期（1962–1965），這個時期在官方歷史中常常被稱作「黃金時期」。文化大革命中的人口統計表明沒有大量的死亡，這個數字是有沒有發生嚴重饑荒的標識。[67]但是生產的糧食遠遠不能滿足消費的需要。供應存在問題的一個明顯標誌是不斷開展教育民眾節約糧食的運動。毛澤東和其他領導人多次呼籲老百姓節約糧食，代以食用蔬菜、豆類、土豆、燕麥和胡蘿蔔。[68]1972年，中國遭受了嚴重的自然災害，糧食產量比前一年減少了965萬噸（見表8.1）。為了減少消費、保障災區農民的口糧，1973年商業部糧食辦公室為所有各省制定了農民口糧的最低線。在很多省，口糧低於每天500克。比如，陝西和山西省為一天356克，河南省為最高575克。[69]可以設想，每天低於400克口糧的農民要挨餓。與大躍進期間（1959–1960）糧食產量兩年快速下降的情況相反，1973年是中華人民共和國成立以來收成最好的年頭，接下來的兩年裏糧食生產也有了改善。

在毛澤東時代，嚴重的饑荒沒有再發生，但是饑餓和營養不良在很多地區仍然司空見慣。1979年，中國共產黨中央委員會的一份文件承認，1977年「農村超過一億人缺糧。」[70]對1970年代的饑餓問題研究很少。[71]中國新聞社兩位記者所寫的報告講述了1970年代末和1980年代初農村饑餓情況的故事十分動人。[72]但是1970年代末饑餓和貧窮的原因與大躍進時期的大不相同。第一個報告講的是黃土高原上發生的事，強調與不負責任的政策相關的環境問題。[73]陳大斌寫的第二個報告談到農民沒有提高生產的積極性，因為受「四人幫」支持的地方幹部執行左的政策，不鼓勵提高生產。這些故事結束時常常提出這樣的看法，即窮的生產隊靠救助、糧食貸款和國家的返銷糧。[74]這些農民不是像大躍進期間那樣受到國家的剝削，但他們因生產力的低下而生活在貧困之中。羅伯特·艾什（Robert Ash）曾指出，為有需要的農民提供返銷糧在中國的體制中發揮了重要的作用。[75]據估計，到1970年代末，大約有20%的生產隊難以維持，成了國家的負擔。這個體制主要依賴20%最好的生產隊所生產的剩餘糧食。[76]

1978年，中國第一次達到了世界衛生組織（WHO）所設定的每人每天不低於2,400卡路里的基本營養標準。[77]儘管改革初期農業生產的情

況有了改善，供應問題還遠遠沒有解決。在那段時間裏，鄧小平領導的新領導班子決定執行「強硬的」計劃生育政策，即「獨生子女」政策，要求必須使用強制的手法，進行嚴厲的控制。黨的領導人認為，只有通過計劃生育將人口增長減緩下來才能實現宏大的新經濟目標。[78] 在1978年，中央政府在給全體黨員和共青團員的一封公開信中，用糧食問題作為理由解釋一對夫婦只要一個孩子的必要性。中華人民共和國成立以後快速的人口增長使國家為所有人提供糧食、服裝、住房、交通、教育、衛生保障和就業愈來愈困難。人均糧食消費，包括工業和其他需要，一年至少800斤。「如果新生兒達到一億，我們就得生產8,000億斤（400萬噸）糧食。目前我們國家人均可耕地只有兩畝。如果人口增加三億，人均可耕地就會減少到一畝多一點。根據目前的形勢和土地減少的情況，生產人均800斤糧食和足夠的經濟作物相當困難。」[79] 1980年代初期人們常常可以聽到這樣的說法。[80] 隨着經濟的高漲和農業生產的迅速增長，人口增長會危及糧食供應的說法變得不那麼令人信服了，而且肉類和蔬菜成了飲食的重要部分。至少在毛澤東時代後期和改革開放初期，中國領導人認為計劃生育是解決糧食問題、避免饑荒的一個重要的措施。

民主與饑荒

讓·德勒茲 (Jean Drèze) 和亞瑪特亞·森認為，民主和新聞自由是防止饑荒發生的關鍵因素。他們在《饑餓與公共行為》(*Hunger and Public Action*) 一書中比較了印度和中國的饑荒。德勒茲和森指出印度1947年獨立之後沒有發生過重大的饑荒。他們觀察到，在印度民主制度和自由新聞媒體的監督下，政府要對饑荒的威脅立即作出反應。這是印度政治制度的優越性，雖然印度在經濟增長、農村教育和醫療衛生方面在毛澤東時代和改革之後都落後於中國。他們對發生大躍進饑荒的解釋是因為中國缺乏民主和新聞自由，信息誤傳和政府對危機的誤讀導致對農村糧食徵購的急劇增加。[81]「沒有對立的政治勢力和新聞媒體還意味着，政府沒有來自反對派和瞭解情況的公眾輿論所施加的政治壓力去迅速採取反饑荒措施。」[82] 在《以自由看待發展》(*Development as Freedom*) 一書中，

森甚至認為毛澤東在1962年七千人大會上的講話承認了饑荒的發生是由於「缺乏更加民主的體制在中國所遭遇的這類災荒中可以提供的信息。」[83]毛澤東確實說過要恢復黨的民主集中制，以改善黨與群眾的關係，但他的講話裏沒有直接提到饑荒。[84]不是毛澤東而是劉少奇主席談到從災荒中吸取教訓。在現有體制中改善信息流通在結束饑荒的改革中發揮了作用，但是這絕對不是結束饑荒的主要政策。

德勒茲和森認為，民主制度可以避免嚴重的饑荒，但是對廣泛的營養不良卻束手無策。那麼，我們如何解釋雖然中國仍然是一黨統治，但中國共產黨在1949至1958年間以及1962年直至今天成功地避免了嚴重的饑荒呢？如果新聞自由是避免嚴重饑荒的關鍵，為甚麼在「恥辱的年代」之後沒發生嚴重的饑荒？這些問題在只有民主與專制這樣兩個問題的框架內不可能找到答案。在後來的專著中，德勒茲和森進一步提出了政治承諾問題。「由於曾作出消除貧困和改善生活條件的激進承諾，中國確實實現了很多印度領導人未能奮力爭取到的目標，這個承諾是毛澤東和馬克思主義的主張與理想中的一個重要部分。消除饑餓、文盲和改善衛生狀況完全屬這個承諾的內容。如果國家所採取的措施方向正確，結果可以十分明顯，如改革前的社會成就所顯示的。」[85]考慮到政治承諾和馬克思主義毛澤東思想在消除貧困方面的重要性和份量，在蘇聯和中國怎麼會發生饑荒這個問題更加引人注意。一個強大的國家機器既可以創造卓越的成就，也可以製造災難。一些學者認為民主和新聞自由有助於避免嚴重的饑荒，我們同時也看到，不民主的社會，如蘇哈托統治下的印尼和赫魯曉夫及勃列日涅夫時代的蘇聯，也可以成功地避免嚴重的饑荒。[86]德勒茲和森對民主的關注沒有考慮到其他思想意識和機制也可能在如何應對饑荒問題上發揮重要的作用，比如儒家思想和中華帝國的國家救災系統。[87]我認為，蘇聯和中國的社會主義政府在1947和1961年之後有避免饑荒的決心。他們可能覺得，如果再發生饑荒，從長期來看會對社會主義和黨的領導的合法性形成挑戰。而且黨的領導人不想改變農民的現狀。德勒茲和森關於僅僅是糧食增產不能結束饑荒的說法是對的，我們得考慮獲得糧食的權利問題。在蘇聯，原城市人口所擁有的定量供應權擴大到了農村。蘇聯共產黨和中國共產黨都通過進口糧食來

避免與農民的進一步衝突。我們知道，計劃經濟的統計系統總是有可信性問題，但是如饑荒期間所發生的農民口糧信息完全缺失的情況再也沒有發生。因此，我們可以説，民主和新聞自由可以為避免饑荒提供更好的條件，但蘇聯和中國的例子表明，這些並不是避免饑荒的必要條件。此外，社會主義制度後來在避免饑荒方面的成功説明，將饑荒的發生歸咎於缺乏民主過於簡單化。

　　即便退一步説，蘇聯和中國沒有得瓦爾和塔克斯頓所説的那種應對饑荒的官民一致的安排，不容置疑的是，共產黨從饑荒中得到了重要的教訓，在後來幾十年的社會主義制度下成功地防止了饑荒的發生。蘇聯政府自1960年代之後為營養水平的迅速提高付出了高昂的代價。蘇聯成了世界上最大的糧食進口國，農業補貼和農村福利成為國家巨大的負擔，像蘇聯那樣由國家資助的全民福利和養老機制至今在中國農村還沒有建立。中國沒有足夠的資源像勃列日涅夫時代的蘇聯那樣補貼農業。儘管與1950年代相比糧食徵購和稅收都比較輕，但中國共產黨仍然強調自力更生。在文化大革命初混亂時期，農業生產和糧食供應系統沒有崩潰。但是，人們為此付出的代價是「二元社會」的留存。由於擔心饑荒的爆發，農村人口流向城市和社會的流動性受到限制。城市化停止了二十年，因為領導人擔心80%的農民養不活超過20%的城鎮居民。除此之外，我還認為，1963年開始在城市執行計劃生育政策的一個重要原因是減輕農民負擔。直到1980年代中期，計劃生育的理由是擔心中國無法養活不斷增長的人口。只是在1978年改革開放之後，中國才告別了物質貧乏的時代。蘇聯在赫魯曉夫時代取消了不得人心的強制性糧食分配制度，但在中國與其類似的統購統銷制度一致延續到1980年代中期。這個不同再次表明，中國的資源要緊缺得多，中國領導人在三十多年裏都不相信，市場能夠解決這個國家的糧食問題。森所強調的民主對蘇聯和中國的情況沒有太多的適用性。如果政治領導人有這樣的意願，一黨專制的國家也可以避免饑荒的發生。

註 釋

1. Alexander De Waal, *Famine Crimes: Politics and the Disaster Relief Industry in Africa* (Bloomington: Indiana University Press, 1997), 15–16.

2. 同上，頁214。

3. Elizabeth J. Perry, "Chinese Conception of 'Rights' from Mencius to Mao—and Now," *Perspectives on Politics* 6, no. 1 (2008): 38.

4. 我只在電子版的報紙檔案中找到幾篇文章提及這個詞彙。如胡愈之：〈人民自己的國家〉，《人民日報》1948年11月14日；〈為鞏固和發展人民的勝利而鬥爭〉，《人民日報》1950年10月1日。

5. Ralph Thaxton, *Catastrophe and Contention in Rural China: Mao's Great Leap Forward Famine and the Origins of Righteous Resistance in Da Fo Village* (Cambridge: Cambridge University Press, 2008), 358, 231.

6. Robert Ash, "Squeezing the Peasants: Grain Extraction, Food Consumption and Rural Living Standards in Mao's China," *China Quarterly*, no. 188 (2006): 971.

7. 詳見 Felix Wemheuer, "Regime Changes of Memories: Creating Official History of the Ukrainian and Chinese Famines under State Socialism and after the Cold War," *Kritika: Explorations in Russian and Eurasian History* 10, no. 1 (2009): 36–43. 在中國，直至1980年代，談論饑荒問題都是一個禁忌。見 Susanne Weigelin-Schwiedrzik, "Trauma and Memory: The Case of the Great Famine in the People's Republic of China (1959–1961)," *Historiography East and West*, no. 1. (2003): 39–67.

8. 詳見 Felix Wemheuer, "Dealing with Responsibility for the Great Leap Famine in the People's Republic of China," *China Quarterly*, no. 201 (2010): 176–195.

9. Yang Dali, *Calamity and Reform in China: State, Rural Society, and Institutional Change since the Great Leap Famine* (Stanford, CA: Stanford University Press, 1996), 101.

10. 中國文化大革命期間，政府從未正式質疑1961年提出的「人民公社」60條，這個決定允許經營自留地，並將生產隊作為生產資料所有和管理的核算單位。激進的左派稱這個政策為倒退，但他們沒有得到毛澤東的支持 (David Zweig, *Agrarian Radicalism in China, 1968–1981* [Cambridge, MA: Harvard University Press, 1989], 48)。但是在1968至1970年及1975至1977年間，國家又對自留地進行了限制，並且在全國模範公社，如大寨人民公社實行了社會主義農業激進的模式，取消了自留地。在有些地方，激進派佔了上

風。具有諷刺意味的是，毛澤東死後農業政策激進化了。華國鋒主導下的
新領導層推動在人民公社將統計單位由生產隊轉為更高一級的大隊（Yang
Dali, *Calamity and Reform in China*, 101）。

11. Josef Stalin, *Ökonomische Probleme des Sozialismus in der UdSSR* [Economic Problems of Socialism in the USSR] (Beijing: Verlag für Fremdsprachige Literatur, 1972), 79.

12. 與墨爾本大學斯蒂芬‧維特克羅夫特2010年6月的交談。

13. Stephan Merl, "Entstalinisierung, Reformen und Wettlauf der Systeme 1953–1964" [Destalinization, Reforms, and Competition of the Systems 1953–1964], in *Handbuch der Geschichte Russlands*, vol. 5: *1945–1991*, part 1, ed. Stefan Plaggenborg (Stuttgart: Anton Hiersemann, 2002), 224.

14. Zhores Medvedev, *Soviet Agriculture* (New York: W. W. Norton, 1987), 198.

15. Stephen Hanson, "The Brezhnev Era," in *The Cambridge History of Russia*, vol. 3: *The Twentieth Century*, ed. Ronald Grigor Suny (Cambridge: Cambridge University Press, 2006), 302. 關於這個事件的詳情見Samuel H. Baron, *Bloody Saturday in the Soviet Union: Novocherkassk, 1962* (Stanford, CA: Stanford University Press, 2001).

16. Medvedev, *Soviet Agriculture*, 193.

17. 同上，頁197。

18. 同上，頁125。

19. Thomas M. Bohn, "Bevölkerung und Sozialstruktur" [Population and Social Structure], in *Handbuch der Geschichte Russlands*, vol. 5: *1945–1991*, part 2, "Vom Ende des Zweiten Weltkrieges zum Zusammenbruch der Sowjetunion," ed. Stefan Plaggenborg (Stuttgart: Anton Hiersemann, 2003), 597, 614, 621.

20. Neil J. Melvin, *Soviet Power and the Countryside: Policy Innovation and Institutional Decay* (New York: Palgrave Macmillan, 2003), 4.

21. 同上，頁32。

22. Esther Kingston-Mann, "Transforming Peasants in the Twentieth Century: Dilemmas of Russian, Soviet and Post-Soviet Development," in Suny, *The Cambridge History of Russia*, vol. 3: *The Twentieth Century*, 428.

23. Stefan Plaggenborg, "'Entwickelter Sozialismus' und Supermacht 1964–1985" ["Developed Socialism" and Super Power 1964–1985], in Plaggenborg, *Handbuch der Geschichte Russlands*, vol. 5: *1945–1991*, part 1, 334–340.

24. Medvedev, *Soviet Agriculture*, 38.

25. Kingston-Mann, "Transforming Peasants in the Twentieth Century," 431.

26. 對勃列日涅夫時代的新評價見 Edwin Bacon and Mark Sandle, eds., *Brezhnev Reconsidered* (New York: Palgrave, 2002).

27. Medvedev, *Soviet Agriculture*, 323.

28. 同上，頁 365–366。

29. 同上，頁 214。

30. 總體情況概論見 Ash, "Squeezing the Peasants," 959–997.

31. 同上，頁 990。

32. 金沖及編：《周恩來傳》(北京：中央文獻出版社，1998)，卷 4，頁 1894。

33. 羅平漢：《公社！公社！農村人民公社》(福州：福建人民出版社，2003)，頁 335。

34. 大部分死人事件發生在國家已經解除群眾組織的武裝並建立了新的革命委員會之後，所以死人事件更多是因(地方)當局的迫害而不是派系鬥爭。Yang Su, "Mass Killings in the Cultural Revolution: A Study of Three Provinces," in *The Chinese Cultural Revolution as History*, ed. Joseph W. Esherick, Paul G. Pickowicz, and Andrew Walder (Stanford, CA: Stanford University Press, 2006), 121.

35. 中華人民共和國財政部中國農民負擔史編輯委員會編撰：《中國農民負擔史》(北京：中國財政經濟出版社，1991)，頁 279–283。

36. 兩個關於人口政策的重要專著提到糧食問題，但沒有系統地探索饑荒與啟動計劃生育政策的關係。見 See Tyrene White, *China's Longest Campaign: Birth Planning in the People's Republic, 1949–2005* (Ithaca, NY: Cornell University Press, 2006), and Susan Greenhalgh and Edwin Winckler, *Governing China's Population: From Leninist to Neoliberal Biopolitics* (Stanford, CA: Stanford University Press, 2005).

37. White, *China's Longest Campaign*, 6.

38. 國家人口與計劃生育委員會編輯：《中國人口和計劃生育史》(北京：中國人口出版社，2007)，頁 44。

39. 孫沐寒：《中國計劃生育史稿》(長春：北方婦女兒童出版社，1987)，頁 123–124。

40. 同上，頁 49。

41. 〈中共中央、國務院批轉「第二次城市工作會議紀要」的指示〉，中共中央文

獻研究室編：《建國以來重要文獻選編》(北京：中央文獻出版社，1997)，卷17，頁298–299。

42. 周恩來：〈應該確立社會主義人口論的正確觀念〉，中共中央文獻研究室編：《建國以來重要文獻選編》，卷16，頁543。

43. 如見〈關於計劃生育工作問題：國務院計劃生育辦公室主任楊振亞在湖南省第三次計劃生育工作會議的講話〉，彭佩雲編：《中國計劃生育全書》(北京：中國人口出版社，1997)，頁293。楊認為，如果今後五十年裏少出生十億人，就可以節約2.25億噸糧食。

44. 國家人口與計劃生育委員會編：《中國人口和計劃生育》，頁67。

45. 路遇編：《新中國人口五十年》(北京：中國人口出版社，2004)，卷1，頁633–634。

46. 孫沐寒：《中國計劃生育史稿》，頁169。

47. 路遇：《新中國人口五十年》，卷1，頁633–634。

48. 如見Thomas Scharping, *Umsiedlungsprogramme für Chinas Jugend 1955–1980: Probleme der Stadt-Land-Beziehungen in der chinesischen Entwicklungspolitik* [Policies of Resettlement for China's Youth 1955–1980: Problems of Urban-Rural Relations in China's Development Policies] (Hamburg: Institut für Asienkunde, 1981), 425, 433, and 潘鳴嘯 (Michel Bonnin) 著、歐陽因 (Annie Yu-Yeung) 譯《失落的一代：中國上山下鄉運動 (1968–1980)》(北京：中國大百科全書出版社，2010)，頁53–55。

49. 路遇：《新中國人口五十年》，卷1，頁601。1962至1981年間，17,776,600城市知青下鄉，其中大約2,771,000在農村安家，沒有返回城市。同上，頁549。

50. 1966至1976年，北京下鄉知青達50萬，天津34.9萬，上海1968到1976年動員了60.16萬知青下鄉。同上，頁546。

51. 關於這場運動其他與此矛盾的目標見Thomas Bernstein, *Up to the Mountains and Down to the Villages: The Transfer of Youth from Urban to Rural China* (New Haven: Yale University Press, 1977), 33–84.

52. 定宜莊：《中國知青史：初瀾 (1953–1968)》(北京：中國社會科學出版社，1998)，頁237。

53. 劉小萌：《中國知青史：大潮 (1966–1980)》(北京：中國社會科學出版社，1998)，頁192。

54. Scharping, *Umsiedlungsprogramme für Chinas Jugend 1955–1980*, 271.

55. 劉小萌：《中國知青史：大潮（1966–1980）》，頁 401–403。

56. 劉小萌、定宜莊：《中國知青事典》（成都：四川人民出版社，1995），頁 517。

57. 趙發生：《當代中國糧食工作》（北京：中國社會科學出版社，1988），頁 142。

58. 金大陸：《非常與正常：上海文革時期的社會生活》（上海：上海辭書出版社，2011），卷 2，頁 65。

59. 路遇編：《新中國人口五十年》，卷 1，頁 601–602。潘鳴嘯、歐陽因《失落的一代》中有不同的數字，頁 57–58。不知多少農民成了城市的正式職工。

60. 趙發生：《當代中國糧食工作》，頁 143。

61. 同上，頁 160。

62. 同上，頁 170。

63. 同上，頁 145。

64. Yang Dali, *Calamity and Reform in China*, 108.

65. 趙發生：《當代中國糧食工作》，頁 294；金沖及：《周恩來傳》，卷 4，頁 1809–1810。

66. 〈1975 年的中國憲法〉；http:// 61.145.119.78:8082/show.aspx?id=290&cid=27; accessed May 18, 2010.

67. 路遇：《新中國人口五十年》，卷 1，頁 84、188–190。

68. 見商業部當代中國糧食工作編輯部：《當代中國糧食工作史料》，卷 1，頁 600、608。

69. 同上，頁 476。

70. Vaclav Smil, *China's Past, China's Future: Energy, Food, Environment* (New York: Routledge Curzon, 2004), 94.

71. Smil 對 1957 和 1974 年的糧食情況作了一個評估，得出的結論是，比較這兩年，按人口平均的糧食消費量幾乎沒甚麼變化；同上，頁 89。

72. 傅上倫、胡國華、馮東書、戴國強編：《告別饑餓 1978》（北京：人民出版社，2008），陳大斌：《饑餓引發的變革：一個資深記者的親身經歷和思考》（北京：中共黨史出版社，1998）。

73. 傅上倫等：《告別饑餓 1978》，頁 40–42。

74. 陳大斌：《饑餓引發的變革》，頁 105、172。

75. Robert Ash, "Squeezing the Peasants," 981.

76. Flemming Christiansen, "Food Security, Urbanization and Social Stability in China," *Journal of Agrarian Change* 9, no. 4 (2009): 552.

77. Josef Nussbaumer and Guido Rüthemann, *Gewalt, Macht, Hunger: Schwere Hungerkatastrophen seit 1845* [Violence, Power, and Hunger: Catastrophes of Hunger since 1845] (Innsbruck: Studienverlag, 2003), 1: 116.

78. 詳見Greenhalgh and Winckler, *Governing China's Population*, 93–130; Thomas Scharping and Robert Heuser, eds., *Geburtenplanung in China: Analysen, Daten, Dokumente* [Birth Planning: Analysis, Data, and Documents] (Hamburg: Mitteilungen des Instituts für Asienkunde, 1995), 49.

79. 〈中共中央關於控制我國人口增長問題致全體共產黨員、共青團員的公開信〉，國家計劃生育委員會宣傳教育司編：《十一屆三中全會以來計劃生育重要文件選編》(北京：中央黨校出版社，1989)，頁4。

80. 計劃生育與糧食問題的關係，亦見Scharping and Heuser, *Geburtenplanung in China*, 49–50.

81. Jean Drèze and Amartya Sen, *Hunger and Public Action* (Oxford: Clarendon Press, 2002), 214.

82. 同上，頁213。

83. Amartya Sen, *Development as Freedom* (New York: Alfred A. Knopf, 2000), 182.

84. 毛澤東關於民主集中制的講話，見毛澤東：〈在擴大的中央會議上的講話〉，中共中央文獻研究室編：《建國以來重要文獻選編》，卷15，頁115–123。

85. Jean Drèze and Amartya Sen, *The Amartya Sen and Jean Drèze Omnibus, India: Economic Development and Social Opportunity* (Oxford: Oxford University Press, 1999), 77.

86. Michael Ellman, "The 1947 Soviet Famine and the Entitlement Approach to Famine," *Cambridge Journal of Economics* 24, no. 5 (2000): 620.

87. Kathryn Edgerton-Tarpley, "The Loss of Heaven: Changing Responses to Famine in Late Imperial and Modern China, 1876–1961," 2010年未發表的文章。

饑餓與社會主義

　　當共產黨在蘇聯和中國開始執政時，他們繼承了一個巨大的負擔。中國是一個「饑荒之國」，在清朝末年、民國時期和1950年代初都有大量百姓餓死。中國那時是世界上最窮的國家之一。[1]在沙俄時代後期，雖然俄國農業比中國發達，農村生活水平要高得多，但1891年的饑荒中還是餓死了50萬人。第一次世界大戰期間的糧食供應問題促使了沙皇政權和二月革命後的臨時政府的垮台以及俄國軍隊的崩潰。中國和蘇聯政府啟動了野心勃勃的工業發展規劃，希望以此改變他們國家的落後面貌，但是新政權剛建立的一二十年裏就發生了比過去任何政權當政時期都要多的嚴重饑荒。1950年代初，中國北方貧窮省份的農村人所攝入的卡路里在當今看來已經是饑荒的水平了。在社會主義計劃經濟中，糧食的購銷在國家指導下統一進行，因此在蘇聯和中國這樣貧窮的國家，如果計劃出了重大的誤差，就會造成不僅是牙膏和肉類等物品供應的問題，而是會出現極為嚴重的饑荒。

　　西方學術界常常把大躍進簡化為高層的派系鬥爭或者農村黨組織和農民的衝突。一些學者沒有考慮到這些國家長期貧窮和饑餓的歷史，他們容易把社會主義制度下發生饑荒歸咎於斯大林和毛澤東殘酷或錯誤的決定。傑斯帕·貝克、拉夫·塔克斯頓和高王凌這樣的學者對饑荒期間農民與幹部的衝突做了重要的研究。[2]不過他們認為向迅速增長的城市人口和災區農民提供糧食是無足輕重的問題。實際上，農民和國家並不是涉及饑荒問題唯一的因素。我認為，必須考慮歷史因素，以及糧食供

應體系中包括城鎮居民、部隊和災區農民等所有方面，才能對饑荒有更好的理解。

大躍進造成的饑荒

比較溫和的農業政策給城市糧食供應帶來問題，為了應對這個危機，斯大林1929年、毛澤東1958年發動了大躍進，目的是使他們的國家在短期內一舉跨入現代化。由於這兩個國家的貧窮和落後，大躍進的戰略充滿風險。在本書中，我以事實表明，蘇聯1931至1933年的饑荒與中國1959至1961年的饑荒有很多相似之處，因為這兩個饑荒都與激進的集體化和社會生活的根本性變革有關連。城市人口的迅速增長給農村向城鎮提供糧食供應增加了巨大的負擔。兩個國家在初期都沒有建立可以處理千百萬人遭遇饑荒的救災系統。與其他饑荒如俄羅斯1921至1922年的饑荒不同，在這兩個饑荒中，政府都能避免全國範圍的流行病爆發，因此大部分死亡是饑餓而不是傳染病造成的。[3]時間上的相似性也很驚人，兩個災難都發生於和平建設十年之後，以及推行了一兩年激進的集體化之後。這些與蘇聯1919–1921年以及1947年的饑荒有重大的不同，後者發生在遭戰爭摧毀的背景下。

中蘇兩國共產黨政府十分相信合理的計劃和現代化的技術，他們低估了頻繁發生的自然災害的影響及農業生產也會下降的情況。而實際上，對農業是沒法像對拖拉機工廠那樣進行計劃的。在這兩個國家，早期五年計劃都主要關注重工業的發展，僅僅從支出角度考慮糧食消費。共產黨明確表示，僅僅從財富和資源的角度着手不能解決國家所面臨的問題，還要強調為建設現代化的工業國家作出巨大的犧牲。對蘇聯和中國領導人來說，有一點是十分明確的，即農民要為此作出「貢獻」，他們是「社會主義原始積累」的主要來源。在毛澤東時代的「二元社會」，絕大部分城市居民都進了工作單位，享受國家提供的福利、養老和糧食定量，而農村人則要依賴自己勞動的結果，只有在發生嚴重自然災害時才能得到中央的幫助。

　　社會主義制度下國家和農民的關係中一個重要的方面是確定城鄉糧食供應的比例。一方面，城市消費的所有糧食都來自農村，都對國家與農民的關係產生影響，特別是，如果糧食徵購比例太高使農民餘下的糧食不夠吃飽。另一方面，如果農民用糧增加，就無法養活城市居民。從1950年代早期開始，中國政府就以城市工人和災區農民的需要為由要求餘糧區的農民減少口糧。同時，政府又用工農聯盟等理由要求城市居民節約糧食。共產黨希望老百姓可以培養愛國情懷，將浪費看作「不愛國」的一種罪過。大躍進和急速的城市化，打破了農業生產與城鄉消費之間脆弱的平衡。

　　在蘇聯，僅僅在供應危機和戰爭時期對糧食進行定量供應，但中國1953年至1980年代中期一直維持定量供應制度。限制農民用糧十分困難，因為國家從來沒有給農村人發過糧票。農村的口糧是根據農業收成和國家徵購之後剩餘的糧食來確定的。1949年新中國政府承諾不許餓死一個人。[4]但同時，中央政府又明確說，只有發生了影響到好幾個省的非常嚴重的自然災害才能發送救濟，所有影響地域較小的自然災害都要依靠當地資源自己解決。中央政府對全國人民作出了宏大的承諾，但沒有足夠的資源確保向所有災民運送救濟。實際情況是，1950年代中期，「不許餓死一個人」的口號已經從報刊上消失了，1959年發生饑荒時，政府必須決定救援哪些群體、哪個地區，哪些人得挨餓。

饑餓的等級劃分：防止城市發生饑荒

　　我認為，應該將饑荒看作國家與農民在餘糧問題上全面衝突而導致的嚴重災難。在這個衝突中，雙方在饑荒發生前都假造統計數據。農民和地方幹部瞞產，有時為了多得到救濟多報自然災害造成的損失，而國家則根據虛報的產量，提高了糧食徵購率。蘇聯1920年代末、中國1957年時，政治領導人對農村報告的饑餓情況持高度懷疑的態度。斯大林和毛澤東不只一次表示，他們相信農民在假喊餓，目的是破壞糧食徵購，政府必須猜測農民真實的饑餓程度，我稱這個現象為饑餓的政治

化。確實，中國經歷了嚴重的供應危機──1953、1954和1957年，但危機沒有演變為全國性的饑荒。因此可以理解，當饑荒於1959年初爆發時，毛澤東和他的同事們需要一定的時間才能意識到，整個國家受到了饑荒的威脅，農民不再是假喊餓了。

確定到底多少糧食定量夠吃，這個問題本身就會引起衝突。早在饑荒發生前的1955年，在為農村設定統一的口糧定量時，國家就已經在定量上作了不利於農村人的等級劃分。[5]在小麥生產區，一個從事重體力勞動的工人每天的定量是750到900克糧食，而農民的口糧標準從來沒有明確過。國家領導人如陳雲建議，一個農民一天合理的口糧為500克細糧（大約1,700–1,830卡路里），但這類建議並不意味着農民有權得到任何口糧。[6]有沒有權利獲得口糧也按地理區域作了劃分。中央政府負責北京、上海、天津和遼寧的糧食供應。早在1958年冬季，李先念就説，如果其他省餓死人，各省政府要承擔責任。[7]中央政府在後來的饑荒中所做的決定反應了他們確定的優先順序。比如，中央政府決定將農村口糧大幅度降低、1959年和1960年上半年發動食用糧食代用品的運動「瓜菜代」。而城市糧食定量僅作了很小的下行調整。政府不是結束大躍進政策，而是從所謂的「餘糧」省調入糧食。在蘇聯，政府將城市分類，A類城市完全由中央調配糧食，B類城市要配以地方上徵購的糧食，C類城市則完全沒有中央的糧食調配。[8]

在農業生產大幅度減產、糧食供應嚴重不足的情況下，政府必須確定優先順序，決定先讓誰有飯吃。我前面已經談到，中國政府沒有完全忽略農村的饑荒，他們採取了措施。1960年上半年，國家機器被動員起來防止農村饑荒蔓延到城市。政府甚至從已經挨餓的農村徵購更多的糧食，後來城市的糧倉幾乎空了。直到那會兒，中央政府才願意改變政策，並開始進口糧食。

如果我們對比蘇聯和中國共產黨的政策，它們都有這樣的優先次序：

1. 黨的領導層和重工業及國防工業的工人。
2. 部隊。兩個國家的軍人都受到保護，享有不會讓人餓死的定量。

3.　重要城市如蘇聯的莫斯科、列寧格勒和中國的北京、上海、天津和遼寧地區。

4.　出口。為了履行與國外簽訂的合同和用糧食換取工業技術，它們繼續出口。

5.　在蘇聯農村，機械站、拖拉機站和一些地方工廠的工人也分到糧票。在中國，一些建築和水利項目的臨時工以及國營農場的工人享有糧食定量。

6.　普通農民。

7.　勞改營的勞改犯。[9]

除了勞改犯，農民是最不受重視的群體。排在前面的幾組人還可以分到大米和白麵，那都是高級糧食，而貧困省份的農民只能吃紅薯。在

圖9.1　中國糧食供給配給制度（1956–1983）

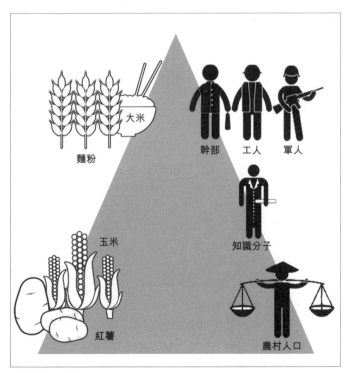

大躍進期間，農村與幹部有關係的農民或公共食堂工作人員活下來的機會比其他人大一些。在蘇聯和中國，傳統缺糧區有時情況會好一些，因為國家不會強行徵購，大家都知道這些地區甚麼也收不上來。有些人覺得很不可思議，俄羅斯帝國傳統的糧倉烏克蘭竟然在1931至1933年的饑荒中遭受如此嚴重的打擊。但是，我覺得根據蘇聯政府為防止城市發生饑荒從餘糧區徵購更多糧食的邏輯，發生這樣的情況是很好理解的。

亞瑪特亞·森認為，在有些饑荒中，人們不是因為糧食不夠而餓死，而是因為沒有分到糧食的權利。[10]「權利」問題更多關注糧食的分配而不是農業生產的發展，這也是對將饑荒與人口增長聯繫在一起的新馬爾薩斯理論的一種批評。根據森的觀點，可以說，蘇聯和中國農民餓死是因為他們無權得到糧票，國家分配糧食的方式對農民極為不利。然而，這兩個國家當時糧食產量都減少了30%，[11]人口的增長和城市的擴大都是重要的因素。1931至1932年蘇聯享受城市定量供應的人口增加了近800萬。中國1958至1960年城市人口增加了1,950多萬。[12]兩個國家的供應體系都無法以犧牲農民為代價給如此多的人供應糧食，但他們意識到這一點時已經太晚了。毫無疑問，兩國政府都沒有足夠的能力將全民納入供應體系。我認為，縮小過於宏大的大躍進計劃比擴大供應體系更加現實。

此外，糧食出口給供應體系帶來了極大的壓力。如果兩國政府早一些停止出口，千百萬人的生命可以得到挽救。我做了一個估計，對蘇聯來說：按每人每天600克糧食定量計算，僅1932至1933年的出口就夠養活820萬人一年。這個數字大於一次饑荒所損失的人。對中國來說，按每人每天500克糧食算，1960年的出口足夠養活540萬人一年。這個數字比1960年餓死人的數字低很多。但是如果政府1959年就停止出口，則可以挽救另外2,590萬人的生命。這只是純粹的設想，因為它的基礎是政府對哪兒需要救濟瞭如指掌，而且糧食分配中不出現任何損失、被盜和浪費的情況，而現實中這個假設是不存在的。不過這個估計表明，出口確實是理解饑荒問題的一個重要因素。令人吃驚的是，在為了城市的穩定和工業化犧牲了千百萬農民的生命問題上，中國共產黨與

蘇聯共產黨的做法如出一轍。蘇聯的布爾什維克源於城市，而中國共產黨在農村有很強的根基，因為他們在全國奪取政權之前在農村建立了根據地。但發生危機時，政府相信城市的穩定是保證政權生存的關鍵。保衛城市可能是共產黨能夠從饑荒中生存下來的一個重要原因。工人和士兵沒有像1921年王冠城起義時那樣，將槍口轉向布爾什維克。邊遠地區的分裂活動也沒有造成秩序的崩潰，沒有與中部地區的起義相呼應。

　　對於宣稱目標的實現，斯大林似乎比毛澤東更成功。斯大林的整個任期裏，糧食徵購系統都能夠為工業化提供資源，出口雖然比1930年代初要少得多，但仍然可以繼續。城市化得以在集體化框架內和饑荒的背景下保持較高的水平。與蘇聯的情況相比，中國剝削農民的體制不得不在1962年予以「調整」。很多年裏工業技術不能以出口糧食來換取，而是必須在國際資本市場採購。1958至1960年的快速城市化必須予以糾正，1961至1963年2,600萬人被精簡到農村。城市化的進程停止了二十年。相對於斯大林來說，我們可以為毛澤東辯護說，在他的統治下沒有發生第二次饑荒。但這是不是說他沒有斯大林那麼殘忍？或者說只是因為他覺得再來一次饑荒會嚴重威脅到共產黨的統治？

社會主義需要饑荒嗎？

　　集體化並不必然產生饑荒，但是蘇聯1929至1931年和中國1958年在落後的條件下以一種非常激進的方式實施集體化導致了千百萬人餓死。無政府主義者克魯泡特金曾經從法國大革命和巴黎公社吸取經驗教訓：激進的社會變革會導致城市供應體系的嚴重危機。他擔心革命派會轉而將矛頭對準農村，把農民推到了反革命的懷抱中。[13] 他的警告被忽略了。有些學者甚至認為，饑荒有助於粉碎農民對全面集體化和糧食徵購的抵抗，更有甚的是認為饑荒是斯大林有意為之。[14] 很多其他學者則認為，蘇聯和中國政府沒有故意製造饑荒。饑荒有悖於政府的計劃和願望，饑荒的發生有着大規模糧食欠缺的背景。我們需要提出的問題是，饑荒有沒有幫助政府強化了新的集體化秩序。

中國和蘇聯的社會主義工業化是在幾年內完成的。資產階級勢力很弱，城市大量的工人支持社會主義改造，因為這個改造給工人帶來了福利和更好的工作條件。對新政權真正的挑戰在於農村的社會主義改造。布哈林和毛澤東之後的中國領導人認為減緩社會主義改造的速度是比開展大躍進更勝一籌的戰略。前面已經談到，斯大林和毛澤東為首的領導層出於政治原因更加青睞於激進的方式。在蘇聯，自願而漸進的合作化運動在農村沒有產生令人滿意的效果，因為大部分農民都不願加入。而且在斯大林看來，1928年的糧食危機和城市對糧食供應的不滿為他提供了一個「機會」，他可利用這個機會一舉打敗「富農」和「破壞者」。中國共產黨已經在1950年代初期的農村土地改革運動中摧毀了傳統鄉村精英，因此中國的合作化比蘇聯少些暴力。但是1957年毛澤東不滿意新秩序運動的結果，他想以建立人民公社的形式再前進一步。落後被看做良好的起點，因為政府感覺到，如果農村人收入增加了，取消私有財產所有權會更加困難。1958年秋季，黨的領導人感到可以將中國改造為工業化國家，在短時間內進入共產主義。人們相信，社會主義要不斷地與國內外敵人進行鬥爭。因為無法知道權力的平衡甚麼時候轉向不利於社會主義，所以要利用一切「有利的機會」。

饑荒實際上破壞了農民進行公開對抗的能力。1930年代蘇聯農村發生過很多起義，1933年以後被打垮的農民無力以公開反抗的形式挑戰新的制度。多納德·費爾澤持有類似的觀點，他認為蘇聯1947年的饑荒摧毀了一切關於戰勝納粹可以放鬆對工人農民控制和剝削的希望。[15]所以饑荒有助於重建斯大林式的秩序。1956和1957年幾百萬農民退出了合作社，而且盡全力把糧食留在自己手裏。1957年秋的社會主義教育運動旨在粉碎農民的抵抗。甚至在饑荒未使農村陷入混亂之前，這場運動已經成功地阻止了對農業合作化的背離。

我此前已談到，在蘇聯和中國，執政的共產黨從饑荒中學到如何調整與農民的關係。通過饑荒，政府瞭解到，不論喜歡與否都必須接受混合所有制，包括私人擁有自留地。政府知道，糧食徵購和稅收必須限制在既能讓國家繼續工業化，同時也能讓農民生存的水平上。在對農民作

出這個讓步之後，國家得以保留農業集體化。從饑荒中產生的新集體農莊制度和新人民公社相對穩定，在蘇聯存在了 40 年，在中國則為 20年。1961 年赫魯曉夫承諾這一代人可以在不遠的將來看到共產主義，他試圖對農民的自留份地加以限制。這些激進的政策都很短命。1964 年赫魯曉夫垮台後，勃列日涅夫領導下的新政府最終與農民就自留份地問題取得了和解，自留份地生產大量的土豆、蔬菜、肉類、牛奶和羊毛。在蘇聯，直到 1985 年戈爾巴喬夫（Mikhail Gorbachev）接任黨的主席並挑戰 1933 年饑荒後建立的體制，這個體制才改變。[16]此外，我們可以說，社會主義制度只是在經歷了嚴重的饑荒後才能進行改革。沒有災難的發生，很難讓他們質疑「總路線」並且承認錯誤。在中國和蘇聯，大躍進政策是與不同派系之間的鬥爭聯繫在一起的。只有當問題演變成全國範圍的饑荒時，斯大林和毛澤東才願意開始新政以結束苦難。我們可以說，至少在蘇聯和中國，社會主義制度需要經受了饑荒的教訓，才能在農村建立起穩定的社會秩序。

不過饑荒對執政黨來說也有很多壞的影響。中國和俄國的革命都曾保證要結束饑餓和貧困。饑荒的發生對新政權的合法性提出了質疑。同時，饑荒對飼養牲畜的影響是災難性的。農民殺掉了牲畜，吃掉了種子糧和飼料。陳雲稱這種現象為人畜爭糧。[17]國家保留了農業集體化，但是其運轉完全依賴農民參加生產的情況。農民的選擇是保持較低的生產率，因為農民在集體制農業生產中沒有積極性。

然而，饑荒沒有摧毀人們所有的希望。在中國，國家被迫進口糧食供應城市居民，並在發生自然災害時對救災給予更多的關注。[18]地方幹部和農民也知道了，他們的生存不能依賴國家，所以他們使用各種戰略如瞞產，把更多的糧食留下來。[19]國家不得不對剝削農民設置限定。中國領導人從饑荒中得到的一個教訓是戶口制度必須嚴格執行，因為不可能在城市人口超過總人口 20% 的情況下，依靠農村為城市提供糧食。1962 年城鄉關係作了全面調整。隨着 2,600 萬人「下放」到農村，國家解除了為這些人供應糧食，以及為此從農村徵購糧食的義務。由於重要城市的供應採用進口糧，農民的負擔減輕了。我曾表明，1961 和 1962 年

時，這些政策比提高糧食產量對結束饑荒具有更重要的作用。此外，文化大革命期間知青「下鄉」也是減輕城市糧食供應的一個方式。1963年開始實行的計劃生育是饑荒中學到的另一課。政府意識到，人口的增長應該與糧食生產協調。文化大革命期間，毛澤東鼓勵青年造反，但同時也避免了城鄉經濟的崩潰。

在蘇聯，斯大林死後，為發展重工業殘酷剝削農民的體制結束了。戰後蘇聯農村面臨嚴重的勞動力短缺，黨的領導因此意識到必須改善農村的生活條件。赫魯曉夫時期取消了從農民手中強制徵購糧食的做法和對農民異地就業的限制，福利制度擴大到農村，農民可以享受養老金、一個月的假期、固定工資和帶薪產假。愈來愈多地從美國進口糧食，而不是進一步地剝削農民。1931年出口560萬噸糧食，1973年則進口9,920噸糧食。[20]這個數字可以被視為社會主義農業不能大幅度提高生產率的證明，也可以看作是農民對國家的勝利。進口糧食主要用於供應城市居民和牲畜飼養，也極大地減輕了農民供應城市的負擔。在蘇聯，農民從被擠的「奶牛」變成了社會轉型的獲益者。總之，在艱苦和被迫做出犧牲的歷史時期之後，國家必須對城市和農村兩個方面消費者的需求都予以關注。在饑荒結束後，國家得為以前的信念付出高昂的代價，這個信念就是農民應該為工業化和城市化做出犧牲。具有諷刺意味的是，從城市革命中奪取政權的蘇聯共產黨在1960年代就將福利制度擴大到農村，而中國共產黨直到最近才為此做出認真的努力。[21]原因可能是蘇聯比中國更發達，以及中國城市人口的規模，1970年時蘇聯城市人口已經超過了農村。蘇聯在取消了對農民遷徙的限制後，面臨改善農村生活條件的壓力。而中國1962至1980年代初一致實行嚴格的戶籍制度，因此農民缺乏「逃離的辦法」，國家在提高農村生活水平上壓力不大。

我認為，國家和老百姓之間沒有就避免饑荒作出安排，因為共產黨不允許討論饑荒，也不允許公開追悼千百萬餓死的魂靈。但蘇聯1947年之後、中國1962年之後沒有發生嚴重的饑荒。最後一個並非不重要的問題是，對於一輩子經歷了幾次饑荒的農民來說，不再有饑荒是確實是個成就。在中國，清朝末期、民國時期和大躍進時期幾千萬人餓死，

而1962年之後不再有饑荒，這確實可以被看作社會主義制度一個重大的成就。

　　德勒茲和森認為印度因其民主制度和新聞自由在1949年獨立後沒有發生過全國性的饑荒。[22]蘇聯1947年之後和中國1962年之後的例子說明，一黨專制也可以避免饑荒，如果其政府有調整城鄉關係、改善體制內信息流通狀況的意願。民選的政府確實有更大的壓力避免饑荒，但缺乏民主並不是蘇聯和中國發生災難的原因。不過儘管沒有發生嚴重的饑荒，我們必須承認，中國貧困省份饑餓和日常生活品不足的現象直到1980年代初啟動農村改革、實行「家庭聯產承包責任制」（即大包幹到戶）之後才消失。在蘇聯，1960年代和1970年代出現過細糧供應問題，但是即使在1963年糧食嚴重欠收之後也沒有出現嚴重的饑荒。左雷斯·梅德韋傑夫認為，如果蘇聯沒有從國際市場進口大量的糧食，城市居民1970年代末日常食品消費情況會比1920年代還要差。[23]蘇聯政府不得不為保持城市的社會平穩付出高昂的代價。

饑荒與國家和鄉村社會之間長期存在的隔閡

　　我認為，饑荒嚴重影響了農民融入社會主義體制。在歐洲，民族形成和將「農民變成公民」（比如說變成「法蘭西公民」）的進程在18世紀後期就開始了，在俄羅斯和中國這樣的農業帝國，國家和農民之間依然有很大的隔閡。[24]對皇帝的忠誠將中原和邊遠地區凝聚在一起，但國家權力在地方上沒有很強的根基，地方由當地的精英控制。

　　在歐洲，建立大型的現代化軍隊對於將農村人納入民族構成十分關鍵，後來國家福利制度涵蓋面的擴大對公民意識的形成也很重要。有些學者認為，第一次世界大戰前夕，俄國的農民還沒有轉變成俄羅斯公民。當來自農村的士兵把槍口轉向政府時，帝國的軍隊崩潰了。布爾什維克想用土地改革贏得農民對革命的支持。新政權得以從內戰和1921至1922年的饑荒中存活下來，但是不得不放棄「戰時共產主義」政策。國家與農村社會的隔閡仍然很嚴重。薩尼說：「新經濟政策讓國家與農

民進入一種停戰狀態，它使農村和糧食主要掌控在農民手中。」[25] 1929 年的農業集體化使新獲生命力的農村公社免於崩潰。在後來的饑荒中，農民很快知道，國家不能或者不願保證他們的生存。儘管蘇聯 1936 年憲法消除了階級歧視，但農民在饑荒中得到了血的教訓：他們不是社會主義國家平等的公民。

在中國民國前各朝代，縣以下沒有國家機構。魏格林和一些其他學者認為，在新中國，國家與農民之間也存在隔閡。[26] 中國共產黨在農村幾乎每一個村子都建立了基層黨支部和群眾組織，但是公社以下的幹部不拿國家工資，他們的工資由地方支付，這樣可以節約中央預算。農業集體化可以看作國家強力滲入農村社會的一個過程。1953 年，政府決定，只有對糧食進行統購統銷才能解決城市的糧食供應危機。隨着農業集體化，農民一步步融入了社會主義建設中。1957 年，報刊報道了農村的抱怨：城鎮居民享有福利、工作有保障、有醫療衛生保障，而農村卻要養活不斷擴大的城鎮。大躍進開始的時候，政府向農民提出了「新辦法」，提出將「鐵飯碗」擴大到農村。[27] 公共大食堂能保證讓所有人都吃飽，還辦了幼兒園和養老院。除了人民解放軍之外，還提出了「全民皆兵」，即在農村建立民兵隊伍的計劃。由於發生了饑荒，建立農村福利制度和民兵隊伍的計劃都落空了。饑荒之後，比較溫和版的人民公社加強了地方幹部和村幹部的權力，因為國家意識到，必須承認集體與家庭的「自然邊界」。其結果是，1962 年之後國家不能像大躍進期間那樣干預農村的生活了。戶口制度強迫農民呆在農村，因此保持了家庭的紐帶與農村社區。文化大革命期間，只有一部分城市民眾積極參加了運動。農民得先考慮吃飯問題，他們的革命精神差不多都喪失了。

我們可以說，饑荒打亂了農民和平融入社會主義體制的進程。在蘇聯，德國 1941 年的入侵再次改變了國家與農民的關係。斯大林為保衛「神聖的俄羅斯領土」而參戰。德國有組織的饑餓政策和大規模屠殺使大批的蘇聯公民不會與侵略者聯合起來對付蘇聯政府。糧食徵購系統可以為贏得戰爭提供足夠的資源。1930 年代經歷的很多艱難困苦都可以說是為了從法西斯侵略下解放歐洲。但是 1947 年的饑荒表明，農民的福祉

仍然不是斯大林的優先考慮。1960年代蘇聯的福利制度擴大至農村，將農民納入蘇聯社會的進程得以再續。這時，農民在俄羅斯歷史上第一次取得了與工人法律上的平等。[28]與蘇聯不同，中國共產黨1949年之後僅有過有限的邊境戰。朝鮮戰爭（1950–1953）和越南戰爭（1979）中都有很大的傷亡，但是中國沒有像蘇聯在第二次世界大戰中那樣經歷過國家與民眾緊張關係的考驗。

邊遠地區的饑荒，民族政策和非官方記憶

大躍進饑荒同時極大地影響了政府與邊遠地區少數民族的關係，如在烏克蘭和西藏。蘇聯共產黨和中國共產黨從沙俄和清王朝繼承了龐大的多民族帝國。他們都感到必須贏得非俄羅斯和非漢族的少數民族對社會主義的支持。在取得政權後第一個十年裏，他們推動少數民族的「民族化」政策和「優惠政策」。但是饑荒打斷了這個和平融入的進程。對牲畜的集體化使他們在哈薩克、中亞及安多和康區的藏區與牧民產生了暴力的衝突。1931年，斯大林得出結論：烏克蘭的「民族共產黨」要破壞糧食徵購，因此發動了血腥的「大清洗」。[29]在中國，集體化和饑荒導致了1958年青海省藏區的起義。[30]當動亂蔓延至西藏並最終造成1959年3月的起義時，十四世達賴喇嘛及其周圍的藏族貴族與共產黨形成的聯盟瓦解了。饑荒之後，蘇聯和中國的政治和經濟體制都更加中央集權，「民族化」的極盛時期最終結束了。我認為，饑荒打斷了烏克蘭和西藏和平融入社會主義國家的進程。饑荒和恐怖的經歷造成了長時期的不信任。

西藏流亡政府和在美國及加拿大的烏克蘭僑民團體利用饑餓的經歷創建民族化的反敘事。我認為，這種將其納入糧食政策的做法創造了特有的含義。由於烏克蘭和西藏人的敘述十分相似，我將其選為邊遠地區饑荒問題的案例。十四世達賴喇嘛的自傳和西藏流亡政府的報告稱，漢人1951年佔領之前，西藏從來沒有發生過饑荒。在逃離中國的流亡藏人的敘述中，饑餓的經歷是一個重要的內容。他們用不同的飲食習慣來

區別藏人和漢人，饑餓被描述成漢人剝削藏人的直接後果。在烏克蘭的案例中，僑民中的學者形成了一種説法，即斯大林有意組織了饑荒，目的是對烏克蘭民族進行種族滅絕。1991年烏克蘭從蘇聯獨立之後，「饑餓大屠殺」（Holodomor）成為烏克蘭新的民族史學的核心內容。在愛爾蘭1842至1848年的土豆饑荒中，民族主義者曾經有過這樣的觀點，即英國佔領者為了打擊愛爾蘭民族而有意組織了饑荒，而且愛爾蘭人被迫食用饑荒食物，受到侮辱。只有獨立才能避免這樣的災難再次發生。在西藏和烏克蘭的例子中，在外僑民維繫着這樣的記憶。這樣的集體記憶被用來勾劃一個遭難的民族，它甚至把邊界之外的人也包括進來。

而實際上，饑荒對區別不同種族並不是有用的議題，因為饑荒時，人們相互爭搶，家庭成員之間互相偷盜食物，弱肉強食。為了説明蘇聯和中國的饑荒是有意製造的，民族主義者們在烏克蘭族與俄羅斯族、藏族與漢族人之間畫出一道種族區別線。他們以此將村子裏的爭鬥外部化，把問題推給「外來的佔領者」。這樣撰寫的民族歷史建構了一個以受害身份或「集體創傷」為基礎的民族身份。特別是在烏克蘭，學術界和知識分子的話語可以建立在農民苦難敘述的基礎上。「饑餓大屠殺」的説法有助於克服社會分界，因此對於建立民族身份十分重要。在烏克蘭，政府在首都建立了受難者紀念館，在很多鄉村，老百姓也建起了墓碑或十字架追悼餓死的親人。[31] 通過使用「種族滅絕」、「饑餓大屠殺」這樣的詞，烏克蘭歷史學家和政治家們可以將他們的指責與國際法和全球性記憶聯繫起來，從而在西方社會獲得支持。可以説，十四世達賴喇嘛和維克多・尤先科總統領導下的烏克蘭政府所進行的宣傳相當成功。

為了反擊西藏流亡政府指責漢人佔領帶來了藏族人的饑餓與不幸，中國官方歷史學家發展了一套關於解放西藏的敘事。中國關於當代西藏歷史的主要觀點一直沒有改變，即使在1978年改革開放之後也一直沒有改變。他們説，人民解放軍在「和平解放」西藏的新長征中，寧可「抓地鼠充饑」，也不願給當地藏族同胞增加負擔。他們指控1950年代初藏族政府的一些人把糧食藏起來、不賣給解放軍，對解放軍發動饑餓攻勢。階級鬥爭的説法依然佔主要地位。流亡藏人稱糧食都拿去供應解放

軍了，而中國的說法則是，1959年叛亂之後，調整稅收和糧食進口避免
了饑荒的發生。他們還說，打破傳統神權體制和僧侶的統治，把藏族農
民從沉重的負擔下解放了出來，使他們不再需要供養龐大的僧侶群體。
雖然中國關於饑荒出版過很多專著，但西藏1960年代的糧食供應問題仍
然是一個秘密。西藏問題太敏感，人們無法對1961年之後西藏自治區是
否受到饑荒的影響進行研究。西藏的衝突現在仍在繼續，這說明宣傳和
經濟援助都不能讓大部分藏族人把自己看作中國多民族國家的一部分。

最終：共產主義在蘇聯和中國的失敗

　　本書表明，饑荒極大地影響了社會主義在蘇聯和中國的發展。在最
初的幾十年裏，社會主義制度不能為大多數老百姓提供足夠的糧食。為
此，蘇聯1929年，中國1955年建立了按等級劃分的歧視農民的供應制
度。雄心勃勃的大躍進戰略旨在消除貧困和落後，其結果卻是，以農村
為代價向迅速增長的城市人口提供糧食、出口糧食以換取工業品，以及
為應對頻繁的自然災害建立糧倉使國家不堪重負。國家與農民在剩餘糧
食問題上長期的衝突造成了饑餓問題的政治化，合理口糧的定義成為爭
議的一部分。黨的領導總覺得農民在假喊餓，目的是破壞糧食徵購。由
於對農民長期的不信任，政府低估或者甚至忽視了饑荒和老百姓苦難的
嚴重程度。

　　饑荒期間，斯大林和毛澤東在體制方面，至少在糧食政策上相當理
性，但是並不明智。由於阻止了農村的饑荒轉化為城市的嚴重饑荒和動
亂，政府能夠保證重要地區以至全國的穩定。他們似乎不認為千百萬農
民的死亡會對革命政權合法性形成大的威脅。原因可能是，布爾什維克
總是能挺過殘酷的國內戰爭和此後的饑荒。我們不清楚中國共產黨對蘇
聯的饑荒瞭解多少，但是對他們來說很明顯的是，斯大林的統治能夠延
續二十多年，度過了激進的農業集體化、流放、「大清洗」和戰爭。然而
大躍進的戰略使經濟體制遠遠超越了界限。當激進的集體化政策對農業
造成的破壞和農村的饑荒威脅到了工業發展和城市的糧食供應時，斯大

林和毛澤東不得不對農民作出重大讓步。蘇聯和中國的饑荒可能迫使農民被納入國家經濟。為了恢復糧食生產，國家不得不接受在農村實行混合經濟所有制。饑荒後的社會秩序在斯大林和毛澤東在世時沒有改變。不同於蘇聯1920年代新經濟政策時期和中國1956至1957年溫和政策時期，中國在大躍進之後不可能取消已經對農民作出的讓步。工業國有化和將城市工人納入新的社會主義福利國家都比較容易在較短時間內實現。相對與這些成就來說，農村進一步向共產主義邁進由於饑荒而受到阻礙。除此之外，因為俄國革命和中國革命都曾允諾消除饑餓，饑荒的發生使共產黨的合法性在農民心目中部分喪失。由於城市社會主義經濟和農村混合經濟的矛盾，商品交換和貨幣不能取消。如同所預見的，農村轉變的失敗是中國和蘇聯社會主義建設從長遠來看不能成功、斯大林和毛澤東的革命不能持續的一個主要原因。

註 釋

1. 根據Penn World Tables的統計，中國人均國民生產總值在1952至1957年間每年均是全世界最低；Cormac Ó Gráda, "Great Leap into Famine: A Review Essay," *Population and Development Review* 37, no. 1 (2011): 192.

2. Jasper Becker, *Hungry Ghosts: China's Secret Famine* (London: Murray, 1996); Ralph Thaxton, *Catastrophe and Contention in Rural China: Mao's Great Leap Forward Famine and the Origins of Righteous Resistance in Da Fo Village* (Cambridge: Cambridge University Press, 2008), 327–331; Gao Wangling, "A Study of Chinese Peasant 'Counter-Action,'" in *Eating Bitterness: New Perspectives on China's Great Leap Forward and Famine*, ed. Kimberley Manning and Felix Wemheuer (Vancouver: University of British Columbia Press, 2011).

3. Cormac Ó Gráda, *Famine: A Short History* (Princeton, NJ: Princeton University Press, 2009), 116.

4. 〈中央政府內務部關於生產救災的補充指示〉，中國社會科學院編：《中華人民共和國經濟檔案資料選編 (1949–1952)：農業卷》(北京：中國社會科學文獻出版社，1993)，頁60。

5. 葛玲、辛逸：〈政策偏向1959–1961年農村饑荒〉，宋永毅、丁抒編：《大躍進—大饑荒》(香港：田園書屋，2009)，卷1，頁502–503。

6. 〈決定我國糧食問題的方針〉,《人民日報》1955年7月22日。

7. 商業部當代中國糧食工作編輯部編:《當代中國糧食工作史料》(保定:河北省供銷社保定印刷廠,1989),卷1,頁300。

8. Barbara Falk, *Sowjetische Städte in der Hungersnot 1932/33: Staatliche Ernährungspolitik und städtisches Alltagsleben* [Soviet Cities during the Famine of 1932/33: Food Politics of the State and Urban Daily Life] (Cologne: Böhlau Verlag, 2005), 26.

9. 勞改營的死亡率比別的地方都高。據估計,中國勞改營1959至1962年每年死亡大約10%,可能全國有600萬勞改犯在此間喪生;Klaus Mühlhahn, *Criminal Justice in China: A History* (Cambridge, MA: Harvard University Press, 2009), 270. 在蘇聯,勞改營的犯人和流放的「富農」比其他人的死亡率都要高。Oleg V. Chlevnjuk, *The History of the Gulag: From Collectivization to the Great Terror* (New Haven: Yale University Press, 2004), 82.

10. Amartya Sen, *Poverty and Famines: An Essay on Entitlement and Deprivation* (Oxford: Clarendon Press, 1997), 7.

11. Peter Nolan, "The Causation and Prevention of Famines: A Critique of A. K. Sen," *Journal of Peasant Studies* 21, no. 1 (1993): 11.

12. R. W. Davies and Stephen G. Wheatcroft, *The Years of Hunger: Soviet Agriculture, 1931–1933* (New York: Palgrave Macmillan, 2004), 406; 羅平漢:《大遷徙:1961–1963年的城鎮人口精簡》(南寧:廣西人民出版社,2003),頁88–89。

13. Peter Kropotkin, *Die Eroberung des Brotes und andere Schriften* [The Conquest of Bread and Other Writings] (Munich: Carl Hanser Verlag, 1973), 122–126.

14. Robert Conquest, *The Harvest of Sorrow: Soviet Collectivization and the Terror-Famine* (Oxford: Oxford University Press, 1986), 329.

15. Donald Filtzer, "Die Auswirkungen der sowjetischen Hungersnot im Jahr 1947 auf die Industriearbeiter" [The Impact of the 1947 Soviet Famine on Industrial Workers], in *Hunger, Ernährung und Rationierungssysteme unter dem Staatssozialismus,* ed. Matthias Middell and Felix Wemheuer (Frankfurt [M]: Peter Lang, 2011), 85.

16. 如戴維斯所說:「危機迫使當局痛定思痛,尋找(包括在理論上和實踐中)一個更加靈活的經濟體制。1933年底建立的經濟體制中,市場和準市場因素、刺激經濟的措施確實發揮了作用,雖然仍是從屬性的;這個體制一直延續到1985年,沒有重大的改變。」R. W. Davies, *Crisis and Progress in the Soviet Economy, 1931–1933 (The Industrialization of Soviet Russia 4)* (London: Macmillan, 1996), 456.

17. 商業部當代中國糧食工作編輯部《當代中國糧食工作史料》，卷1，頁315。

18. 尚長風：〈三年經濟困難時期的禁忌救災措施〉，未發表的文章，2010。

19. 高王凌：《中國農民「反行為」研究》，頁276–277。

20. Esther Kingston-Mann, "Transforming Peasants in the Twentieth Century: Dilemmas of Russian, Soviet and Post-Soviet Development," in *The Cambridge History of Russia*, vol. 3: *The Twentieth Century*, ed. Ronald Grigor Suny (Cambridge: Cambridge University Press, 2006), 431.

21. 在這個問題上，中央委員會2004年發佈的1號文件十分重要。詳見Susanne Weigelin-Schwiedrzik, "The Distance between State and Rural Society in the PRC: Reading Document No. 1," *Journal of Environmental Management*, no. 87 (2008): 216–225.

22. Jean Drèze and Amartya Sen, *Hunger and Public Action* (Oxford: Clarendon Press, 2002), 214.

23. Zhores Medvedev, *Soviet Agriculture* (New York: W. W. Norton, 1987), 214.

24. Ronald G. Suny, "The Russian Empire," in *After Empire: Multiethnic Societies and Nation-Building*, ed. Karen Barkey and Mark von Hagen (Boulder, CO: Westview Press, 1997), 143.

25. 同上，頁146。

26. Weigelin-Schwiedrzik, "The Distance between State and Rural Society in the PRC," 219–212. 亦見Vivienne Shue, *The Reach of the State: Sketches of the Chinese Body Politic* (Stanford, CA: Stanford University Press, 1988), 69–70.

27. 《人民日報》1958年9月29日。

28. Mark Tauger, *Agriculture in World History* (London: Routledge, 2011), 144.

29. Terry Martin, *The Affirmative Action Empire: Nations and Nationalism in the Soviet Union, 1923–1939* (Ithaca, NY: Cornell University Press, 2001), 303.

30. 李江琳：《1959拉薩！》（香港：新世紀出版及傳媒有限公司，2010），頁77–79。

31. Anna Kaminsky, ed., *Erinnerungsorte an den Holodomor 1932/33 in der Ukraine* [Places of Memory of the Holodomor 1932/33 in Ukraine] (Berlin: Bundesstiftung zur Aufarbeitung der SED-Dikatur, 2008), 3.

索引

按筆劃順序排列，外國人名按姓氏中譯的筆劃，如「卡爾·馬克思」，按「馬」字的筆劃數歸在十劃中。